共生社会のための障害者福祉

編著 山本 雅章
隅河内 司
谷内 孝行

YAMAMOTO Masaaki
SUMIKOCHI Tukasa
TANIUCHI Takayuki

はじめに

　これまで、障害者福祉制度や政策は、より障害者の暮らしに視点を当て、大きな変化を見せてきた。それは、障害当事者やその家族、障害福祉事業者やこれを支援する市民のたゆまぬ努力の結果であったといえよう。

　人は、教育や仕事、日中活動などの課業の場、住まい暮らす居住の場、自由な活動を楽しむ余暇の場、それぞれの場の充足が必要である。しかし、いまだこれら基本的な場での暮らしに障壁が存在し、生活に困難を感じたり、制度の狭間（はざま）におかれたりしている障害者がいる。

　こうした現状のなかで、ソーシャルワーカーは何をなすべきなのであろうか。

　近年の福祉の潮流としてインクルーシブな地域づくりが目指されている。それを理念にとどめることなく、障害のある人も障害のない人も、同じ地域で暮らす共生社会を具体的に創出することが必要である。そうした共生社会をつくり、障害者のウェルビーイングを高めるよう、人々やさまざまな構造に働きかけ、社会を変革していくことがソーシャルワーカーの役割である。

　本書は、そうした現状を切り拓くソーシャルワーカーやソーシャルワーカーを目指す学生に向け、障害者福祉に関する理念・思想、歴史や制度・政策などの基礎的な知識を学ぶために編集されている。

　そのため、本書は厚生労働省の社会福祉士試験科目別出題基準に準拠している。また、より大学等の社会福祉士養成課程で授業に活用できるよう、半期15回を意識した構成とした。

　加えて、初学者も理解しやすいよう、わかりやすい記述に心がけるとともに、「学びの誘い」を各回に記載したほか、必要な用語については欄外に注釈をつける、「キーワード」を明示するなど工夫した。そして、各回の末尾に「自己学習の課題」なども掲載し、自己学習に活用できることも意識している。

　本書を活用することによって、すべての人がともに暮らすインクルーシブな社会づくりに貢献できれば、編著者一同望外の喜びである。

2025年春

編著者を代表して

静岡福祉大学　山 本 雅 章

共生社会のための障害者福祉

はじめに　3

第1章　障害者福祉の学び、障害概念と特性

第1回　障害者福祉の学びと障害の概念 …………………………………………… 8

第1節　障害者福祉を学ぶ　8
第2節　障害の概念　12

第2回　障害者の定義と特性 …………………………………………………………… 23

第3節　障害者の定義と特性　23

第2章　障害者の生活実態と障害者を取り巻く社会環境

第3回　障害者の生活実態と地域移行、社会環境 ………………………………… 34

第1節　障害者の生活実態　34
第2節　障害者を取り巻く社会環境　41

第3章　障害者福祉の理念と歴史

第4回　障害観・障害者支援の変遷 ………………………………………………… 50

第1節　障害観の変遷　50
第2節　障害者支援の変遷　60

第5回　障害者福祉の理念と思想 …………………………………………………… 64

第3節　障害者福祉の理念と思想　64

第6回　障害者権利条約と障害者基本法 …………………………………………… 76

第4節　障害者権利条約と障害者基本法　76

第4章　障害者に対する法制度

第7回　障害者総合支援法 …………………………………………………………… 94

第1節　障害者総合支援法の概要　94

CONTENTS

第8回 身体・知的・精神障害者福祉法 ... 107

第2節 身体障害者福祉法　107
第3節 知的障害者福祉法　111
第4節 精神保健及び精神障害者福祉に関する法律（精神保健福祉法）　116

第9回 児童福祉法、発達障害者支援法 ... 122

第5節 児童福祉法、発達障害者支援法　122

第10回 障害者虐待防止法 ... 131

第6節 障害者虐待の防止、障害者の養護者に対する支援等に関する法律
（障害者虐待防止法）　131

第11回 障害者の就労支援 ... 142

第7節 障害者の就労支援　142

第5章 障害者と家族等の支援における関係機関と専門職の役割

第12回 障害者と家族支援における関係機関の役割 ... 156

第1節 障害者と家族等の支援における関係機関の役割　156

第13回 関連する専門職等の役割 ... 165

第2節 関連する専門職等の役割　165

第6章 障害者と家族等に対する支援の実際
　　　　―障害領域における社会福祉士および精神保健福祉士の役割―

第14回 障害領域における社会福祉士および精神保健福祉士の役割 ... 184

第7章 共生社会づくりへの展望

第15回 障害者とともに暮らす共生社会づくりへの展望 ... 200

CONTENTS

コラム

障害者の貧困問題　32

障害者と就労　48

「親亡き後」問題と地域生活支援拠点　92

「障害」とは何か？――障害平等研修を通して考える　115

重症心身障害児者の課題　198

索引　214

第1章
障害者福祉の学び、障害概念と特性

　本章は障害者福祉を学ぶにあたっての出発点になる章である。

　第1節、障害者福祉を学ぶでは、「ソーシャルワーク専門職のグローバル定義」に基づき、障害者の現実の生活課題に焦点を当て、障害福祉を学ぶ意義を考えてみたい。そして、ソーシャルワーカーとして「生活課題に取り組みウェルビーイングを高めるよう、人々やさまざまな構造に働きかける」視点から、社会的障壁を取り除きながら、ニーズを充足させるための社会資源の構築について検討する。

　そして、第2節では、障害者数の国際比較を見ながら、その差異が生じている理由について考える。そのうえで、障害の社会モデルについて学ぶとともに、世界保健機関（WHO）が示した障害の分類の変遷（国際障害分類（ICIDH）から国際生活機能分類（ICF））について学ぶ。

　第3節では、障害者の定義について、まず法律上の定義について確認する。制度上の福祉サービスを利用する際には法律に基づいて、さまざまな判断がなされるためである。そのうえで身体障害、知的障害、精神障害、発達障害の各障害種別ごとの特性について確認しておく。

　こうした学びは、第2章以降の学びを深めるための基礎になるものである。

第1回 障害者福祉の学びと障害の概念

→ 学びの誘い

　障害者福祉とはどのような学問で、何を学ぶ必要があるのか。この問いをソーシャルワーク実践や現在の福祉の動向との関係で考えてみたい。また、そのうえで、この章では、障害の概念とその捉え方の変遷について学ぶ。
　各国における障害者割合の違いや、医学モデルと社会モデルの視点を比較し、障害への理解を深める。また、ICIDHからICFへの変遷を通じて、障害を個人と社会の関係性として捉える重要性を考察する。
　読者には、障害を多角的に捉え、実践例や課題から学びを得ることで、支援のあり方について主体的に考えを深めてほしい。

第1節　障害者福祉を学ぶ

▶ はじめに

　わが国が目指すべき社会は、障害者基本法が掲げる「全ての国民が、障害の有無にかかわらず、等しく基本的人権を享有するかけがえのない個人として尊重される」社会である。

　そのためには、**障害の有無にかかわらず国民誰もが相互に人格と個性を尊重し支え合う共生社会**の実現が不可欠となる。共生社会においては、障害者は、社会の対等な構成員として人権を尊重され、自己選択と自己決定の下に社会のあらゆる活動に参加、参画するとともに、社会の一員としてその責任を分担することになる。

　しかし、社会にはさまざまな社会的障壁やコンフリクトが存在するとともに、「8050問題」や「生活に困窮する障害のある人の問題」「ひきこもり」や「ごみ屋敷」「障害者虐待」「再犯」などの諸問題の背景に障害がある場合など、雑化複合化した問題がその実現を阻んでいる現状がある。

　そうした生活上の課題に対応するため、ソーシャルワーカーは、「**ソーシャルワーク専門職のグローバル定義**」にあるように、すべての人びとがウェルビーイングを高められる社会への変革を目指して実践に取り組むことが求められる。

　現在、国においても、ソーシャルワーカーの養成にあたり、「少子高齢化の進展など、社会経済状況の変化によるニーズの多様化・複雑化に伴い、既存の制度では対応が難しい様々な課題が顕在化してきて

▶「障害の有無にかかわらず国民誰もが相互に人格と個性を尊重し支え合う共生社会」
内閣府（2023）「障害者基本計画（第5次）」

▶ソーシャルワーク専門職のグローバル定義
2014年7月、メルボルンでそれぞれ開催された「国際ソーシャルワーカー連盟（IFSW）」総会、および「国際ソーシャルワーク学校連盟（IASSW）」総会において、2000年7月にモントリオール総会で採択された定義が改定され、新たに定められた定義。

いる」との認識のもと、「子ども・高齢者・障害者など全ての人々が地域、暮らし、生きがいを共に創り、高め合うことができる『地域共生社会』の実現を目指し」「社会福祉士には、ソーシャルワークの機能を発揮し、制度横断的な課題への対応や必要な社会資源の開発といった役割を担う」ことを期待している（厚生労働省 2019）。

ソーシャルワーカーとして、障害者支援の理念や、障害者がおかれてきた歴史、そして、現在の生活の実情を理解するとともに、障害者福祉に関する法制度などの必要な知識を身につける必要がある。

あわせて、市町村や相談支援事業所、障害福祉サービス事業所、保健や医療、教育、就労、司法などの関係機関をはじめ、さまざまな分野や社会資源とつながりながら生活課題に取り組み、社会を変革していく力量を身につけることも重要である。

障害のある人もない人も、ともに地域で暮らし続けられるインクルーシブな共生社会を創出できるソーシャルワーカーとして、活躍できるよう本書を有効に活用してほしい。

1 ▶ 現実の生活課題としての障害

人は誰でも、病気や事故で身体が不自由になる可能性がある。また、自身の子どもが生まれながらにさまざまな疾病などによって生活に困難が生じることもある。こうした困難さを少しでも取り除いて、すべての人が同じ条件で生活できるようにすることが必要である。

そうした考え方は、「ノーマライゼーション」という理念に基づくものであり、国連が採択した1971（昭和46）年の「知的障害者の権利宣言」や1975（昭和50）年の「障害者の権利宣言」にも影響を与えた。1981（昭和56）年の「国際障害者年」以降、わが国でも定着した考え方になっている。

しかし、現実の生活場面では、ノーマライゼーションが十分に実現しているとは言い難い。例えば、バリアフリーなどの面では、段差の解消や公共交通機関の利用など、徐々に進んでいるもののまだ十分とはいえない現状がある。

また、地域にグループホームなどを建設しようとした場合に反対運動が起こるなど、差別や偏見に基づいた事例が見受けられる。そして、障害の重い人たちや医療的ケアを要する障害者は、一般に活用されている福祉や保育、教育の支援が、円滑に利用できないという現実もある。

こうした社会的な障壁を取り除いていくことも社会の役割である。

▶ノーマライゼーション
障害者も健常者も同等の権利をもち、同じ生活環境で共に暮らすべきであるという理念。デンマークで提唱され、国際的に広まった。
➡64頁参照

2 ▶ ニーズを充足する新たな社会資源の構築

　障害があってもなくても、多くの人々はそれぞれの地域で生きがいをもち、質の高い豊かな暮らしを送りたいと願っている。そうした社会をつくりだしていくことが「福祉」の実現であるともいえる。もし、障害が理由でそれが不可能になるような場合には、社会の障壁を取り除き、人々にニーズを充足するための仕組みが必要となる。

　そのために、つくりだされたのが、障害者福祉の法や制度である。しかし、ニーズが複合的である場合や、制度の狭間(はざま)におかれている場合など法や制度だけでは、ニーズを満たせない場合もある。

　その場合は、福祉の制度だけではなく、医療や保健、教育、労働など、さまざまな分野の社会資源をつなぐとともに、家族や地域住民、NPO、企業などとも協働することが求められている。その上で、一人ひとりにニーズを充足させるよう世論やさまざまな機関に働きかけながら、具体的な政策を実現していくとともに、包括的な支援ができる地域や社会を創出する必要がある。

　わが国では、これらの充足されないニーズの実現を当事者やその家族、福祉サービス関係者らがさまざまな手段で社会に訴えながら、市民や自治体などと協働して先駆的な試みを展開しながら制度の拡充を図ってきた。

　例えば、共同作業所の設立やグループホーム、医療的ケアが必要な重い障害児（者）への支援などは、当事者の切実なニーズから生まれたものだと言えよう。

　このように、一人ひとりのニーズに基づいた障害者施策は、当事者をはじめとする、さまざまな人の運動と協働で生み出されてきた歴史がある。

　糸賀（1968）は「**社会福祉というのは、社会の福祉の単なる総量をいうのではなく、そのなかで個人の福祉が保障される姿を指す**」と指摘している。障害者の現実の生活課題は、社会がその一人ひとりのニーズを充足するしくみとなっていないために生じているものである。

　したがって、障害福祉サービスの拡充はその総量に基づくだけでなく、その仕組みのなかで一人ひとりの障害者の生活課題を解決し、その生活の質を高めていくことが必要となる。

　そのためには、支援の理念に基づく理想と現状の制度政策のギャップをどのように埋めていくのかを、客観的に理解しながら、一人ひと

▶「社会福祉というのは、社会の福祉の単なる総量をいうのではなく、そのなかで個人の福祉が保障される姿を指す」
糸賀一雄（1968）『福祉の思想』NHKブックス

りの生活実態に着目していく必要がある。

本書では、そうした視点から障害者福祉の理念や諸制度を学び理解するとともに、それが障害者の質の高い生活に貢献できているのかを考えながら学んでほしいと考える。

3▶ 障害という用語

現在、障害の表記は1949（昭和24）年の「身体障害者福祉法」制定以降に一般的なものとなった。それまでは、明治期において、1872（明治5）年の学制には「其外廃人学校 アルヘシ」と障害児について触れられ、1874（明治7）年の恤救（じゅっきゅう）規則でも「廃疾」などと表現されていた。

こうした用語は法律上では長く使用されており、1982（昭和57）年の「障害に関する用語の整理に関する法律」において「不具廃疾」を「重度障害ノ状態」と改められた。

今日では、法制度上は「障害」という用語が使われ、社会的には、「障害」「障碍」「障がい」「しょうがい」または「チャレンジド」などの表記が用いられている。

こうした表記について、2010（平成22）年の「**障がい者制度改革推進会議**」では、表記をめぐって意見交換が行われた。そのなかで、「『害』の字は、『害悪・公害』等否定的で負のイメージ」であり変えるべきや、「社会にある多くの障害物や障壁こそが『障害者』をつくりだしてきた。このように社会に存在する障害物や障壁を改善又は解消することが必要である」などさまざまな意見が出された。

こうした議論に基づき、「法令等における『障害』の表記については、「現時点において新たに特定のものに決定することは困難」であるとし、当面、現状の『障害』を用いる」こととし、障害はさまざまな障壁との相互作用によって生ずるものであるという、障害者権利条約の考え方を念頭に今後、さらに検討を進めることとしている。

本書では、こうした議論の経過も踏まえつつ、**障害者権利条約における障害の社会モデルの考え方**に基づき、障害が本人にあるのではなく、社会の側が障害を生み出しているという観点から、「障害」という表記を用いることとした。

（山本雅章）

▶障がい者制度改革推進会議
内閣府障がい者制度改革推進会議（2010）「『障害』の表記に関する検討結果について」

▶障害者権利条約における障害の社会モデルの考え方
➡15頁、第1章第2節参照

第2節 障害の概念

1 ▶ 障害者の割合と各国における障害の捉え方

1)「障害者の割合と国際比較」

　障害の捉え方は国ごとに大きく異なる。その違いには各国の文化、歴史、社会制度、さらには福祉政策の違いなどが関係している。日本では、厚生労働省の調査によると障害をもつ人の割合は、約9.3％である。これは100人中およそ9人が何らかの障害を抱えていることを意味しているが、一般の人々にとって、この数値がどれほどの意味をもつかは、障害者との接触頻度や日常生活の中で、障害がどれだけ身近に感じられるかによって大きく異なるだろう。障害をもつ人々と接する機会が少ない人にとっては、この9.3％という数字を実感することが難しいかもしれない。

　実は、この割合は、福祉国家とされる国々と比較すると相対的に低い。カナダやイギリスにおける障害者の割合は約22％である。このように国によって障害者の割合に違いが生じる理由はなんであろうか。実は、この違いは単なる統計の違いだけではなく、各国の障害に対する定義や、どのような状態が障害とみなされるかという基準の違いから生じているのである。

2)「各国の障害者認定基準の違いと統計への影響」

　カナダでは、身体的な障害だけでなく、精神的障害や発達障害も広く含まれており、うつ病や不安障害といった精神的な疾患を抱える人々も、障害者として公式に認定されることが一般的である。これに対して、日本では**障害者手帳**の取得が障害の公式な認定基準となっており、手帳を持たない軽度の障害者や**精神障害**を抱える人々は、障害者としてカウントされない場合が多い。この違いが統計上の障害者数に大きく影響している。

　また、日本では障害者手帳を取得するための手続きや認定基準が厳格であり、軽度の精神的障害や発達障害をもつ人々が、手帳を申請しない、または申請しても認定を受けられないことがある。これに対して、カナダやイギリスでは自己申告制度が導入されており、障害者が自分の障害を認識し、申告すれば幅広く支援を受けられる。この違いは、各国の福祉制度や障害者支援の仕組みにも反映されており、カナ

▶**障害者手帳**
日本において障害を公式に認定する証明書で、身体障害者手帳、療育手帳、精神障害者保健福祉手帳の3種類がある。各種福祉サービスを受ける際に必要。

▶**精神障害**
うつ病、統合失調症、不安障害など、精神的な健康に関する障害を指す。精神障害者保健福祉手帳を取得することで福祉サービスを利用可能。

ダやイギリスでは障害者として認定される人の数が多い一方で、日本では認定基準が限られているため、統計上の数値が低くなる傾向がある。

3)「精神障害認定と認定制度の課題」

カナダでは精神的な疾患に対する支援も手厚く、先に述べたようにうつ病や不安障害を抱える人々も福祉サービスの対象となりやすい。このような制度の違いが、カナダにおける障害者の割合が高い理由の一つである。カナダ政府は、精神的・身体的な障害の両方に対して包括的な支援を提供しており、障害者の社会参加を促進するためのプログラムやサービスが充実している。例えば、職場での合理的配慮や、教育機関での支援プログラムが整備されており、障害を抱える学生や労働者が平等な機会を得られるように配慮されている。

さらに、オーストラリアもまた国民の約18％が障害を有していると報告されているが、これも包括的な認定基準によるところが大きい。同国では自己申告に基づく障害認定が行われ、精神的障害や学習障害も認定の範囲に含めているため、軽度の障害者も福祉支援を受けられる環境が整備されている。

このように、障害者の割合が高い国では、障害認定の範囲が広く、精神的や発達的な障害も含めて支援が提供されていることが要因となっているのである。

一方、韓国やイタリアのような国々では、障害者の割合が5～7％前後と比較的低い。これらの国々では主に身体的な障害が重視され、精神的な障害や発達障害が障害として公式に認定されにくいことが影響している。

一例として、韓国では視覚障害や聴覚障害、四肢の欠損といった明確な身体的障害に対してのみ厳格な認定基準が設けられており、精神的な障害に対する社会的な認識や福祉制度が十分に整備されていない。そのため、精神的障害や発達障害のある人々が公式な統計に反映されにくく、結果的に障害者の割合が低く報告されているのである。

イタリアでも、身体障害に重点が置かれ、精神的な障害や発達障害は障害の定義から外れる傾向がある。例えば、軽度の発達障害のある子どもは、福祉の対象から外れることが多く、支援を受けられるケースが限られている。さらに、イタリアでは、障害者手帳に相当する制度が限定的であり、障害者として公式に認定されるためのプロセスが複雑で時間がかかることも影響している。

このように、各国の障害者認定基準や福祉制度の違いが、障害者の割合に直接的に影響を及ぼしている。

4)「発展途上国における障害者数の不確実性」

一方、発展途上国においては、障害者の割合が正確に把握されていないことが多い。多くの発展途上国では、公式な認定基準や調査方法が整備されておらず、障害者に対する法的保護や福祉サービスも十分でない。そのため、障害者が正確にカウントされず、国際的な統計には反映されにくい。

また、障害者に対する社会的な偏見が強く、支援制度が未発達な国も少なくない。アフリカ諸国や南アジアの一部の国々では、障害に関する正確な統計が得られないことが多く、障害者の生活実態が見えにくくなっている。

このように、障害者をめぐる社会的な認識や文化的な背景、さらに各国がどのような福祉政策をとっているかによって、障害者割合は大きく左右される。

こうした状況は、障害者数の単純な国際比較が難しい理由の一つであり、各国が抱える制度的・文化的背景を十分に考慮しなければならない。障害者数の統計だけでは実態を正確に把握することができず、背後にある社会の価値観や福祉制度の影響を読みとることが重要である。

日本では2003（平成15）年に導入された「**支援費制度**」により、従来の福祉制度では支援を受けられなかった軽度の障害や精神障害のある人々が、福祉サービスを利用できるようになり、障害サービスを受ける人の数が急増した。

この時に、障害サービスを受けている人を「障害者」と定義したとしたら、日本における人口に占める障害者の割合は大きく変化していたと考えられる。この例は、障害の定義や認定基準が変わることで、**障害者数**がどのように変動するかを示している。

総じて、各国における障害者数の違いは、障害の定義、福祉制度、社会的認識、調査方法、そして文化的背景などが複雑に絡み合った結果であり、単純な数値の比較だけでは、その実態を理解することは難しい。各国がどのように障害者を捉え、支援しているのかを理解するためには、これらの背景要因を十分に考慮する必要がある。

今後、より公正で包括的な社会を築くためには、各国が障害者支援のあり方を見直し、障害者が直面する課題に柔軟に対応するための多角的なアプローチが求められている。

▶支援費制度
2003年に導入された制度で、障害者が必要な福祉サービスを自由に選択し利用できる仕組み。後に障害者自立支援法へ統合。

▶日本の障害者の数
➡35頁の図を参照

2 ▶ 医学モデルと社会モデル

1)「医学モデルの基本概念」と限界

ところで、「障害」というと、どのような状況や状態を思い浮かべるであろうか。おそらく多くの人が、体に何かしら不自由な状況があることを思い浮かべるのではないだろうか。それも一つあるが、実は、障害の捉え方には大きく「医学モデル」と「社会モデル」の2つのアプローチがあり、これらは障害者への理解や支援の方針に大きな影響を与えてきた。以下では、その2つのアプローチについてみていきたい。

まず**医学モデル**は、障害を個人の身体的、または精神的な欠陥や機能不全として捉える考え方である。このモデルにおいては、障害は治療やリハビリテーションを通じて克服すべきものと見なされ、主に医療的なアプローチが重視される。

具体的には、視力を失った人や四肢に欠損がある人を、身体的な能力が不足している状態として扱い、その不足を補うために医療やリハビリテーションを通じて「正常な状態」に戻すことが期待される。この視点では、障害は個人に内在する問題であり、社会が関与するのはその問題を治すための支援を提供するという側面にとどまる。

しかし、医学モデルには限界がある。例えば、いくら優れた医療技術があっても、社会が障害者を受け入れるための環境を整えていなければ、彼らは依然として多くの困難に直面する。例えば、車いすを使う人が階段しかない建物で働かなければならない状況では、医療的なサポートだけでは、その人の生活の質は向上しない。

医学モデルでは障害者が直面する社会的な障壁に対するアプローチが不足しているとの批判がある。例えば、車いす利用者が段差の多い建物にアクセスできない状況は環境整備の不足を示している。

2)「社会モデルの基本概念と課題」

このような医学モデルの限界に対する批判から生まれたのが、**社会モデル**である。社会モデルは、1970年代にイギリスの障害学者、**マイケル・オリバー**が提唱した概念で、障害は個人の身体的状態そのものではなく、社会が適切な支援や環境を提供しないことによって生じると捉える。

オリバーは、これまでの障害理解が、形態障害（体の一部が欠損している状態）や機能障害（体の機能が不完全である状態）だけに注目してきたことを批判し、それが障害者の社会参加や生活のしやすさ

▶医学モデルと社会モデル
医学モデル―障害を個人の身体的・精神的欠陥として捉え、治療やリハビリを重視する考え方。
社会モデル―障害は社会的な障壁によって生じると考え、環境や制度の改善を重視するアプローチ。

▶マイケル・オリバー
マイケル・オリバー（Michael Oliver、1945年-2019年）は、イギリスの社会学者であり、障害学（Disability Studies）の発展に大きく貢献した人物である。彼は障害に対する「社会モデル（Social Model）」の概念を提唱し、障害を個人の身体的・精神的な問題ではなく、社会構造や環境によって生み出されるものと捉える視点を確立した。

に、どのように影響するかに焦点を当てた。

オリバーの社会モデルによれば、障害そのものは個人の身体的・精神的な状態に依存するものではなく、社会的な構造や環境が障害を「つくりだしている」とされる。例えば、車いす利用者が街を移動しやすいかどうかは、その人の身体の状態ではなく、街のインフラがバリアフリー化されているかどうかによって決まる。もし、街中の建物にスロープが設置されていれば、車いす利用者は問題なく移動できるが、階段しかない建物が多い場合、その人は社会的に制約を受ける。

このように、社会が障害者の生活を難しくしていると考えるのが社会モデルの基本的な視点である。

さらに、視覚障害者の例を考えてみよう。視力に問題を抱えている人が公共交通機関を利用する際、音声案内システムや点字ブロックが整備されていれば、視覚障害は社会的な障害とならず、その人の移動や日常生活に大きな問題を引き起こさない。しかし、これらの支援がなければ、視覚障害者は移動に大きな制約を受けることになる。

このような環境や社会的支援の欠如が、障害を「悪化」させると考えるのが、社会モデルの考え方である。

3 ▶ 社会モデルの実践例と課題

社会モデルの導入により、障害者の社会参加を促進するための具体的な取り組みが数多く進められてきた。例えば、建築物のバリアフリー化や、公共交通機関のアクセシビリティの向上が、その代表的な例である。

多くの国々では、建物の新築や改修の際には、車いす利用者が利用しやすいようにスロープを設置することが法律で義務づけられるようになっている。また、エレベーターや障害者専用駐車場の設置、視覚障害者のための音声案内システムの導入など、さまざまなバリアフリー施策が実施されている。

しかし、社会モデルにも課題は存在する。社会的な障壁を取り除くためには、膨大なコストと時間がかかる場合が多い。例えば、すでに存在する古い建物をバリアフリー化するためには、多額の資金と改修が必要であり、そのために進行が遅れることも少なくない。

また、社会全体の認識を変えることも簡単ではない。障害者を特別視せず、共に生活するためのインフラや文化を築くには、社会全体の意識改革が求められる。この点において、教育や啓発活動が重要な役

▶バリアフリーとユニバーサルデザイン
バリアフリー—障害者や高齢者が生活する上での物理的・制度的な障壁を取り除く考え方。
ユニバーサルデザイン—障害の有無にかかわらず、すべての人が利用しやすい設計や環境を目指すデザイン理念。

割を果たすことになる。

4 ▶ 障害の捉え方の変遷：ICIDHからICFへ

1）国際障害分類（ICIDH）の登場とその意義

この「社会モデル」の影響を受け、世界保健機関（WHO）は、1980（昭和55）年に「国際障害分類（ICIDH：International Classification of Impairments, Disabilities, and Handicaps）」を発表した。

先にもみたように、それまでは障害を「形態障害」「機能障害」といった個人の医学的な問題として捉える「医学モデル」を反映したのが世界の潮流であった。しかしながら、ICIDHの最大の特徴は、それまでの純粋に医学的な障害理解に社会的な視点を加えた点にあった。

ICIDHは、障害を3つの次元で分析することを提唱し、「機能・形態障害（Impairment）」「能力障害（Disability）」「社会的不利（Handicap）」という段階的な構造で障害を捉えることを目指した。

具体的には、**機能・形態障害**は、身体的または精神的な器官や機能の欠陥を指す。例えば、視力を失う、四肢を失う、または心臓機能が不全になるといった、生理学的な問題がここに含まれる。

次に、**能力障害**は、その機能障害が原因で、個人が日常生活の活動を行う能力に制約を受ける状態を意味する。例えば、視力を失った結果として、読書や仕事の遂行が困難になる場合がこれに当たる。

そして最後に、**社会的不利**は、能力障害によって、その人が社会のなかで通常の役割を果たすことができなくなる状況を指す。例えば、階段しかない建物で働くことができない、または視覚障害があるために公共交通機関を自由に利用できないことが、社会的不利の例としてあげられる。

ICIDHの枠組みは、従来の医学モデルと比較すると大きな進展であり、障害を単なる身体的な問題としてではなく、社会全体に影響を与える問題として捉えようとする試みであった。障害が個人に生じたとき、それがどのように生活や社会参加に影響を与えるかという視点が、ICIDHによって初めて体系化されたといえる。

この枠組みは、障害が単に生物学的な機能不全から生じるものではなく、社会環境のなかで人々が直面する障壁が、障害を引き起こす要因として、大きな役割を果たすことを認識するための道を開いた。

しかし、ICIDHには多くの限界もあった。特に批判されたのは、障害が段階的かつ固定的な過程で進行するという前提が、現実を反映し

▶インクルージョン（包括）
障害の有無にかかわらず、すべての人が平等に参加し、共に生活できる社会の実現を目指す考え方。
➡69・207頁参照

ていない点である。例えば、病気や事故で身体の一部に機能・形態障害が生じても、必ずしもそれが「能力障害」や「社会的不利」につながるわけではない。障害者が経験する困難は、個々の環境や支援の有無によって大きく異なり、ICIDHの枠組みでは、こうした多様な障害のあり方を十分に捉えきれないという批判があった。

　また、「社会的不利」を重視しすぎることで、障害者の可能性や能力の改善に対する視点が欠如しているとの指摘もあり、障害者のリハビリテーションや社会参加における肯定的な側面が軽視されがちであった。

　さらに、ICIDHは環境因子の重要性を十分に考慮していなかった。例えば、同じ機能・形態障害のある人であっても、生活している社会や環境によって、経験する障壁の種類や程度が大きく異なることがある。ICIDHでは、こうした環境の違いが障害者の生活に与える影響を適切に評価できなかった。

　これは、障害者のための設備が整っている先進国と、そうでない発展途上国では、同じ障害のある人の生活のしやすさが大きく異なるにもかかわらず、ICIDHでは、それらの違いを考慮した評価が難しかったのである。

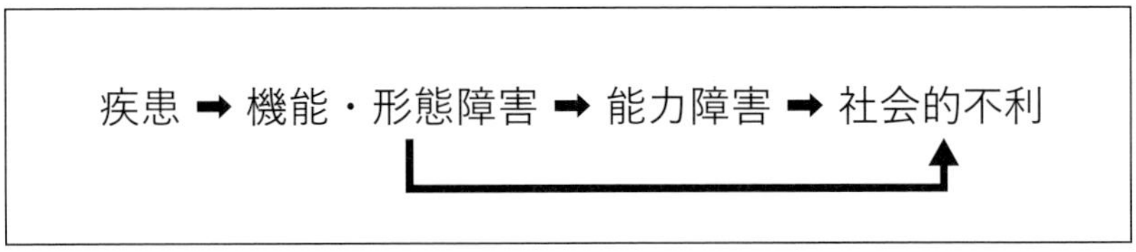

疾患 ➡ 機能・形態障害 ➡ 能力障害 ➡ 社会的不利

図1-1　ICIDH

2）国際生活機能分類（ICF）の登場とその革新性

　こうしたICIDHの限界を克服するため、世界保健機関（WHO）は2001（平成13）年に「国際生活機能分類（**ICF**：International Classification of Functioning, Disability and Health）」を発表した。ICFは、障害をより包括的かつ多面的に捉える枠組みを提供し、障害に対する新しい理解を広げた。

　ICIDHが主に個人の機能や能力に焦点を当てていたのに対し、ICFは**健康状態**、**活動**、**参加**という3つの次元を基軸に、障害者がどのように生活し、社会に参加しているかを評価することを重視している。

　ICFの登場によって、障害の概念は個人の機能不全だけではなく、社会参加の困難や活動の制約も含めて、より総合的に理解されるよう

▶ICF（国際生活機能分類）
ICF―WHOが2001年に発表した障害と健康に関する国際的な分類体系で、個人の機能や活動、社会参加の視点を重視。

になった。例えば、車いすを利用する人の社会参加の度合いを評価する際、ICFはその人の身体的な機能だけでなく、その人が住んでいる地域のバリアフリー化の進展状況や、使用可能な補助器具の有無といった環境因子も考慮に入れる。

これは、同じ機能障害のある人であっても、環境が整っていれば社会参加がしやすく、環境が整っていなければ障害が重く感じられることを反映している。例えば、都市部での公共交通機関や建物がバリアフリー化されていれば、車いすの利用者は日常生活において、ほとんど不便を感じずに生活できるが、そうでない地域では大きな制約を受けることになる。

ICFが強調するもう一つの重要な点は、「環境因子」と「個人因子」の役割である。環境因子とは、障害者が生活するなかで直面する社会的・物理的な要因を指し、個人因子はその人固有の背景や性格、価値観などを含む。

ICFでは、障害者の生活の質や社会参加の度合いが、これらの因子によって大きく左右されることが強調されており、障害は個人の問題にとどまらず、環境との相互作用の結果として発生するものであると定義されている。

ICFの枠組みは、多くの場面で実用的に活用されている。例えば、リハビリテーションの現場では、ICFに基づいて患者の身体機能の回復だけでなく、日常生活での活動の改善や社会参加の促進が重視されている。

また、教育や福祉の分野でも、ICFは障害を総合的に評価するための共通言語として使われ、多職種間での連携がスムーズに行われるよ

▶環境因子と個人因子
環境因子—障害者を取り巻く物理的・社会的環境(建物、制度、文化など)。
個人因子—年齢、性別、価値観など、障害者自身の特徴を示す概念。

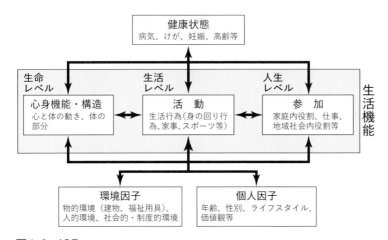

図1-2 ICF

うになっている。例えば、ICFを用いることで、医師、理学療法士、ソーシャルワーカーが一貫した理解のもとで、個人の生活状況に応じた支援を行うことが可能となる。

さらに、ICFは国際的な政策策定においても重要な役割を果たしている。ICFを基にしたデータは、各国での障害者支援の実態を把握し、福祉政策の改善や新たな施策の立案に活用されている。例えば、ICFの枠組みを用いた国際的な研究によって、異なる国や地域における障害者の社会参加の度合いや支援の効果を比較することが可能となっている。

3) ICFの課題と今後の展望

しかし、ICFにもいくつかの課題が存在する。ICFは非常に包括的であり、評価項目が多岐にわたるため、現場での運用において、すべての項目を評価することは難しい場合がある。例えば、時間やリソースが限られている現場では、すべての領域を評価する余裕がなく、特定の重要な項目に絞って運用せざるを得ないことがある。

また、ICFの枠組みを十分に活用するためには、評価者がICFの概念を正確に理解し、適切な評価を行うための訓練が必要である。これが不十分な場合、評価が曖昧になったり、現実の支援ニーズと乖離することもある。

ICFは、社会的な障壁を取り除くための重要なツールであるが、実際にどのように障壁を評価し、取り除いていくかについては、現場でのさらなる実践と工夫が求められる。例えば、障害者が直面する物理的な障壁だけでなく、社会的な偏見や制度的な障壁をどのように評価し、それに対する解決策を見出していくかは、今後の課題の一つである。

今後、ICFはさらに広く活用され、障害者の生活の質向上に貢献していくことが期待される。ICFの包括的なアプローチは、障害者支援において多職種が連携し、個々の障害者のニーズに応じた支援を提供するための強力なツールとなっている。

ICFを適切に活用することで、障害者が社会のなかでより積極的に参加できる環境が整えられていくことが望まれる。

5 ▶ ICFを基盤とした多職種連携

障害の捉え方は時代とともに変遷を遂げ、「医学モデル」から「社

会モデル」へのシフト、さらにICIDHからICFへの移行は、障害に対する社会全体の理解を大きく変革させた。障害を単なる個人の問題ではなく、社会全体が取り組むべき課題として捉える考え方は、現代社会においても重要な意義をもっている。

　ICFはその包括的な枠組みにより、個人の機能や能力だけでなく、社会的な環境や社会参加の状況も評価の対象として取り入れた。これにより、障害が単なる「できないこと」や「不足」として捉えられるのではなく、環境や支援の工夫によって社会参加や生活の質が向上できる可能性が広がっている。

　また、ICFの登場によって、リハビリテーション、教育、福祉などの現場では、異なる職種が共通の枠組みのもとで連携しやすくなり、より総合的な支援が可能となった。

　さらに、ICFは政策や国際的な研究においても活用され、各国の障害者支援の実態把握や比較分析、政策改善の基盤として機能している。ICFを基にしたデータを活用することで、異なる国や地域における障害者支援の効果や社会参加の度合いが比較され、より効率的で公平な支援体制を構築するための指針が生まれている。

　しかし、ICFにも課題が残されている。評価項目が多岐にわたるため、すべてを網羅的に評価するには時間とリソースが必要であり、現場での負担が大きいという問題がある。また、ICFを正しく運用するためには、評価者が概念を正確に理解し、適切な評価ができるように訓練される必要がある。そのため、今後は、ICFのさらなる実用性向上に向けた運用方法の見直しや、評価者のスキル向上を図るための研修が求められる。

　今後、障害者の生活の質を向上させ、より包括的な社会を実現するためには、ICFを基盤とした多職種連携が重要となる。例として、医師、理学療法士、ソーシャルワーカーが連携し、個々のニーズに応じた支援計画を作成することなどがあげられる。また、ICFを活用することで、障害者が社会の中で積極的に役割を果たし、自立した生活を送るための支援がより効果的に提供されることが期待される。

　このような枠組みが社会全体に浸透し、障害者が平等に社会参加できる環境が整うことで、障害者福祉における新たな展望が広がるであろう。福祉に関する政策や実務においては、障害者支援を個別の福祉サービスにとどめず、インクルーシブな社会の構築を目指すための取り組みがよりいっそう求められる。

（木下大生）

キーワード

ソーシャルワーク　生活課題としての障害　ICIDH（国際障害分類）　ICF（国際生活機能分類）
医学モデル　社会モデル

自己学習の課題

1. 各国の障害者の割合や認定基準について調べ、比較してみよう。
   日本やカナダ、イギリス、オーストラリアなどを例にあげて、それぞれの認定基準や制度の違いが障害者の割合に、どのような影響を及ぼしているかを考えてみよう。
2. 医学モデルと社会モデルの違いを整理し、身近な事例をあげて考えてみよう。
   学校や職場でのバリアフリー設備や合理的配慮の例を調べ、どのモデルに基づく対応が行われているかを考えてみよう。
3. ICIDHとICFの違いについてまとめ、それぞれの特徴や課題を整理してみよう。
   ICFの考え方をもとにした支援方法の例を考え、実際の支援現場でどのように活用できるか整理してみよう。

参考文献

・厚生労働省『生活のしづらさなどに関する調査』（令和4年）
  URL：https://www.mhlw.go.jp/stf/newpage_40511.html
・カナダ／Statistics Canada, Veterans with disabilities: Key findings from the 2022 Canadian Survey on Disability, 2024.
  URL：https://www150.statcan.gc.ca/n1/en/catalogue/89-654-X
  ※non-Veterans（非退役軍人）の障害者率（27.0％）を基にした推計値。
・イギリス／https://www.ons.gov.uk/peoplepopulationandcommunity/healthandsocialcare/healthandwellbeing/bulletins/disabilityenglandandwales/census2021?utm_source=chatgpt.com
・オーストラリア／Australian Bureau of Statistics（ABS）, Disability, Ageing and Carers, Australia: Summary of Findings, 2018.
  URL：https://www.abs.gov.au/statistics/health/disability/disability-ageing-and-carers-australia-summary-findings/latest-release#data-downloads
・韓国保健福祉部, 2021년 장애인실태조사（2021年障害者実態調査
  URL：https://www.mohw.go.kr/
  韓国統計庁（KOSTAT）：https://kostat.go.kr/
・イタリア／ISTAT（イタリア国立統計研究所）、Conoscere il mondo della disabilità, 2019.
  URL：https://www.istat.it/
  ※総人口に対する障害者率は5.2％。ただし、他の報告では最大22％とする推計もある。
＊すべて2025年2月19日が最終閲覧日

第2回 障害者の定義と特性

→ 学びの誘い

「障害者とは、誰のことを指すのか？」という質問は、非常に難題である。その根本には、そもそも「障害とは何か？」という問いかけがあるからである。ここでは、この難題に対して、法的なアプローチを中心にまとめたい。日本ではこれまで、福祉サービス利用ができるか否かの判断をさまざまな法律で定めてきた。「障害者福祉」を学ぶにあたり、まずは法律が規定する障害者の定義、障害の概念、障害の特性について学習する。

第3節 障害者の定義と特性

1 ▶ 法律における障害者の定義

1) 障害者基本法による障害者の定義

障害者基本法とは、その名が示すとおり、障害者の支援や政策を行う上での「基本」となる重要な法律（理念法）である。そのなかで、「障害者」は広い枠組みとして捉えられている。そのため、他の法律で規定されている障害者手帳所持の有無なども要件とはしていない。

また、これまでの「**医学モデル**」に基づく障害の枠組みに加え社会的障壁として「**社会モデル**」の視点が導入されてきている。

障害者基本法における障害者の定義（第2条第1号）
> 一　障害者　身体障害、知的障害、精神障害（発達障害を含む。）その他の心身の機能の障害（以下「障害」と総称する。）がある者であって、障害及び社会的障壁により継続的に日常生活又は社会生活に相当な制限を受ける状態にあるものをいう。

「社会的障壁」については、下記のように定義されている。
この中の「事物、制度、慣行、観念」とは、例えば、街の中の段差や手話通訳のない講演会、地域の学校に通うことができない状況、障害者は施設で生活すべき・障害があると結婚はできないといった間違った考え方などである。

▶障害者基本法
障害者の権利を保障し、共生社会の実現を目指すための法律。障害者差別解消法などの関連法とも連携。
➡84頁～参照

▶医学モデル
障害は、個人の心身機能が原因であるとし、個人的な問題として捉える考え方。

▶社会モデル
障害は、障害のない人を前提につくられた社会が原因であるとし、社会全体の問題として捉える考え方。2006年に国連で採択された「障害者権利条約」において、その考え方が示された。

> 障害者基本法における社会的障壁の定義（同条第2号）
>
> 二　社会的障壁　障害がある者にとって日常生活又は社会生活を営む上で障壁となるような社会における事物、制度、慣行、観念その他一切のものをいう。

2）障害者総合支援法による障害者の定義

「障害者の日常生活及び社会生活を総合的に支援するための法律」（障害者総合支援法）における障害者の定義は、関連する他の法律の定義を引用して規定されている。障害者総合支援法は、障害者基本法とは異なり、障害者のニーズに対して、個別に障害者サービスを提供するルールを定めた法律であるため、障害者の捉え方は限定的となっている。

表1-1　障害者総合支援法上の障害者・障害児の定義概念

障害種別	障害児	障害者	規定内容
身体障害	児童福祉法第4条第2項に規定する障害児（身体に障害のある児童、知的障害のある児童、精神に障害のある児童（発達障害児を含む）又は治療方法が確立していない疾病その他の特殊の疾病であって障害者総合支援法第4条第1項の政令で定めるものによる障害の程度が同項の厚生労働大臣が定める程度である児童をいう）	身体障害者福祉法第4条に規定する身体障害者	「身体障害者」とは、別表に掲げる身体上の障害がある18歳以上の者であって、都道府県知事から身体障害者手帳の交付を受けた者をいう。
知的障害		知的障害者福祉法にいう知的障害者のうち18歳以上である者	定義規定なし
精神障害		精神保健福祉法第5条に規定する精神障害者のうち18歳以上である者	「精神障害者」とは、統合失調症、精神作用物質による急性中毒又はその依存症、知的障害、精神病質その他の精神疾患を有する者をいう。
難病等		障害者総合支援法第4条第1項に規定する者のうち18歳以上である者	治療方法が確立していない疾病その他の特殊の疾病であって政令で定めるものによる障害の程度が厚生労働大臣が定める程度である者をいう。

出典）厚生労働省資料をもとに作成（一部改変）

また、社会的障壁に関する内容は、障害者基本法にあった「社会モデル」の視点から、基本理念のなかに明記されている。

> （基本理念）第1条の2障害者及び障害児が日常生活又は社会生活を営むための支援は、全ての国民が、障害の有無にかかわらず、等しく基本的人権を享有するかけがえのない個人として尊重されるものであるとの理念にのっとり、（略）社会参加の機会が確保されること及びどこで誰と生活するかについての選択の機会が確保され、（略）日常生活又は社会生活を営む上で障壁となるよう

な社会における事物、制度、慣行、観念その他一切のものの除去に資することを旨として、総合的かつ計画的に行わなければならない。

2 ▶ 身体障害の特性

身体障害者福祉法において、「身体障害者」は「身体上の障害がある18歳以上の者であって、都道府県知事から身体障害者手帳の交付を受けたもの」（同法第4条）と規定されている。なお、身体障害者手帳は同法別表に掲げる身体上の障害（一定以上で永続することが要件）があるものが交付対象となる（表1-2）。18歳未満の児童は児童福祉法において位置づけられている。

表1-2 表に定める障害の種類

①	視覚障害
②	聴覚又は平衡機能の障害
③	音声機能、言語機能又はそしゃく機能の障害
④	肢体不自由
⑤	心臓、じん臓又は呼吸器の機能の障害
⑥	ぼうこう又は直腸の機能の障害
⑦	小腸の機能の障害
⑧	ヒト免疫不全ウイルスによる免疫の機能の障害
⑨	肝臓の機能の障害

1) 肢体不自由

肢体とは四肢と体幹を指す言葉であり、肢体不自由とは肢体の一部または全部が損なわれ、日常生活・社会生活に制限がある状態である。原因は先天性の**脳性麻痺**や**筋ジストロフィー**、先天性四肢欠損、後天性で事故や病気により四肢、体幹や脳、脊髄の神経に損傷を受けたものなどがある。また脳に損傷を受けると四肢の麻痺や言語障害、記憶力の低下などを伴う場合がある。

障害の部位や程度により、日常生活や社会生活における支障は異なるが、**補装具**などの福祉用具を利用する人もいる。

2) 視覚障害

視覚障害とは視力や視野に障害があり、生活に支障をきたしている状態であり、まったく見えない状態の「全盲」と、見えづらい状態の

▶脳性麻痺
出生時の脳損傷や仮死などにより、受胎から生後4週間以内に生じる脳の非進行性病変であり、運動機能障害などを起こす。手足がこわばって硬くなる痙直型、手足が余分に動きすぎるアテトーゼ型などに分類される。

▶筋ジストロフィー
筋線維の壊死などにより、進行性の筋力低下を起こす遺伝性疾患である。幼児期に始まり重症化するデュシェンヌ型、青年期に始まり症状が軽いベッカー型などに分類される。筋ジストロフィーの多くは男児に発症する。

▶補装具
障害者などの失われた身体機能を補完または代替し、日常生活や社会生活を容易にするための用具であり、障害者総合支援法に基づき支給される（例：車いす、つえ、義足、補聴器）。

「弱視」に分類される。

　見えづらい状態とは、眼鏡やコンタクトレンズを使用しても一定以上の視力が出ない状態を指す。見えづらさは光がまぶしい、小さい文字が読めない、見える範囲が狭い（視野狭窄）など、さまざまな症状があり、個人差が大きい。日常生活や社会生活では、ルーペや拡大読書器、盲人安全つえ（白杖）、視覚障害者用誘導ブロック（点字ブロック）、盲導犬を使用する人もいる。

　また、視覚障害者に机の上の物の位置などを説明する際、机を時計の文字盤に見立てて伝える「クロックポジション」が用いられる場合もある。視覚障害者とコミュニケーションを図る際は、まず自身の名前を伝えると、スムーズに行うことができる。

3) 聴覚障害

　聴覚障害とは聴力に障害があり、聞こえなかったり、聞こえづらい状態であり、最重度の「ろう」と「難聴」に分類される。音の大きさはデシベル（dB）という単位で表され、25dB（鉛筆で紙に文字を書く際の音）以上の音が、なんとか聞こえる場合、聴覚障害とされる。一方、「ろう」の人たちは100dB（電車が通過するガード下の音）以上の音でないと聞こえない状態である。

　難聴は障害部位により、伝音性難聴、感音性難聴、混合性難聴の3種類に分類される。伝音性難聴は外耳から内耳までの音を伝える器官に原因となる病変がある。感音性難聴は内耳から聴神経にかけて、音を感じとる器官に原因となる病変がある。そして、この両方の病変が混ざり合っているのが混合性難聴である。また、伝音性難聴は補聴器などにより、聞こえ方が改善する場合もあるが、感音性難聴は音そのものを脳に伝える部分に病変があるため、音が歪んだりしてしまい、聞こえ方の改善は難しい。

　聴覚障害者のコミュニケーション手段としては、手話や指文字、唇の動きや顔の表情から話の内容を読みとる読話・口話、必要な文字を紙に書き意思を伝える筆談、講演会などでの音声をパソコンで要約し、プロジェクターに映し出す要約筆記やノートに書き写すノートテイクなどの方法がある。

4) 内部障害

　内部障害とは、内臓機能に障害がある状態のことをいう。そのため、外見からはわかりづらい障害の一つである。主な種類として、下記が

ある。
①**心臓機能障害**：心臓の機能（全身に血液を送り出す機能）が低下した状態で、心臓の収縮リズムや脈拍を正常に調整するために「ペースメーカー」という医療機器を胸部に埋め込んでいる人もいる。
②**腎臓機能障害**：腎臓の機能（有害な老廃物や水分の排泄）が低下した状態で、体内の老廃物を医療機器により排泄する人工透析治療等を受けている人もいる。
③**膀胱・直腸機能障害**：尿や便を溜めたり、排泄する機能が低下または喪失した状態で、人工肛門・人工膀胱を造設している人（オストメイト）もいる。
④**呼吸機能障害**：肺の機能（酸素と二酸化炭素の交換など）が低下し、呼吸困難、息切れなどを発症した状態で、酸素ボンベを携帯して外出する人や人工呼吸器を使用する人がいる。
⑤**小腸機能障害**：小腸の機能（栄養の消化吸収など）が低下し、消化吸収がスムーズに行えない状態で、食事制限や経口摂取ができない人もいる。
⑥**肝臓機能障害**：肝炎ウイルスなどにより肝臓の機能（有害物質の解毒など）が低下し、倦怠感（だるさ）、疲労感、黄疸（白目部分が黄色くなる）などの症状がある状態。
⑦**ヒト免疫不全ウイルスによる免疫機能障害**：HIVウイルスの感染により、身体の免疫機能が低下し、発熱、体重減少、全身倦怠感などの症状が現れる。特定の病状が出現するとエイズ（後天性免疫不全症候群）と診断され、日和見感染症や悪性腫瘍などを発症する。

5）難病

難病とは2015（平成27）年1月に施行された、「難病の患者に対する医療等に関する法律」において、①発病の機構が明らかでなく、②治療方法が確立していない、③希少な疾病であって、④長期にわたり療養を必要とする、と規定されている。

難病は長期にわたる治療が必要となる。そのため難病医療費助成制度が創設され、対象疾患に対して、医療保険での通常3割負担を1割負担へ軽減している。医療費助成の対象疾病（指定難病）としては2024（令和6）年4月1日現在、341疾病が指定されている。

指定される具体的な要件としては、①患者数が日本国内において一定の人数（人口の0.1％程度）に達しないこと、②客観的な診断基準（またはそれに準ずるもの）が確立していることが掲げられている。

3 ▶ 知的障害の特性

　知的障害は、知的機能の障害が発達期（おおむね18歳まで）にあらわれ、日常生活に支障が生じ、何らかの特別な援助を必要とする状態である。知的障害の判断基準は、知能指数（IQ）がおおむね70までとされている。

　知的障害は医学的に「精神遅滞」「精神発達遅滞」と呼ばれたり、アメリカ精神医学会（APA）の診断基準である「精神疾患の診断・統計マニュアル　第5版」（**DSM-5**）では、「知的能力障害（知的発達症）」と表記され、重症度により軽度、中等度、重度、最重度に分類される。

　知的障害者福祉法において、知的障害の定義はなされていないが、1973（昭和48）年9月に出された厚生事務次官通知「療育手帳制度について」および厚生省児童家庭局長通知「療育手帳制度の実施について」により、療育手帳が交付されている。

　知的障害が生じる原因は、遺伝子や染色体の異常（**ダウン症**や**プラダー・ウィリ症候群**など）、先天性の代謝異常（**フェニルケトン尿症**など）、出生時のトラブルによる脳障害など多岐にわたる。

　日常生活や社会生活においては、個人差はあるものの知的発達の遅れにより、相手の言葉や抽象的な内容を理解すること、自分の考えや気持ちを表現することが苦手である。また、ある行動に執着したり、状況の変化に対応できずパニックを起こしたりすることもある。

　重度知的障害者のなかには他害行為（他人を叩く、物を壊すなどの行為）などの行動障害や自傷行為（壁に頭を打ちつける行為など）を伴う場合もあり、こうした行為が高頻度で長期間継続する場合、「強度行動障害」と呼ばれる。

4 ▶ 精神障害の特性

　精神障害者は、精神疾患による精神機能の器質的変化、あるいは機能的障害が生じ、日常生活や社会参加に困難をきたしている状態であり、精神保健及び精神障害者福祉に関する法律（精神保健福祉法）第5条では、「統合失調症、精神作用物質による急性中毒又はその依存症、知的障害その他の精神疾患を有する者をいう」と定義されている。

▶DSM-5
2013年にアメリカ精神医学会が19年ぶりに改定し発表した、「精神疾患の診断・統計マニュアル（Diagnostic and Statistical Manual of Mental Disorders）」であり、この頭文字をとってDSMと呼ばれている。この中で精神疾患が22のカテゴリーに分けられ、22の各カテゴリーの中にさらに小さな分類がなされている。

▶ダウン症
21番目染色体が1本多く、21トリソミーと呼ばれる。筋肉の緊張が低く、心疾患（心内膜欠損症）などを合併症とする場合がある。また、平坦な顔貌、厚い唇など、特徴的な顔立ちである。

▶プラダー・ウィリ症候群
15番染色体の異常による疾患であり、主な症状として満腹中枢異常による過食と肥満、低身長、性腺機能不全など。また、アーモンド型の目、狭い前額部など、特徴的な顔立ちである。

▶フェニルケトン尿症
遺伝性疾患であり、血液中のフェニルアラニン（たんぱく質を形成するアミノ酸の一種）の量が増加する先天代謝異常症の一つである。出生後、治療しない期間が長くなると、知能障害などの症状が出現する。

【主な精神障害】
❶ 統合失調症

　思春期から青年期に発症し、経過は長期に及ぶことが多い。症状は幻覚、妄想、興奮、顕著な思考障害などの「陽性症状」と、意欲や自発性の低下などの「陰性症状」に分けられる。

　発症頻度は100人に1人程度、原因は不明であるが「ストレス耐性脆弱説」が有力とされている。

❷ 気分障害（躁うつ病、うつ病、躁病）

　うつ状態では憂うつな気分となり、物事を行う意欲が減退し、悲観的な考えが見られ、自殺企図を伴う場合もある。不眠や過眠、食欲低下などの症状があり、これらの症状は朝方に強く現れ、夕方になると改善することもある（日内変動）。

　一方、躁状態では、気分が高揚し、活動的になったり、自尊心が向上し、浪費したりなどの症状が現れる。こうした、うつ状態と躁状態を繰り返すのが躁うつ病である。

❸ 依存症

　依存症とはアルコールや覚せい剤などの特定の物質、ギャンブルやゲーム、買い物といった行為や過程に対して、自身ではコントロールができず、やめたくても、やめられない状態となっている。その結果、身体面や家庭生活、社会生活に大きな問題が生じてしまっている。

　依存症からの回復に向けては、**自助グループ**等も活用される。

▶自助グループ
アルコールや薬物などに対して同じ課題を抱える人々の自発的な集まりである。そこでは、それぞれが対等な立場で、抱える課題や気持ちを相互に理解し合い、自身の回復を目指す。

❹ 高次脳機能障害

　交通事故や病気（脳血管障害など）によって、脳に損傷を負うことで、認知や行動に症状が現れる。こうした症状は外見上わかりづらいため、これまで「見えない障害」と呼ばれてきた。主な症状としては下記のものがある。

・記憶障害：新しいことが覚えられない、同じことを繰り返す
・注意障害：集中力が持続せず、ぼんやりとしてしまい、長時間の作業が難しい
・遂行機能障害：自分で計画を立て、順序立てて実行することが難しい
・社会的行動障害：些細なことでイライラし、思い通りにならないと大声を出してしまう
・病識欠如：上記の症状があることに気づかず、自分ではできるつもりで行動してしまう

5 ▶ 発達障害の特性

発達障害は発達障害者支援法において、「自閉症、アスペルガー症候群その他の広汎性発達障害、学習障害、注意欠陥多動性障害、その他これに類する脳機能の障害であってその症状が通常低年齢において発現するもの」(第2条)と定義されている。

また、同条第2項では、発達障害者を「発達障害がある者であって発達障害及び社会的障壁により日常生活又は社会生活に制限を受けるもの」、発達障害児は、「発達障害者のうち18歳未満のもの」と定義している。

こうした定義にもあるように発達障害の原因は、脳機能の障害によるものであり、親のしつけなどとは無関係である。

また、現在の医学界の動向においては、2013(平成25)年のアメリカ精神医学会(APA)の診断基準である「精神疾患の診断・統計マニュアル 第5版」(DSM-5)の発表以降、自閉症、広汎性発達障害、アスペルガー症候群などは、「自閉スペクトラム症」(ASD)として表現されるようになっている。

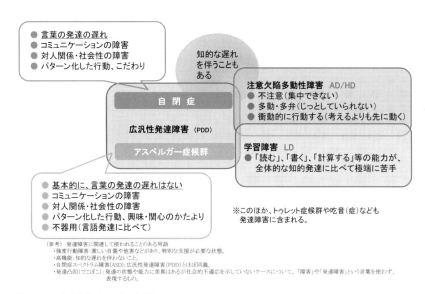

図1-3 発達障害の概念図
出典)厚生労働省(2016)「発達障害者支援法の改正について」

【主な発達障害】

❶ 広汎性発達障害(自閉スペクトラム症)

コミュニケーション能力や社会性に関連する脳の領域に関係する発達障害の総称である。「精神疾患の診断・統計マニュアル 第5版」

(DSM-5)では、自閉スペクトラム症（ASD）に自閉症、アスペルガー症候群、小児期崩壊性障害、特定不能の広汎性障害が含まれる。

これは自閉症とアスペルガー症候群は、知能発達などに違いはあるものの、「コミュニケーションの困難さ」「強いこだわりによる社会適応の困難さ」においては、別々の疾患ではなく、ひとつの**スペクトラム（連続体）**のなかで「程度の差」として捉えることを示唆している。

❷ 自閉症

自閉症は、①対人関係の質的障害（相手と視線が合いにくい、相手の表情を見ての行動が苦手など）、②コミュニケーションの質的障害（質問に対しオウム返しとなる、抑揚のない1本調子の話し方など）、③常同的・反復的な行動や関心（回転するものへの興味が強い、同じ行動パターンを繰り返すなど）の特性がある。

「自閉」という言葉から、自ら外の世界と心を閉ざしている病、というイメージをもたれがちだが、それはこうした自閉症の特性を理解することにより、誤解であることがわかる。また、自閉症のなかでも、知的発達の遅れがないものは「高機能自閉症」と呼ばれる。

2007（平成19）年の国連総会において、毎年4月2日を「世界自閉症啓発デー」と決議され、この日は日本をはじめ、世界各国で自閉症を理解してもらう、さまざまな取り組みが行われている。

❸ 注意欠陥多動性障害（AD/HD）

注意欠陥多動性障害（AD/HD：Attention-Deficit/Hyperactivity Disorder）は、発達水準からみて注意が集中できない（不注意）、落ち着きがなく、行動の抑制ができない（多動性）、思いついたことを即座に行動に移してしまう（衝動性）などの特性がある。

❹ 学習障害（LD）

学習障害（LD：Learning DisordersまたはLearning Disabilities）は、全般的な知的発達に遅れはないものの、聞く、話す、読む、書く、計算する、または推論する能力のうち、特定の能力を学んだり、行ったりすることに著しい困難を示す。視覚障害や知的障害などが直接の原因となるものではない。

（谷内孝行）

▶スペクトラム（連続体）
物理学などで使用される用語で、境界や範囲が明確ではない状態を指す。7色といわれる虹は、それぞれの色の境界は不明瞭であり、1つの色が徐々に隣の色に変化していく、虹は色のスペクトルといえる。

> **キーワード**
>
> 障害者　医学モデル　社会モデル　身体障害者　知的障害者　精神障害者　発達障害者　難病

> **自己学習の課題**
>
> 1．障害者、身体障害者、知的障害者、精神障害者、発達障害者の法的定義について、比較して、まとめてみよう。
> 2．「精神疾患の診断・統計マニュアル　第5版」(DSM-5)では、「発達障害」をどのように捉えているのかを論じてみよう。

参考文献
・厚生労働省「e-ヘルスネット」
　https://www.e-healthnet.mhlw.go.jp/information/heart-summaries/k-04
・東京都福祉局「障害を知る」
　https://www.fukushi1.metro.tokyo.lg.jp/tokyoheart/shougai/chiteki.html
・国土交通省知的障害、発達障害、精神障害のある方とのコミュニケーションハンドブック改訂・検討ワーキング編「発達障害、知的障害、精神障害のある方とのコミュニケーションハンドブック」
　https://www.mlit.go.jp/common/001130223.pdf

COLUMN

障害者の貧困問題

　2024（令和6）年7月、「きょうされん」(旧称：共同作業所全国連絡会)は2023（令和5）年度「障害のある人の地域生活実態調査」の結果を報告した。調査は2023年5月～24年4月に「きょうされん」に加盟する事業所の利用者など5,000人以上を対象に行われた。その結果、相対的貧困とされる127万円の「貧困線」を下回り、貧困状態に相当する収入の障害者が全体の78.6％（4,000人）を占めるという結果であった。

　「貧困線」は、厚生労働省による国民生活基礎調査で公表される。貧困線は前年の世帯収入から税金・社会保険料を除く可処分所得（いわゆる手取り収入）を世帯人員の平方根の中央値の半分で割った額で算定される。2021（令和3）年度の結果では、その実質中央値は年収254万円と算定され、その2分の1の年収127万円が、いわゆる「貧困線」（総世帯のうち貧困線を下回る世帯は15.4％）となる。今回の調査により、障害者の約8割がこの貧困線を下回るという著しい所得水準の低さが明らかになったのである。

　また、同調査では、「ワーキングプア」（フルタイムで働いても、生活維持が困難もしくは生活保護の水準にも満たない収入しか得られない就労者）の状態にある障害者も全体の97.2％を占めることが明らかにされた。

　障害者権利条約の総括所見において、「市民の平均所得に比べて、障害年金が著しく低額であること」が指摘されている。今後は社会保障（障害基礎年金等）のさらなる充実、福祉的就労の工賃アップなどにより、障害の有無によって生じている大きな所得格差の是正を目指さなくてはならない。

（谷内孝行）

参考文献
・きょうされん2023年度「障害のある人の地域生活実態調査」結果報告 https://www.kyosaren.or.jp/wpcontent/uploads/2024/08/1842c2af2d51c3c33cc4596ba8771140.pdf

第2章
障害者の生活実態と障害者を取り巻く社会環境

　私たちの社会には障害者は何人いて、どこで、誰と、どのような暮らしをしているのだろうか。本章第1節では、全国調査（「生活のしづらさなどに関する調査」）の結果をもとに、そうした障害者の人数や暮らしている場所、地域移行や就学の状況などについて学ぶ。第2節では、同調査の世帯や支援者の状況から、障害者家族が抱える「8050問題」や「親亡き後問題」について検討する。さらに障害者が地域でより快適に生活するためのバリアフリー政策や文化芸術活動、スポーツ活動の推進など、障害者を取り巻く社会環境について学ぶ。

第3回 障害者の生活実態と地域移行、社会環境

> **学びの誘い**
>
> 　私たちが障害児者を支援するためには、まず対象者の理解が必要となる。そこで、この章では、わが国の障害児者について人数や動向、どこで誰と暮らしているのかなどの生活実態と、彼らを取り巻く社会環境について学ぶ。
> 　この章ではマクロ的な視点から、全体的な状況や動向を学習していくが、障害児者一人ひとりの生活実態やニーズは個別化が必要になる。ミクロレベルとマクロレベルは連続性をもっており、相互に影響しあっていることを意識して学習してほしい。

第1節　障害者の生活実態

1 ▶ 障害者の全体的状況

1）障害者の実態調査

　わが国における障害者の実態調査は、身体障害者と知的障害者に分けて5年ごとに実施されてきた。2011（平成23）年からは、障害者手帳等を所持していないが病気やけが等で生活に困難を抱えている者も対象に拡大し**「生活のしづらさなどに関する調査」**に統合され、概ね5年ごとに調査を実施している。直近は2022（令和4）年に調査が行われていることから、以下その調査結果をもとにして障害者の全体的状況を確認していく。

▶「生活のしづらさなどに関する調査」
「生活のしづらさなどに関する調査」は以下のQRコードから過年度分含めすべて閲覧可能である。

2）障害者の総数

　わが国の障害者の総数は約1,164万6,000人と推計されている（図2-1）。これは全人口の9.3％に相当する人数となっている。内訳は、身体障害児者が約423万人、知的障害児者が約126万8,000人、精神障害者が約614万8,000人である。ただし、重複障害の人がそれぞれに含まれている点には留意が必要である。

　住んでいる場所が「在宅」か「施設・病院」なのかをみると、身体障害児者の98.3％（415.9万人）が在宅で、1.7％（7.1万人）が施設入所、知的障害児者の89.9％（114万人）が在宅で、10.1％（12.8万人）が施設入所、精神障害者の95.3％（586.1万人）が在宅で、4.7％（28.2万人）が入院中と推定されている。

　過去10年程度の推移では、「施設・病院」の人数には大きな変化は

（在宅・施設別）

障害者総数　1164.6万人（人口の約9.3%）
うち在宅　　1116.0万人（95.8%）
うち施設入所　48.7万人（4.2%）

（年齢別）

65歳未満　53%
65歳以上　47%

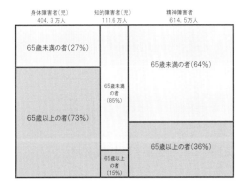

※在宅身体障害者（児）及び在宅知的障害者（児）は、障害者手帳所持者数の推計。このため、障害者手帳非所持で障害福祉サービス等を利用している者は含まれていない。
※施設入所身体障害者（児）及び施設入所知的障害者（児）には高齢者施設に入所している者は含まれていない。
※年齢別の身体障害者（児）及び知的障害者（児）数は在宅者数（年齢不詳を除く）で算出し、精神障害者数は在宅及び施設入所者数（いずれも年齢不詳を除く）で算出。
※複数の障害種別に該当する者の重複があることから、障害者の総数は粗い推計である（各種別ごとの人数を単純に合計）。

図2-1　障害者の数（推計）
出典）厚生労働省（2024）「令和4年生活のしづらさなどに関する調査（全国在宅障害児・者等実態調査）：結果の概要（別添2）」

ないが、「在宅」の障害児者数は増加傾向にある。

年齢別でみると、65歳以上の占める割合が身体障害児者の73%、知的障害児者の15%、精神障害者の36%となっており、全体では47%が65歳以上となっている。変化をみるために15年ほど前の状況と比較してみる。

65歳以上の占める割合は、身体障害児者は62%（2006年調査）、知的障害児者は4%（2005年調査）、精神障害者は34%（2008年調査）であった。このことから、障害者の高齢化が進んでいることが理解できるであろう。

3)「9.3%」は多いのか？　少ないのか？

わが国の総人口に占める障害者の割合は9.3%であるが、国際的にみると多いのか少ないのかを確認しておこう。

2023年時点での**世界保健機関（WHO）の推計では、世界人口の約16%にあたる推定13億人が重度の障害を抱えているとしている**。WHOは**1970年代の推定有障害率を約10%**としており、現在はその数字よりも高くなっている。しかし、第1章でわが国の障害の定義を確認したが、どのような状態を障害者とするのかは国によって異なるため、単純な比較は難しい。

▶世界保健機関（WHO）の推計では、世界人口の約16%にあたる推定13億人が重度の障害を抱えているとしている

▶1970年代の推定有障害率約10%
アラナ・オフィサー他編（2013）『世界障害報告書』明石書店

わが国では、法律上の障害者の範囲が、福祉サービスの受給資格を判断するために設けられている障害者手帳制度や障害支援区分と密接に関係していることから、諸外国に比べて限定的であるといえる。

2 ▶ 在宅の障害者の具体的な状況

1）身体障害者の障害種別の特徴

前項で触れた2022（令和4）年の実態調査から、身体障害者の障害種別について在宅の障害児者に占める割合でみると、肢体不自由が最も多く（38.0％）、次いで内部障害（32.8％）、聴覚・言語障害（9.1％）、視覚障害（6.6％）の順で17.5％は重複障害をもっていることが推計されている。また、障害種別の推移は図2-2のとおりとなっている。

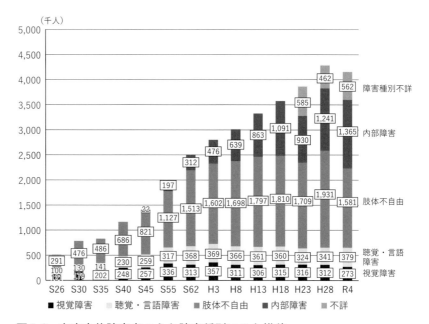

図2-2　在宅身体障害者のうち障害種別にみた推移

出典）厚生労働省「身体障害児・者実態調査」（～平成18年）、厚生労働省「生活のしづらさなどに関する調査」（平成23年～）より作成

2）年齢階層別にみる特徴

在宅の身体障害児者年齢階層別の推移をみると、1996（平成8）年の調査から65歳以上の割合が半数を超え、2016（平成29）年には72.6％と高齢化が進んでいく。2022（令和4）年も微減であるが7割を超えている状態である（図2-3）。

在宅の知的障害児者年齢階層別の推移をみると、人数が増加するなか18～64歳が6割前後と最も多く、17歳以下は割合こそ減少傾向に

あるが人数は増加してきている。また、2016（平成28）年調査から65歳以上の割合が1割を超えている点にも留意が必要である（図2-4）。

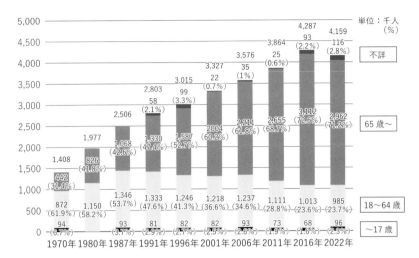

図2-3　年齢階層別身体障害児者（在宅）数の推移

注1：1980年は身体障害児（0〜17歳）に係る調査を行っていない。
注2：四捨五入で人数を出しているため、合計が一致しない場合がある。
資料：厚生労働省「身体障害児・者実態調査」（〜2006年）、厚生労働省「生活のしづらさなどに関する調査」（2011・2016年・2022年）
出典：内閣府（2024）「令和6年版 障害者白書」、p226を改変して作成

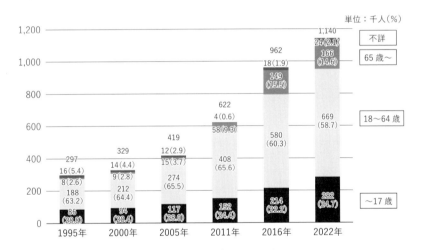

図2-4　年齢階層別知的障害児者（在宅）数の推移

注：四捨五入で人数を出しているため、合計が一致しない場合がある。
資料：厚生労働省「知的障害児（者）基礎調査」（〜2005年）、厚生労働省「生活のしづらさなどに関する調査」（2011・2016年・2022年）
出典：内閣府（2024）「令和6年版 障害者白書」、p227を改変して作成

3 ▶ 生活の状況やニーズについて

1）暮らしている場所

在宅の障害者がどのような住宅で暮らしているのかを確認してみよ

う（表2-1）。

身体障害児者、知的障害児者、精神障害者のいずれも「一戸建て／持ち家」が最も多い。身体障害児者の場合は、「共同住宅／持ち家」「共同住宅／賃貸等」が続く。

知的障害児者の場合は、「グループホーム」が10.8％と他の障害種別よりも多い。

精神障害者の場合は、次いで「共同住宅／賃貸等」が18.5％である。

表2-1　暮らしている場所　　　　　　　　　　　　　　　　　　　（％）

	身体障害	知的障害	精神障害
一戸建て/持ち家	71.0	57.1	52.0
一戸建て/賃貸等	2.6	3.9	3.8
一戸建て/公営住宅	0.5	1.1	0.7
共同住宅/持ち家	7.3	7.9	6.8
共同住宅/賃貸等	7.2	9.5	18.5
共同住宅/公営住宅	5.6	4.6	8.5
貸間	0.2	0.2	0.4
グループホーム	1.0	10.8	4.0
福祉サービス付住宅	0.9	0.3	0.2
その他	1.7	1.9	2.6
不詳	1.8	2.8	2.4

出典）厚生労働省（2024）「令和4年生活のしづらさなどに関する調査結果」をもとに作成

2）施設入所者と地域移行の実態

施設入所支援の利用者数は、図2-5に示されているとおり2013（平成25）年3月末の時点では、13万4,247人であったが、9年後の2022（令和4）年3月末時点では12万5,653人と約6.4％減少している。

これを年齢階級別にみると、20歳台は32.1％、30歳台は43.3％も減少しているのに対して、50歳台は11.2％、65歳以上は37.1％の増加となっている。施設入所者は全体的に減少傾向にあるものの、比較的年齢の高い層は増加傾向にある。

施設入所支援の利用者が減少傾向にあるのは、国が推進している地域移行政策の影響といえる。障害者自立支援法（現、障害者総合支援法）が施行された2006（平成18）年から、自治体が策定する障害福祉計画に地域移行の目標値を定めて推進してきた。その結果、2021（令和3）年度までに**5万706人が地域生活へ移行した**とされている。

地域移行後の住まいとしては、自宅やアパート等での一人暮らし、グループホーム等が考えられる。このうち、**グループホームの利用者は年々増加傾向**にあり、2009（平成21）年3月末に4万8,394人だった

▶5万706人が地域生活へ移行した
厚生労働省資料（社会保障審議会障害者部会資料〔2023年1月23日〕）「成果目標に関する参考資料」による。

▶グループホームの利用者は年々増加傾向
障害福祉サービス等報酬改定検討チーム資料（2023年10月23日）による。

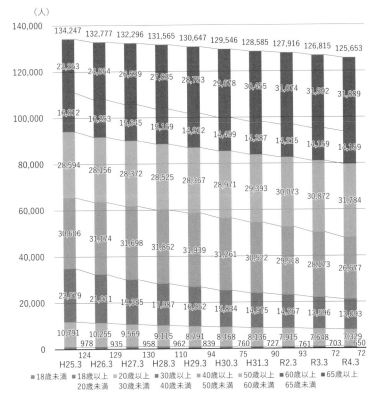

図2-5　施設入所支援の利用者数の推移（年齢階級別）
出典）厚生労働省資料（社会保障審議会障害者部会資料〔2023年1月23日〕）

ものが、2015（平成27）年3月末に9万6,012人と倍増し、2023（令和5）年3月末時点では17万1,651人と14年間で3.5倍に増加している。

3）日中の過ごし方

　地域で暮らす障害者の日中の過ごし方については、表2-2のとおりである。身体障害児者の「仕事をしている」割合が低いのは、高齢化の影響も考えられる。知的障害児者の仕事の内訳では、福祉的就労が半数以上を占めており、正職員以外を含めた一般雇用の割合が低くなっている。

　教育等を受けている知的障害児者は特別支援学校等の特別な支援を受けている割合が高いが、精神障害者や身体障害児者では約半数が特別な支援を受けていないと回答している。教育を受けたり、仕事をしていない場合の過ごし方の内訳では、知的障害児者では約7割が何らかの通所サービスを利用しているが、身体障害児者や精神障害者では、家で過ごしている割合が半数を超えている。

4）就学の状況

少子化が進むわが国では**義務教育段階の児童生徒数**も減少傾向にあり、2013（平成25）年度に1,030万人だったが2023（令和5）年度には941万人となり、この10年間でおよそ1割減少している。一方で、**特別支援教育を受ける児童生徒数**は2013（平成25）年度は32万人だったが2023（令和5）年度には64万人と倍増している。特別支援教育とは、障害のある子どもに対し、多様な学びの場において少人数の学級編成、特別の教育課程等による障害に対応した適切な指導や支援を実施するものである。

具体的には、障害の程度が比較的重い子どもを対象として専門性の高い教育を実施する特別支援学校、小中学校のなかに障害の種別ごとに学級を編成し、子ども一人ひとりに応じた教育を実施する特別支援学級、小中高等学校等の通常学級に在籍し一部特別な指導を要する児童生徒に障害に応じた特別の指導を行う指導形態である通級による指導がある。

▶義務教育段階の児童生徒人数と特別支援教育を受ける児童生徒数
文部科学省初等中等教育局特別支援教育課『特別支援教育の充実について』令和6年度版

表2-2　日中の過ごし方
(%)

	身体障害	知的障害	精神障害
仕事をしている	21.3	34.4	32.1
一般雇用/正職員	21.4	4.6	9.0
雇用/正職員以外（アルバイト等）	21.6	7.6	18.9
障害者雇用/正職員	5.3	8.9	4.7
障害者雇用/正職員以外	10.3	19.4	22.3
自営業	31.7	3.7	7.1
就労継続支援A型	2.0	11.1	9.2
就労継続支援B型	7.7	44.8	28.8
教育・保育・療育を受けている	3.8	25.9	6.4
児童発達支援事業所を利用している	9.4	18.3	3.2
特別支援学校に通学している	25.2	42.3	13.7
特別支援学級に通学している	10.2	26.1	21.0
その他の特別支援教育	6.7	2.7	10.5
特別な支援は受けていない	48.4	10.5	51.6
仕事や教育・保育以外の活動をしている	39.1	24.8	38.9
主に障害児者通所サービスを利用	5.7	57.5	12.4
主に医療・介護の通所サービス利用	23.3	14.5	14.6
その他の活動をして外で過ごしている	13.9	2.9	4.3
主に家で過ごしている	57.1	25.1	68.7
不詳	35.8	14.9	22.6

出典：厚生労働省（2024）「令和4年生活のしづらさなどに関する調査結果」をもとに作成

第2節 障害者を取り巻く社会環境

1 ▶ 家族と支援者の状況

1）誰と暮らしているのか

前節で触れた「生活のしづらさなどに関する調査」によると、地域で暮らす障害児者が誰と暮らしているのか（調査では「ふだん住居と生計を共にしている」人を聞いている）については、いずれの障害種別もおよそ7割が同一世帯の人がいると回答している。

ただしその内訳は、身体障害児者では配偶者、子・孫が多く、知的障害児者は親、兄弟姉妹が多くなっている（表2-3）。

表2-3　世帯の状況　　　　　　　　　　　　　　　　　　　　（％）

		身体障害	知的障害	精神障害
同一世帯の方がいない		18.0	13.5	24.4
同一世帯の方がいる		73.4	76.9	67.7
〔内訳〕同一世帯に含まれる方（複数回答）	親	16.7	84.2	56.2
	配偶者	66.2	10.2	35.5
	兄弟姉妹	7.1	45.5	22.2
	子・孫	37.8	5.1	16.3
	その他の家族・親戚	2.3	7.7	5.2
	パートナー（友人や恋人）	1.0	0.9	1.8
不詳		8.6	9.6	7.9

出典：厚生労働省（2024）「令和4年生活のしづらさなどに関する調査結果」をもとに作成

2）誰が支援しているのか

地域で暮らす障害児者の主たる支援者の状況は表2-4のとおりである。いずれの障害でも家族が最も多いが、身体障害児者では配偶者や子が比較的多い。知的障害児者では家族の内訳で親が8割を超えている。精神障害者でも家族の内訳では親が5割を超えている。いずれの障害でも、家族が中心で当事者の支援や介護を担っており、「**8050問題**」や「**親亡き後問題**」も大きな課題となっている。

親亡き後の課題について渡部伸は、①金銭的に困らないための準備、②生活の場を確保すること、③日常生活で困った時のフォロー、をあげている（渡部 2022：14）。これらの課題を親が元気な間から検討や準備ができるような相談支援が求められる。

障害のある子を抱えた親たちのなかには、「子どもよりも1秒でも

▶8050問題
80代の親が同居する50代の無職や引きこもり状態の子どもの世話をし続けてきたが、次第に親自身も支援が必要となるなかで生活に困窮したり、社会から孤立してしまう問題。

▶親亡き後問題
多くの障害者の親たちは、自分が亡くなった後に、実際に生じる子の介護や生活上等、さまざまな問題を「誰が支えてくれるのか」という不安を有している。これが、いわゆる「親亡き後問題」。

表2-4　主な支援者の状況　　　　　　　　　　　　　　　　　　（％）

		身体障害	知的障害	精神障害
家族・親戚		70.0	74.5	65.5
家族等の詳細（内訳）	親	13.6	81.5	52.7
	配偶者	53.9	8.1	31.3
	兄弟姉妹	4.6	5.1	7.4
	子	26.7	3.6	7.4
	その他	1.2	1.8	1.1
知人・友人		1.3	0.6	2.3
福祉施設等の職員		5.8	11.3	10.8
学校、幼稚園等の先生		0.0	0.8	0.2
障害者団体、家族会等		0.1	0.2	0.4
有償ボランティア		0.1	0.0	0.1
その他		1.2	0.7	2.5
特にいない		12.1	3.4	11.1
不詳		9.4	8.5	7.1

出典）厚生労働省（2024）「令和4年生活のしづらさなどに関する調査結果」をもとに作成

長く生きたい」と願い、子どものケアを抱え込んでしまうケースもある。1960～70年代には、親の強いニーズも背景に全国に大規模入所施設が整備された。

1980年代以降は、地域のなかで通所施設やグループホームの整備も進み、現在では地域移行が政策課題となり、長期の施設入所者や社会的入院状態にある精神障害者などを元の家庭ではなく地域のなかで、自分らしく暮らすことが目指されるようになってきた。しかし、これとは逆に**入所施設を希望して待機状態にある人**の存在も明らかになってきている。

また、親の高齢化や親亡き後問題は、障害者本人にきょうだいがいる場合、そのきょうだいへの負担の移動にほかならない場合もある。きょうだいがヤングケアラーとして障害のあるきょうだいをケアしている場合もある。きょうだいへの支援を考えることも重要な課題である。

▶入所施設を希望して待機状態にある人
2024年にNHKが行った調査では、入所施設の利用を希望しながら待機状態にある人が少なくとも2万309人、グループホームの利用を希望しながら待機状態にある人が少なくとも1,910人いることが明らかになった。
NHK NEWS WEB 2024年7月9日付「"受け入れ施設 空きがない" 障害者延べ2万2000人待機」

2 ▶ 障害福祉サービスとコンフリクト

前節でみたように、グループホームの利用者が増加傾向にあるが、グループホームをめぐっては、不祥事や障害者虐待の事案も増えていることも危惧される。また、新たにグループホームを開設する際、地域住民による施設反対運動などの施設コンフリクトが生じているケー

スもある。

「コンフリクト」とは、相反する意見、態度、要求などが存在することで緊張状態が生じることであり、対立、軋轢、摩擦、葛藤などと表現される。人は誰が利用するかわからない施設に不安を抱き、不安なものは生活圏から遠ざけたい心理が働く。コンフリクトは、お互いを「理解」できないことから生じるものであり、合意形成のためには時間をかけて当事者間の理解を深めることが重要である。

今後、グループホームをはじめとした障害福祉サービスにおける権利擁護や地域社会への働きかけといった役割を果たしていくことがソーシャルワーカーには期待されている。

3 ▶ バリアフリー関連法

1) バリアフリーとユニバーサルデザイン

バリアフリーの考え方は、1974（昭和49）年に開催された国連障害者生活環境専門家会議の報告書（「バリアフリーデザイン」）を契機に世界に広がっていった。特に、ノーマライゼーション理念の浸透や国際障害者年によって、障害者が社会参加するための生活環境面でのバリアフリー化の理解が急速に広がっていく。

わが国においても、既存の都市計画に対して自由な移動環境の保障を求める障害者運動をきっかけとして、1980年代から「福祉のまちづくり」が全国の自治体で広がりをみせ、バリアフリーの考え方が浸透していった。

1993（平成5）年に策定された「障害者対策に関する新長期計画」では、障害者を取り巻く障壁（バリア）として、次の4つを指摘している。

①歩道の段差、車いす使用者の通行を妨げる障害物、乗降口や出入口の段差等の「物理的な障壁（バリア）」
②障害があることを理由に資格・免許等の付与を制限する等の「制度的な障壁（バリア）」
③音声案内、点字、手話通訳、字幕放送、わかりやすい表示の欠如などによる「文化・情報面での障壁（バリア）」
④心ない言葉や視線、障害者を庇護されるべき存在としてとらえる等の「意識上の障壁（心の壁）（バリア）」

バリアフリーとは、障害者が社会で生活していく上での、こうした

障壁（バリア）を取り除いていくことを指す。しかし、近年ではより広い概念であるユニバーサルデザインが浸透しつつある。

ユニバーサルデザインは、アメリカのロナルド・メイスによって提唱された考え方で、最初から障害の有無にかかわらず、すべての人にとって使いやすくデザインすることであり、次の7つの原則がある。

> 原則1：誰にでも公平に利用できること（公平性）
> 原則2：使う上で自由度が高いこと（柔軟性）
> 原則3：使い方が簡単ですぐわかること（単純性と直感性）
> 原則4：必要な情報がすぐに理解できること（認知性）
> 原則5：うっかりミスや危険につながらないデザインであること（許容性と安全性）
> 原則6：無理な姿勢をとることなく、少ない力でも楽に使用できること（効率性）
> 原則7：アクセスしやすいスペースと大きさを確保すること（スペースの確保）

2) ハートビル法

1994（平成6）年に制定されたハートビル法（高齢者、身体障害者等が円滑に利用できる特定建築物の建築の促進に関する法律）は、わが国最初のバリアフリー関係法である。

ハートビル法では、病院や劇場、百貨店などの不特定多数の者が利用する特定建築物の出入口や廊下等について、高齢者や障害者が安全かつ容易に利用できるよう基準を定めた。基準についても、最低限の水準である基礎的基準と、より望ましい水準である誘導的基準の二重としたことが特徴であった。

3) 交通バリアフリー法

交通バリアフリー法（高齢者、身体障害者等の公共交通機関を利用した移動の円滑化の促進に関する法律）は、2000（平成12）年に制定された。駅、鉄道車両、バス等の公共交通機関と駅等の旅客施設周辺の歩行空間のバリアフリー化について義務的基準を定めた。

4) バリアフリー法

ハートビル法と交通バリアフリー法を統合し、一体的なバリアフ

リーの推進を図ることが求められた。そこで、2006（平成18）年に「高齢者、障害者等の移動等の円滑化の促進に関する法律」（バリアフリー法）が制定されるに至った。2018（平成30）年の同法改正では、心のバリアフリーを推進することが明記された。

2020（令和2）年にバリアフリー法に基づいて策定された「移動等円滑化の促進に関する基本方針」では、2025（令和7）年度までの5年間の整備目標が示され、例えば1日3,000人以上が利用する駅やバスターミナル、1日2,000人以上が利用する空港や旅客船ターミナルでは、段差の解消や障害者用トイレの整備等のバリアフリー化率を原則100％とすることや、概ね2ha以上の都市公園の園路・広場のバリアフリー化率を約70％に、「心のバリアフリー」の用語の認知度を約50％に高める目標が設定されている。

4 ▶ 文化芸術分野やスポーツの分野

1）障害者の文化芸術活動の推進

陶芸や絵画などのアートや芸術活動は、医療機関でのリハビリテーションや施設における教育・訓練プログラムや余暇活動の一環として展開されたり、授産活動の自主生産品として作品を販売されることもある。一方で、障害者による芸術作品には他の人々にはないユニークな表現や新たな芸術的価値があるとし、「障害者アート」ではなくひとつの芸術作品やブランドとして評価されることもある。

例えば、日本のあるベンチャー企業では、障害のあるアーティストとライセンス契約を結び、アート作品を有名企業のさまざまな商品のデザインとして販売する事業を行っている。支援でも社会貢献でもなく、純粋なビジネスとして成立させ、「障害＝福祉＝安い」というイメージを覆している。

障害者による文化芸術活動の推進に関する施策を総合的かつ計画的に推進し、文化芸術活動を通じた障害者の個性と能力の発揮および社会参加の促進を目的として、「障害者による文化芸術活動の推進に関する法律」が2018（平成30）年6月に施行された。2023（令和5）年には、この法律に基づく「障害者による文化芸術活動の推進に関する基本的な計画（第2期)」が策定されている。

2）障害者スポーツ

2011（平成23）年に制定されたスポーツ基本法では、スポーツは心

身の健全な発達、健康および体力の増進等に役立つだけではなく、「スポーツは、世界共通の人類の文化」であると謳われている。また、同法の基本理念では、「障害者が自主的かつ積極的にスポーツを行うことができるよう、障害の種類及び程度に応じ必要な配慮をしつつ推進されなければならない」ことが定められている。

2023（令和5）年に国が実施した調査では、20歳以上で週1回以上の運動・スポーツの実施率が全国民では52.0%であるのに対して障害者では32.5%、年1回以上の実施率では全国民が76.2%で、障害者は57.1%と、いずれも20%近く少ない。

また、20歳以上の障害者で過去1年間に行ったスポーツの種目については、「ウォーキング」「散歩（ぶらぶら歩き）」「階段昇降」「体操（軽い体操・ラジオ体操等）」の順に多かった。

運動・スポーツを実施する上での障壁については、「障壁なく、十分に活動できている」との回答は17.4%であったのに対して、障壁となっている要因としては、「体力がない」（31.9%）、「体調に不安がある」（23.8%）、「金銭的に余裕がない」（16.5%）の順であった。

国が2022（令和4）年に策定した「第3期スポーツ基本計画」では、「障害者の週1回以上のスポーツ実施率を40%程度（若年層は50%程度）、障害者の年1回以上のスポーツ実施率を70%程度（若年層は80%程度）とすることを目指す」との目標を掲げており、今後は障害者スポーツの実施に係る障壁の解消やインクルーシブなスポーツ環境の整備が目指されている。

障害者スポーツの大会といえば「パラリンピック」をあげる人が多いだろう。パラリンピックのルーツは、1948（昭和23）年にイギリスのロンドン郊外にある病院で脊髄損傷者によるアーチェリー大会であるとされる。この大会を企画した医師は「手術よりスポーツを」との方針を掲げ、スポーツを治療に取り入れることで治療や社会復帰に大きな成果をあげた。

この大会はやがて国際大会となり、1960（昭和35）年にローマで開かれた大会を後に第1回目のパラリンピック競技大会と数えられるようになった。パラリンピックとは対麻痺（Paraplegia）のオリンピック（Olympic）を略した愛称であったが、もうひとつの（Parallel）オリンピックとして「パラリンピック」が正式名称となったのは1988（昭和63）年の夏季ソウル大会のことであった。

今では当たり前のオリンピック閉幕後に同一都市でパラリンピックが開催されることが定着したのは、このソウル大会以降である（1992

▶運動・スポーツを実施する上での障壁
スポーツ庁「令和5年度スポーツの実施状況等に関する世論調査」及び「令和5年度障害児・者のスポーツライフに関する調査研究」による。
「障害児・者のスポーツライフに関する調査」の過去及び最新のデータは以下のQRコードを参照。

[平成4]年以降は冬季大会もオリンピックと同一都市となった)。なお、日本では、1964(昭和39)年と2021(令和3)年の夏季大会が東京で、1998(平成10)年の冬季大会が長野で開催された。

パラリンピック以外の障害者スポーツの国際大会としては、例えば「デフリンピック」がある。聴覚障害者のための国際スポーツ大会であり、「聾者(Deaf)」の「オリンピック(Olympics)」という意味から名づけられた。2025(令和7)年には、夏季大会が東京で開催される。

他にも、知的障害者たちにさまざまなスポーツトレーニングと成果発表の場である競技会を年間を通じ提供している国際的なスポーツ組織として「スペシャルオリンピックス」がある。1990年代以降に日本にも普及し、現在では知的障害のある人とない人で混合チームをつくりスポーツを行う「ユニファイドスポーツ」という取り組みも行っている。

(丸山　晃)

キーワード

生活のしづらさなどに関する調査　地域移行　バリアフリー　障害者スポーツ

自己学習の課題

1. 「令和4年生活のしづらさなどに関する調査(全国在宅障害児・者等実態調査)」の結果を読み、障害種別や年齢階層別の生活ニーズについて調べてみよう。(右のQRコードから閲覧可能)
2. 住んでいる自治体が実施している障害者の実態調査や基礎調査の結果を調べ、生活の実態やニーズについての特徴をまとめてみよう。
3. 学校や地域社会での活動や生活を振り返り、障害のある人にとって「障壁(バリア)」になりそうなものとその解消方法について整理してみよう。

参考文献

・内閣府『令和6年版障害者白書』2024年
・辻本哲士編『こころの科学』236号(特別企画:「親なき後」に悩むとき)日本評論社、2024年
・渡部伸『障害のある子が安心して暮らすために──支援者が知っておきたいお金・福祉・くらしのしくみと制度』合同出版、2022年
・野村恭代『「障害者」は私たちにとって「やっかいもの」なのか』東信堂、2024年
・日本福祉のまちづくり学会身体と空間特別研究委員会編『ユニバーサルデザインの基礎と実践』鹿島出版会、2020年
・後藤光将編『オリンピック・パラリンピックを学ぶ』岩波ジュニア新書、2020年

COLUMN

障害者と就労

　このテキストを読んでいるみなさんは、学生の方が多いのでしょうか。みなさんは、卒業後に仕事に就くことについてワクワクしているでしょうか。それとも「毎日働くなんて…」と憂うつな気持ちでいるでしょうか。また、社会人の方ですでに働いている方は日々の仕事にやりがいを感じ、充実しているでしょうか。それとも日々の仕事に疲弊し、モチベーションを保てずにいるでしょうか。労働力調査によれば、2024年平均の完全失業率は2.5％でした。この数字自体に議論の余地はあると思いますが、みなさんはきっと「やりたい仕事に就けるか？」という不安を抱えることはあっても、「仕事に就くことができないのでは？」という不安は比較的少ないかもしれません。

　では、障害者にとっての就労はどうでしょうか？

　日本では、障害者自立支援法以降、特に就労支援に力を入れてきました。それは現在も同様です。本書（142頁〜）では、障害者基本法に「社会を構成する一員として社会、経済、文化その他あらゆる分野の活動に参加する機会が確保されること」が明記されていることに触れました。この一文を読むとき、私たちは障害者にとって、このような機会の確保が当たり前ではない歴史があったことに思いをはせなければなりません。その歴史には現在も含まれ、だからこそ法律に明記する必要があるのではないでしょうか。

　私には心に残るエピソードがあります。もう20年以上前になりますが、私は就労支援の現場で働いていました。いまほど障害者が企業で働くということが社会に浸透していなかった時代です。あるとき、企業就労を実現した方のご家族が来所されました。手には給与明細を持っており、「うちの子が納税者になりました」と報告をしてくださいました。

　私は最初、その言葉の真意を理解できませんでした。話を聞くと、ご家族は、「うちの子は（障害があるから）税金のお世話になる立場と思っていた」と話すのです。それが「税金を納める側」となったことにとても感激し、報告にきてくださったのです。私は障害者の就労支援を考える際、こういった点への想像力が必要なのではないかと感じています。

　障害者にとっての就労は、単に経済的基盤を確立するということだけではなく、権利の回復という側面もあります。そのためには、単に当事者が努力することだけでは足りず、私たちがインクルーシブな社会とは何かを考え、社会にアプローチしていくことが求められています。障害者の就労支援はまさにソーシャルワークなのです。

（金子毅司）

第3章
障害者福祉の理念と歴史

　今日の障害者福祉は長い歴史のなかからつくりだされてきた。第4回の第1節では、障害観（障害に対する捉え方）が、どのように変遷してきたのかを学ぶ、これは現在もなお続く「偏見と差別」の歴史とも言い換えることができる。そして、第2節では障害者支援の変遷として、日本の障害者政策に大きな影響を与えた障害者権利条約が批准されるまでの流れと障害者基本法の改正の歴史をみる。

　第5回の第3節では、障害者福祉の分野で大切にされてきている考えや価値観である「理念」について学ぶ。さまざまな理念が、それぞれの時代のなかで生み出され、今日まで受けつがれている、具体的にノーマライゼーションやソーシャルインクルージョン（社会的包摂）、自立生活運動、エンパワメント、ダイバーシティ（多様性）などについて触れる。

　第6回の第4節では、障害者権利条約の概要をはじめ、障害者福祉制度（支援費制度、障害者自立支援法、障害者基本法、障害者差別禁止法等）の発展過程を取り上げる。

第4回 障害観・障害者支援の変遷

> **学びの誘い**
>
> 本章の第1節では、「障害観」を捉えながら、障害者に対する偏見と差別の変遷について学ぶ。また、わが国の障害者に対する偏見と差別は、文化や歴史的背景によって形成されてきた側面があり、同時にそうした障害者に対する処遇および制度の変遷についても理解してほしい。
> 第2節では、障害者支援の変遷に関連し、主要な「障害者の権利に関する条約」と「障害者基本法」の2点について取り上げている。したがって、それぞれの概要と成立背景から現在に至るプロセスについて学習してほしい。

第1節 障害観の変遷

1 ▶ 偏見と差別

1）明治以前の障害観

明治以前は、障害者は社会から疎外され、差別や偏見の対象とされていた。その特徴は、「社会的な差別や排除」や「家族内の隠蔽や職業と生活」の側面からも把握できる。

❶ 社会的な差別や排除

飛鳥時代から奈良時代頃の障害者は、宗教的な影響を受けて、障害は「業(前世の善悪の行為によって、現世において受ける応報)」や「穢れ(不浄な状態など理想ではない状態)」として捉えられることがあった。

身体的・精神的障害がある人々は、不吉な存在と見なされることがあり、社会的な差別や排除を受けていた。一方、一部の障害者は宗教的儀式や民間信仰において「厄払い」「浄化」の対象とされることもあり、特定の宗教的役割を担うことがあった。

仏教寺院の一部では、障害者が修行者として受け入れられることもあった。また、宗教的な影響として、仏教や神道において、障害のあることは、全盛の前世の業や神罰と関連づけられることがあった。

こうした宿業観に合わせて、一方で障害児の聖化（神格化）された伝説や神話もある。たとえば、障害児が生まれると障害のある子が一生困らないように、家族全体が心を合わせて仕事に励む結果が、その家を栄えさせることになるという「福子伝説」が、日本各地に民間伝説として存在した。

古事記にある「蛭子」には、日本最古の神である伊邪那岐命と伊

邪那美命夫妻は、初めての子の体が生まれつき異常に柔らかかったため、蛭のような「蛭子」と名づけた。

後に、江戸時代の国学者、医師である本居宣長（1730年～1801年）は、蛭子は脳性麻痺か筋萎縮症の障害児と説いている。しかし、蛭子は3歳になっても歩けなかったため、両親が葦の舟で海に流してしまった。その後、蛭子は漁民に救われたのちに七福神の仲間入りをし、「ゑびす（蛭子）様」としてあがめられたという神話がある。

❷ 家族内の隠蔽や職業と生活

「家族内の隠蔽」は、家族に障害のある者が存在すると隠蔽され、外部との接触を制限されていることがあった。障害者の「職業と生活」は、もともと7世紀後半から10世紀頃（飛鳥時代から奈良時代）実施の「律令制度」において、障害者は生活困窮者の一人として援助の対象とされていた。

後に江戸時代の頃は、視覚障害のある者（盲人）の職業として、按摩師や鍼師などの技能が活かされた職業に就くことはできた。しかし、こうした特定技能を身につけて生計を立てることができた者はごくわずかであり、多くの者は貧困状態におかれていた。

2) 明治以降の障害観

近代（明治以降）、日本は西洋化を進めることで障害者に対する見方が変化し始めた。それは、西洋の「優生思想」である。優生思想の影響を受け、障害者が劣等な存在と見なされ、特に、知的障害者や精神障害者に対する偏見は顕著となり、施設に隔離されるケースが増えた。

戦後（太平洋戦争後）、傷痍軍人（負傷した兵士）や復員兵が多数存在するなかで、そうした人たちを障害者として対象とする福祉の必要性が認識されるようになった。

1947（昭和22）年には、児童福祉法（肢体不自由児、知的障害児も対象）、1949（昭和24）年に身体障害者福祉法、1960（昭和35）年に精神薄弱者福祉法（現、知的障害者福祉法）、1970（昭和45）年に心身障害者対策基本法（後に改正：障害者基本法）が制定され、障害者（児）の受け皿となる福祉制度が整備された。

その一方で、1948（昭和23）年に制定された優生保護法は、障害がある人々に対する「強制不妊手術」を合法化した。同法は障害者が「不良な遺伝子」をもつと見なされ、その排除を目的としていたため、大きな人権侵害が行われた。

1996（平成8）年まで存在した優生保護法は、48年間で精神障害や

▶律令制度
律令制度は、皇室を中心とする貴族階級が、全国民の土地を直接統治するための中央集権的な官僚支配体制である。中央に二官・八省などの管掌組織を設置し、地方には国・郡・里（後の「郷」）の制度を敷いた。

▶按摩師や鍼師
按摩師は、あん摩やマッサージ、指圧の各手法を用い、鍼師は、鍼を用いて人体の変調を改善する施術者である。現在は、東洋医学を学んだ者が国家資格（業務独占）「あん摩マッサージ指圧師、はり師、きゆう師（灸を行う者）」を取得する。

▶優生思想
優生思想は、身体的、精神的に秀でた能力を有する者の遺伝子を保護し、逆にこれらの能力に劣っている者の遺伝子を排除して、優秀な人類を後世に残そうという思想である。

知的障害などを理由にした不妊手術を認め、強制不妊手術の被害を受けた人は約2万5,000人に上るとされている。

2024（令和6）年7月3日、最高裁判所大法廷は、旧優生保護法は憲法違反だとする初めての判断を示した。その上で「国は長期間にわたり障害がある人などを差別し、重大な犠牲を求める施策を実施してきた責任は極めて重大だ」と指摘し、国に賠償を命じる判決が確定した。

ハンセン病患者に対する、戦前の「**無らい県運動**」（1929［昭和4］年）より続く隔離政策は、さらに1931（昭和6）年に癩予防法が成立し、1953（昭和28）年にはらい予防法（1996［平成8］年廃止）が制定され、偏見や差別を超えた強制隔離、まさに人権侵害が行われていた。

1952（昭和27）年、**精神薄弱児育成会**の結成をはじめ、1950年代から1960年代は多くの障害者（児）関連団体が結成された。1957（昭和32）年結成の「**青い芝の会**」（日本脳性マヒ者協会）による障害者差別に対する抗議行動をはじめ、1970年代から1980年代にかけて、障害者自身による権利を求める運動の興隆期となった。

こうした運動によって、バリアフリー社会の推進や、障害者の自立生活を支援する取り組みが進展した。2007（平成19）年、わが国は国連の「障害者の権利に関する条約」に署名した。これにより、障害者の人権が国際的基準に基づいて保護されるようになり、国内において障害者差別解消法が成立し、同条約を2014（平成26）年に批准した。

わが国では、バリアフリーのインフラ整備、障害者の雇用促進、インクルーシブ教育の推進など、合理的配慮に基づき障害者の社会参加の促進につながる環境が整備されつつある。徐々にではあるが、障害者に対する偏見や差別が改善されてきたかのようにみえる。

しかし近年、社会的な障害者に対する無理解による凄惨な事件や差別的発言など（例えば、2016［平成28］年に起きた相模原障害者施設殺傷事件［津久井やまゆり園事件］、2022［令和4］年に発覚した北海道のA法人による知的障害者夫婦に対する不妊処置の提示、2023［令和5］年に起きた名古屋城木造天守にエレベーター設置を求めた障害者に対する差別発言など）が起きており、現代社会における障害者への偏見や差別は、決して解消されてはいない。

わが国の障害者に対する偏見や差別は、その障害観からみても、長期にわたり根深いものがある。近年、さまざまな法整備などにより、障害者の権利が尊重される方向で進行してきたが、偏見や差別に対する、その根底が覆されたとは言い難い。

▶ハンセン病
ハンセン病は、皮膚と末梢神経を主な病変とする抗酸菌感染症である。近年の日本では、毎年数名の発生であり過去の病気となってきているが、療養所で生活する当事者の高齢化と人数の減少による施設維持の問題として、当事者たちに重くのしかかっている。

▶無らい県運動
無らい県運動は、ハンセン病患者が自分たちの町や村に一人もいないことを目指して、ハンセン病療養所に入所させる官民一体となった運動である。

▶精神薄弱児育成会
精神薄弱児育成会は、1952年に知的障害児をもつ3人の母親が障害のある子の幸せを願って、教育、福祉、就労などの施策の整備、充実を求めて、仲間の親、関係者、市民に呼びかけたことをきっかけとして設立された。現在は「手をつなぐ育成会」として活動している。

▶青い芝の会
青い芝の会とは、1957年に東京都大田区の矢口保育園で山北厚ら約40名によって、脳性麻痺者による障害者差別解消や障害者解放闘争を目的として結成された、当事者団体である。

2 ▶ 明治以前の障害者の処遇

　明治（近代）以前の障害者の処遇については、障害者のすべてが受け皿となる制度はなく、困難な生活状況を送る障害者も多く存在していた。ただし、障害者の一部が対象となる、古代の「律令制度」にその処遇をみることができる。

　現在の福祉法制の基本となる「戸令（こりょう）」（地方行政の組織と民の守るべき礼の秩序［家族道徳］を定めたもの）にある「鰥寡条（かんかじょう）」では、要援護の対象者は「鰥寡（かんか）（高齢で妻や夫がいない者）、孤独（父のいない子ども、子のいない高齢者）、貧窮（ひんぐ）（生活困窮者）、老疾（ろうしつ）（高齢者、障害者、傷病者）」のうち、自分で生活ができない者とした。

　その援護の実施責任は、近親（家族）による私的扶養が優先であり、それができない場合は地方行政に委ねられた。一部の視覚障害者については、「検校（けんぎょう）制度」という保護策があった。後に、室町幕府の庇護を受け、「当道座（とうどうざ）」（男性視覚障害者の自治的相互扶助団体）が設立され、1871（明治4）年の「盲官廃止令」によって解体するまで長きにわたって継続した。

　しかし、明治以前は、現在のような福祉の制度は存在せず、障害者は家族や地域社会への依存がほとんどであった。つまり、公的な制度が存在しない「福祉の欠如」状態であったといえる。

3 ▶ 明治以降の障害者の処遇

　わが国は、明治以降から西洋の影響を受けて近代化が進行した。しかし、昭和（戦前［太平洋戦争前］、戦中）に至るまで、障害者に対する処遇の大部分を担っていたのは、一部の篤志家や宗教家、民間の社会事業家たちであり、国家責任による施策は皆無に等しい状況であった。

　明治維新の後、明治政府は1874（明治7）年、日本で初めての統一的な基準をもった民衆の公的救済制度である「恤救規則（じゅっきゅうきそく）」を定め、救済の対象は、「鰥寡孤独廃疾（かんかこどくはいしつ）」を対象とした。しかし、親族や地域住民の相互扶助を行うものであって、それに頼れない「**無告の窮民**」のみを救済対象とする限定的なものであった。

　その後、1932（昭和7）年施行の救護法では、救済の対象に「不具廃疾」や「精神又ハ身体ノ障碍」などが含まれ、一部の障害者は「救護法」によって救済の対象となった。しかし、救済は限定的であり、

▶**検校制度**
検校制度の始まりは、平安時代、第54代仁明天皇の第4皇子である人康親王は若くして失明し出家したが、その際、視覚障害者を集めて管弦や琵琶、詩歌を教えた。人康親王の死に伴い、天皇から親王に仕えていた視覚障害者に、「検校」と「勾当」の官位が授けられたとされる。検校たちは、天皇の御前で、管弦、琵琶、詩歌の演奏、鍼灸、按摩を行った。

▶**鰥寡孤独廃疾**
鰥寡は、妻を失った男、夫を失った女が対象。孤独は、孤児、老いて子のいない者、頼るものがいない独り者が対象。廃疾は、回復不能の病人、障害者。

▶**無告の窮民**
無告の窮民とは、極貧にあえいでいることを自分の代わりに誰かに訴えてくれる身寄りがいない人、つまり訴えるすべすらもたない困窮者のことである。

被救済権を認めず、むしろ選挙権や被選挙権が剥奪され、救済が市民権の剥奪と引き換えとされていた。

いずれも、障害による貧困の予防といった観点はなく、身体障害者は、あくまで救貧の対象であり、精神障害者は治安・取り締まりの対象として埋没していた。一方、戦前・戦中は、富国強兵に有用な人には「軍事援護」として、同じ障害者であっても大規模な保護が準備されていた。

1) 視覚障害者の処遇

1871（明治4）年の「盲官廃止令」によって、視覚障害者の保護的施策は廃止された。しかし、制度による利益は一部の視覚障害者が独占し、大多数は困窮していた。

1878（明治11）年に日本初の盲学校「京都盲唖院」が、1880（明治13）年、東京築地に「楽善会訓盲院」が開設された。訓盲院の教師であった**石川倉次**が、フランスの点字から日本点字の翻案に成功し、「日本盲人協会」（1902[明治35]年）が結成され、点字図書の出版を計画した。1938（昭和13）年、戦争で失明した兵士のために、「失明傷痍軍人寮」「失明傷痍軍人教育所」を開設し、手厚く保護した。

2) 聴覚障害者の処遇

明治に入ってから「**国民皆学校**」の思想に基づく「学制」（1872[明治5]年）により、大学、中学、小学校で普通学科を教えるほか、工業、商業、農業学校などに加え「廃人学校」（廃人とは「盲」「聾」などの障害者を指す）が創設された。1878（明治11）年設置の「京都盲唖院」により体系的に教育が行われることとなった。

1915（大正4）年には「日本聾唖協会」が設立され、1923（大正12）年、文部省より「盲学校及聾唖学校令」が発出され、一緒になっていた視覚障害と聴覚障害の学校教育が分離された。

1933（昭和8）年、日本聾唖協会会員職業調査によると「無職（30.7％）」が最も多かった。1944（昭和19）年、尼崎軍需工場には多くの聴覚障害者が徴用され、空爆に遭遇した際、警報が聞こえないために爆死者が多くいた。

3) 知的障害者の処遇

知的障害者（児）の処遇について、昭和の戦前（太平洋戦争前）までの法制度や政策では何も対応されていなかった。一部の宗教家、篤

▶石川倉次
ルイ・ブライユ（フランス）が考案した6点点字を参考に日本点字に翻案した。また、東京盲唖学校で盲教育に携わりながら、採択直後に「日本訓盲点字一覧」を全国の盲学校への配布、全国各地へ点字の普及活動を精力的に行った。

▶国民皆学校
国民皆学校の思想は、学問は社会で生きていくための基礎を養うものであるとして、身分や性別の区別なく国民皆学を目指すことである。

志家、民間の社会事業家たちの支援が中心であった。

明治の頃、知的障害の程度を、「白痴」(まったく職業を成し得ない)、「痴愚」(わずかに職業をなし得る半痴)、「魯鈍」(それより軽い者)という言葉で表した。1872(明治5)年、救貧対象者の収容施設として「東京養育院」が開設され、入所者の中に知的障害者が含まれていた可能性があったが、「廃疾者」として一括されていた。

1891(明治24)年、**石井亮一**は、同年に起きた濃尾大震災の孤児の中に身売りされていた女児(約20人)を引き取り「聖三一孤女学院」を開設した。そのなかに知的障害児が幾人と混在していたため、後に「滝乃川学園」(1897〔明治30〕年)と改称し、わが国初の知的障害児施設を開設した。

その後、「白川学園」「桃花塾」「藤倉学園」などの施設が開設されたが、国の制度的保障はなく民間寄付などに頼る運営であった。1929(昭和4)年制定の救護法では、「精神耗弱又は身体虚弱が著しい者」と定められ、知的障害者がその対象として明記された。

1928(昭和3)年に久保寺保久によって創設された「八幡学園」は、救護法の適用を受け、貧困問題や知的障害児問題に取り組んだ。そして、1934(昭和9)年、石井亮一は久保寺らと共に「日本精神薄弱児愛護協会(現、日本知的障害者福祉協会)」を設立した。

一方、後の昭和の戦時体制のもと、特に知的障害者や精神障害者は、労働力として軍需工場に動員され、武器の製造(単純作業の長時間労働)にも関わることがあった。

▶石井亮一
明治から昭和初期にかけての心理学者・教育学者・社会事業家であり、日本の知的障害児教育・福祉の創始者。

4) 精神障害者の処遇

明治以降、政府の精神障害者に対する対応は、**治安行政**であった。1887(明治20)年当時、精神科病院は全国に9院しかなく、行政の財政援助はわずかであり、ほとんどが民間からの寄付に頼っていた。

また、1900(明治33)年施行の精神病者監護法に基づき、家族が行政庁の許可を得て、私宅(自宅)に一室を設け精神障害者を監禁(私宅監置)した。そして、家族に処遇責任を負わせ医療の公費負担を認めず、医療の対象外とされた。

1901(明治34)年、呉秀三が東京府巣鴨病院で患者の拘束の廃止をはじめとした精神医療改革に取り組んだ。また、呉は私宅監護の劣悪な環境や、患者の処遇責任を医療知識のない家人が負わされていることの限界などについて、調査結果から指摘した。

1919(大正8)年、精神病院法が制定され、全国に精神科病院の設

▶治安行政
犯罪などの取り締まり、警察の役割を果たす国の社会的秩序の安定を図る。

置義務および建設費などの国庫負担を定めた。1934（昭和9）年、ナチス・ドイツが「断種法」を制定し、日本では、「国民優生法」が1940（昭和15）年に制定され、遺伝性精神病、遺伝性精神薄弱など優生手術の対象とされた。

5）身体障害者（肢体不自由者）の処遇

1847（明治7）年の「恤救規則」の対象者には、身体障害で稼働能力がない独身者や、70歳以上か15歳以下で生活困窮している身体障害者を規定した。しかし、政府が力点を置いていたのは、傷病兵の保護救済（恩給制度）である。特に、日清戦争（1894［明治27］年）や日露戦争（1904［明治37］年）で負傷し障害を負った軍人やその家族、傷病兵に対する国家補償を打ち出していた。

1910年代（大正時代）の頃には、傷病兵などを対象としたリハビリテーションとして、身体障害者に対する処遇への関心が徐々に高まっていた。例えば、戦争で負傷した元兵士のため、わが国初のリハビリテーションに関する施設は、東京帝国大学医科大学付属病院とされている。そこでは整形外科内でマッサージなどの物理療法が実施され、職業訓練が行われるようになった。

1880年代以降、**石井十次**が日本で最初の孤児院である「岡山孤児院」を創設、石井亮一が創設した「聖三一孤女学院（後の滝乃川学園）」、**留岡幸助**が創設した「**家庭学校**」などの児童施設には、障害のある児童が混在していた。1908（明治41）年には、「中央慈善協会」が民間慈善事業家の活動によって設立され、肢体不自由児対策にも影響を与えた。

1942（昭和17）年、**高木憲次**は、肢体不自由者の療護施設となる「整肢療護園」を開園した。この療護園は、整形外科手術が可能な医療施設が整備され、治療、教育、職業教育機能を備えている。一方、昭和の戦時体制の下、1943（昭和18）年には学徒動員が開始され、軍需工場の労働力不足の深刻化によって、施設入所していた障害者も労働力として動員された。

4 ▶ 戦後の障害者の処遇

昭和初期に起きた太平洋戦争（第二次世界大戦）以後から平成、現在（令和）の障害者の処遇の変遷について、次に示すとおりである。

▶ 石井十次
孤児救済事業などの功績から「児童福祉の父」といわれた、明治の慈善事業家。

▶ 留岡幸助
明治から昭和初期にかけて活躍した社会福祉の先駆者であり、感化教育の実践家。

▶ 家庭学校
主に非行少年や家庭環境に問題を抱えた少年少女を対象とした教育施設。

▶ 高木憲次
日本初の肢体不自由児施設「整肢療護園」を開設し、手足の不自由な子どもたちの権利の尊重を社会に訴え、医療・教育・職能の賦与を3つの柱とする「療育」を提唱し、彼らの社会参加を促した。そして、障害児福祉の根幹をなすシステムの基礎を作り上げた。

1）昭和（太平洋戦争以後［戦後］）から平成

　太平洋戦争（第二次世界大戦）が1945（昭和20）年に終わりを告げ、政府は混乱のなかにあり、障害のある人に対しては入所保護施策を中心に行っていた。しかし、わが国は多くの**傷痍軍人**（身体障害者）が急増することとなり、入所保護施策だけでは量的、質的にも対応困難となっていた。

　1946（昭和21）年には、日本国憲法が公布され、「生存権」の保障としての基本的人権の考えを明確化した。日本国憲法において、軍人以外の一般の障害者への福祉施策は、国家による公的な責任によってなされるという原則が示されたことにより、戦前の傷痍軍人に提供されてきた国家による障害者福祉施策が、一般国民に対しても提供されることとなった。

　こうした背景とあわせて、アメリカより**ヘレン・ケラー**の来日による障害者支援に対する機運（障害者福祉を対象とした立法の必要性）が高まり、1949（昭和24）年に身体障害者福祉法が制定された。同法が、わが国の障害者福祉関連の法律としては最初のものであり、障害者に対する社会的支援の枠組みが整備され始めた。

　ただし、当初は障害者に対する就労に向けての更生（リハビリテーション）法として施行されたため、重度障害者は就労が期待できないとされ除外されていた。

　1947（昭和22）年制定の児童福祉法は、肢体不自由児、知的障害児も対象とした。これにより、身体障害は児童から成人まで支援体制が確立したが、知的障害に関しては、成人期支援が欠落しているという矛盾が生じていた。

　後に、児童施設において18歳以上の知的障害者の増加が生じ、知的障害の成人期への対策として、1960（昭和35）年には精神障害者福祉法（現、知的障害者福祉法）が制定された。同法の成立によって、障害種別に身体障害と知的障害の2つの障害者福祉法が存在すこととなり、障害の種別による縦割り制度の始まりとなった点が課題でもあった。

　その21年後には、国際障害者年（1981［昭和56］年）が、障害者の人権に対する具体的な取り組みとして位置づけられた。さらに障害者の人権に関しては、「知的障害者の権利宣言（1971［昭和46］年）」「障害者の権利宣言（1975［昭和50］年）」がある。そして、25年後に「障害者の権利に関する条約（2006［平成18］年）」が国連総会で採択された。

　知的障害者の福祉では、「国際障害者年」以降、ノーマライゼーショ

▶傷痍軍人
傷痍軍人とは、戦場（戦闘）あるいは公務中に後遺的な身体障害となる傷を負うか病気になった軍人、あるいは軍属。

▶ヘレン・ケラー
ヘレン・ケラー（1880年〜1968年）は、アメリカの作家・障害者権利の擁護者・政治活動家・講演家である。生後19か月時に高熱が原因で視力と聴力を失いながらも、盲学校の教師アン・サリヴァンによって指文字から言語を学ぶ。やがてハーバード大学のラドクリフカレッジで学士を取得する。少女時にアメリカ留学中の石井亮一とも面会しており、後に講演などで三度の訪日がある。訪日時には全国の障害者施設などの訪問、多数の講演会や記者会見を行っている。

ンの理念によって、入所施設整備の施策から在宅福祉を重視する施策への転換が図られるようになった。また、発達障害者支援法（2004［平成16］年）が成立し、これまで知的障害者としての位置づけが困難な発達障害がある人への施策として2005（平成17）年より施行された。

精神科医療に関しては、「**宇都宮病院事件**」に端を発した、精神医療が一般医療に比べて人員配置が少ないことや、民間医療機関中心であるなどの精神科病院の根本的問題が明らかになった。

こうした状況を受けて、1987（昭和62）年には精神衛生法が精神保健法に改正され、精神障害者の人権擁護、社会復帰の促進が重視された。1995（平成7）年には、精神保健及び精神障害者福祉に関する法律に改正され、同法によって精神障害者保健福祉手帳制度、社会復帰施設および社会復帰施策が重視された。

1993（平成5）年の障害者基本法は、都道府県や市町村の障害者基本計画策定の必要性（当時は努力義務）を示した。同法の障害者基本計画策定の規定を受け、1995（平成7）年に国の「障害者プラン〜ノーマライゼーション7か年戦略〜」が発表された。また同年に政府が市町村障害者計画指針を策定し、それに基づき市町村において障害者計画の策定取り組みが進展した。

その後、1997（平成9）〜2000（平成12）年の社会福祉基礎構造改革を踏まえて、2003（平成15）年には、従来の措置から契約に転換を目的とした「支援費制度」が施行された。

後に、2005（平成17）年に障害者自立支援法が公布された。同法では初めて三障害分野（身体障害、知的障害、精神障害）の施策が一元化された。また、福祉的就労と一般雇用を区別し、障害者福祉の中心的取り組みであった福祉的就労から、一般雇用を中心に据えるなど就労支援が強化された。

さらに、同法に規定の「障害福祉計画」の策定に関しては、「①市町村の障害福祉計画策定、②地域生活支援事業にある相談支援事業を市町村において円滑に推進するための自立支援協議会の設置や促進」の2点を地域移行との関わりで重要としている。

2012（平成24）年には、障害者自立支援法の改称改正により、障害者の日常生活及び社会生活を総合的に支援するための法律（障害者総合支援法）となった。同法は、難病を対象に加え、重度訪問介護の対象拡大、グループホーム・ケアホームの一元化、サービス基盤の計画的整備、障害程度区分から障害支援区分による支給認定などの見直しを特徴とする。

▶**宇都宮病院事件**
1984年に起きた病院での看護人の虐待による入院患者の死亡事件で、精神障害者の人権侵害が明らかとなった。

前述のとおり、2006（平成18）年、「障害者の権利に関する条約」が法的な拘束力のある条約として国連総会で採択されたことは、各国の取り組みの実効性を推進する点で、その意義は大きい。この条約においては、障害者の権利として明確化し、権利保障を実効性あるものにするという点で重要である。

　また、障害者が権利を行使できない環境におかれている場合、個々の状況に応じて、その環境を改善したり調整したりする必要がある。これを怠った場合は、差別として位置づけられるという「合理的配慮」の考え方が重要視されている。

　わが国は、この条約に翌年の2007（平成19）年に署名し、批准に向けて、2011（平成23）年6月には、障害者虐待の防止、障害者の養護者に対する支援等に関する法律が成立し、同法により障害者の虐待防止に国と自治体の責務が定められた。

　同年（2011［平成23］年）の8月には、障害者基本法の一部改正法が施行、2013（平成25）年には、障害を理由とする差別の解消の推進に関する法律（障害者差別解消法）が成立した。同法は、「障害者基本法」の差別禁止の原則の具体化を目指したものであり、「差別を解消するための措置」と、「差別を解消するための支援措置」の2点を具体的に定めることとした。

2）現在（令和）

　法制度が整備されてきた一方で、障害者に対する偏見と差別の解消には至っていない。特に発達障害、精神障害に対する理解や支援の拡充がいっそう求められる。

　障害者虐待については年々、増加の傾向である。厚生労働省の2024（令和6）年3月に公表の「障害者虐待事例への対応状況調査結果等について」によると、2022（令和4）年度の養護者による障害者虐待の相談・通報件数は8,650件、これは2021（令和3）年度の7,337件からさらに増加している。

　つまり、今もなお深刻な社会問題が山積しており、障害者が真に社会参加できる環境整備はまだ道半ばである。

　以上、明治（近代）以降、障害者の処遇は社会の近代化（制度の成立等）とともに、徐々に改善されてきた点はあるが、今後も社会全体の意識改革と支援強化が求められる。

第2節 障害者支援の変遷

1 ▶ 障害者の権利に関する条約の批准の経緯

障害者の権利に関する条約（以下、障害者権利条約）は、障害者の権利を保護し、促進するために策定された国際条約である。批准の経緯は、次の「条約の策定と採択」「条約の署名と批准」「その後の展開」に示すとおりである。

1）条約の策定と採択
❶ 策定の背景

2003（平成15）年、国連総会は、障害者の権利を保護するための包括的な国際条約を策定する作業部会を設置した。

これまでの国際法は、障害者の権利を直接保護するものではなく、既存の人権条約に間接的に依存していた。そこで、障害者が直面する具体的な問題に対応するため、特定の条約が必要視されていた。

そして、障害者権利条約は、「私たちのことを私たち抜きで決めないで（Nothing About Us Without Us）」を合言葉に、世界中の障害者本人（当事者）が参加して作成された。

約5年間の交渉を経て、2006（平成18）年12月13日に「障害者権利条約」が国連本部で採択された。

❷ 条約の署名と批准

2007（平成19）年3月、障害者権利条約は署名のために開放され、その時点で数多くの国が条約に署名した。また、各国は条約を国内法に適合させるための手続きを経て批准する。

日本は2007（平成19）年、条約に署名し国内法整備のために必要な法改正や制度整備が進められ、2014（平成26）年1月20日にこの条約に批准した。

❸ 批准国の義務と日本における影響

条約を批准した国は、国内法を障害者権利条約に適合させる義務があり、定期的に条約の実施状況を報告し、国連の委員会による監視を受ける。日本は、条約の批准に伴い「障害者差別解消法」などが制定され、障害者の権利保護が強化された。

障害者権利条約は、世界中の障害者の権利向上に寄与し、各国において障害者の権利保障のための政策や法整備が進行するきっかけと

なった。

2 ▶ 障害者基本法の変遷

障害者基本法は、わが国における障害者の権利や福祉に関する基本的な法律であり、これまで幾度と重要な改正が行われてきた。その主な改正と改正内容については、次に示すとおりである。

1) 心身障害者対策基本法（1970［昭和45］年）

1970（昭和45）年成立の心身障害者対策基本法は、後の障害者基本法（1993［平成5］年に改正）である。この心身障害者対策基本法は、心身障害者対策の総合的推進を図ることを目的としている。

同法は、心身障害者の福祉に関する施策の基本となる事項などを定めており、心身障害があるため、長期にわたり日常生活または社会生活に相当な制限を受ける者を「心身障害者」と位置づけていた。

2) 障害者基本法（1993［平成5］年）

障害者基本法は、心身障害者対策基本法の一部改正という形で行われたが、1993（平成5）年の改正は、法律の名称を改め、国際障害者年（1981）の基本理念である「完全参加と平等」を取り入れるなど大幅な改正であった。

この法律は、障害者の基本的な権利保障と、社会的な参加の促進を目的としており、個別法を包括する形で制定された。この時には、身体障害、知的障害、精神障害など、すべての障害を対象とする包括的な法体系が整備された。

3) 2004（平成16）年の改正

2004（平成16）年の改正では、「何人も、障害者に対して、障害を理由として、差別することその他の権利利益を侵害する行為をしてはならない」の障害者差別禁止（第3条第3項）が追加された。

背景には、障害のあるアメリカ人法（ADA法：Americans with Disabilities Act）が1990（平成2）年に成立後、各国で障害者差別禁止法が成立したことがあげられる。

また、障害者基本計画は、旧法では国のみに義務づけられ、都道府県と市町村は努力義務にとどまっていたが、改正により、都道府県障害者計画、市町村障害者計画の策定が義務づけられた。

4) 2011（平成23）年の改正

　2011（平成23）年の改正では、「全ての国民が、障害の有無にかかわらず、等しく基本的人権を享有するかけがえのない個人として尊重される」という理念に基づき、「全ての国民が、障害の有無によって分け隔てられることなく、相互に人格と個性を尊重し合いながら共生する社会を実現するため」に、障害者施策の基本原則を定めた。そして、国および地方公共団体などの責務を明らかにし、障害者施策の基本的事項を定めることなどにより、障害者施策を総合的かつ計画的に推進することを目的としている。

　障害者の自立および社会参加の支援などのための施策である障害者施策を推進し、もって障害者の福祉を増進するという法の目的は変わっていないが、「共生社会の実現」という、より基本理念が掲げられた。これは、インクルージョン（障害者を含めあらゆる人々を包含していく）の考え方が導入された。

　改正前の障害者の要件の一つに、身体障害、知的障害、精神障害が定められていたが、本改正によって、精神障害に「発達障害を含む」と明記された。さらに、「その他の心身の機能の障害がある者」も広く含まれることが明記された。

　また、障害者の要件のもう一つに、「継続的に日常生活又は社会生活に相当な制限をもたらすもの」として「障害」に加え「社会的障壁」が追加された。その社会的障壁を「障害がある者にとって日常生活又は社会生活を営む上で障壁となる事物、制度、慣行、観念その他一切のものをいう」として、条文上に「社会モデル」の考え方が明記された。

　以上、こうした改正を通して「障害者基本法」は、障害者の権利擁護と社会参加を促進するために進化してきた。法律の枠組みが整っていくことで、障害者本人が社会において、自立した生活を営むことができる環境が徐々に整備されてきた。

（井川淳史）

キーワード

障害観　障害者の権利に関する条約　障害者基本法

自己学習の課題

1. 「優生思想」とはどういうものか、その思想によって起きた事例（戦争等）について調べ、「障害者に対する偏見と差別」について、あなたの考えをまとめてみよう。
2. 「障害者の権利に関する条約」に対して、わが国との関連を調べてみよう。
3. 「障害者基本法」とは具体的にどのような法律か、その成立過程と社会状況を照らし合わせて整理してみよう。

引用・参考文献

- 荒井裕樹（2020）『障害者差別を問いなおす』ちくま新書
- 林雅行（2022）『障害者たちの太平洋戦争―狩りたてる・切りすてる・つくりだす』風媒社
- 岩崎香・小澤温・與那嶺司編著（2021）『障害者福祉』ミネルヴァ書房
- 厚生労働省（2024）「障害者虐待事例への対応状況調査結果等について」（2024年10月13日アクセス）
  http://www.mhlw.go.jp/contect/12201000/001217869.pdf
- 一般社団法人日本ソーシャルワーク教育学校連盟 編（2021）『障害者福祉』中央法規
- 坂田勝彦（2012）『ハンセン病者の生活史―隔離経験を生きるということ』青弓社
- 杉本章（2008）『障害者はどう生きてきたか　戦前・戦後障害者運動史』現代書館
- 社会福祉士養成講座編集委員会 編（2019）『障害者に対する支援と障害者自立支援制度　第6版』中央法規
- 山田明（2013）『通史　日本の障害者　明治・大正・昭和』明石書店
- 山下麻衣（2014）『歴史のなかの障害者』法政大学出版局

第5回 障害者福祉の理念と思想

> **→学びの誘い**
> この章では、障害者福祉を支える理念と思想について、歴史的な背景を踏まえながら具体的に学ぶ。ノーマライゼーションについては、提唱者3名のそれぞれの違いについて整理して学んでほしい。
> ピープルファーストや自立生活思想では、障害者の自己決定を尊重し、障害者自身が自らの権利を擁護する「セルフアドボカシー」の視点を重視している。たとえ重度の障害があっても、意思は必ずあるという確信のもとで、意思決定支援が提供されるべきであるということを学習してほしい。

第3節 障害者福祉の理念と思想

1 ▶ ノーマライゼーション

1) ノーマライゼーションの提唱

障害者福祉を考える上で、重要な理念の一つに「ノーマライゼーション」がある。このノーマライゼーションは、デンマーク社会省知的障害者サービス部門の責任者であったN・Eバンク-ミケルセン（バンク-ミケルセン）が、1953（昭和28）年に提唱したものである。そして、1959（昭和34）年デンマークの「精神遅滞者（知的障害者）サービス法」のなかで、初めて文章化されている。

バンク-ミケルセンがノーマライゼーションの理念を提唱する背景には、彼自身が第二次世界大戦中にナチス・ドイツへの反対運動のなかで強制収容所に投獄され、非人間的な処遇を受けたことにある。終戦後の知的障害者の入所施設における生活環境は、強制収容所のようなアブノーマルで非人間的な処遇が当たり前の状態であった。

さらに当時、デンマークの知的障害者の子どもをもつ親の会より、「障害があっても普通の子どもと同様に普通の暮らしをして当然ではないのか」という声があがっていた。バンク-ミケルセンは、親の会の活動とともに、知的障害者を入所施設から地域生活への移行を積極的に取り組むなかで、ノーマライゼーションの考え方をまとめていった。バンク-ミケルセンは、「ノーマライゼーションの父」と呼ばれている。

ノーマライゼーションを述べるにあたって、バンク-ミケルセンは、「障害者は、その国の人たちがしている普通の生活と全く同様な生活

をする権利を持つ」という。そして、「障害がある人にとっては、その国の人びとが受けている通常のサービス（生活の場所、教育の機会、職場、余暇を楽しむ機会）だけでは十分ではありません。障害がある人が障害のない人々と平等であるためには、特別な配慮が必要」であるとして、障害に応じたサービスや支援を求めている。

その上で、ノーマライゼーションとは、「障害がある人たちに、障害のない人びとと同じ生活条件をつくりだすこと」であると定義している。医療や教育等によって、障害者をノーマルにする（健常者に可能な限り近づける）という考え方ではなく、その国で生活をする障害者の生活条件をノーマルにするということであり、このことは正しく理解される必要があるとバンク-ミケルセンは述べている。

2）ノーマライゼーションの原理

バンク-ミケルセンが提唱したノーマライゼーションを発展させ、体系化したのは、スウェーデンのB. ニィリエ（ベンクト・ニィリエ）である。ベンクト・ニィリエは、「ノーマライゼーション育ての父」と呼ばれている。

ベンクト・ニィリエは、1969（昭和44）年の「ノーマライゼーションの原理」のなかで、「社会の主流になっている規範や形態にできるだけ近い、日常生活の条件を知的障害者が得られるようにすること」であると述べている。そして、知的障害の程度や両親との同居の有無、グループホームへの入居に関わらず、すべての知的障害者に適用されるとしている。

〈ノーマライゼーションの8つの原理〉
①一日のノーマルなリズム
②一週間のノーマルなリズム
③一年間のノーマルなリズム
④ライフサイクルを通じたノーマルな発達的経験
⑤自己決定の尊重
⑥異性が共に住む世界での生活
⑦ノーマルな経済的水準
⑧ノーマルな環境と物理的設備基準

❶ 一日のノーマルなリズム
知的障害者が一日のノーマルなリズムのなかで生活を送ることを意

味する。たとえ重度の障害があっても朝起床し、着替えをし、十分な介助を受けながら普通に活動できる状態のことを指す。

❷ 一週間のノーマルなリズム

知的障害者が一週間のノーマルなリズムのなかで生活を送ることを意味する。例えば、知的障害者の住まいの場所とトレーニングや仕事をする場所が異なる場所であること（職住分離）を前提に、仕事を終えた後は、地域にある余暇設備を利用した余暇時間を過ごすことである。また、毎週の仕事内容のうち、重要な仕事をすることができれば、知的障害者自身が仕事にやりがいや意味を見出すことができる。

❸ 一年間のノーマルなリズム

家族と共に過ごす休日やお祝いの行事への参加を含めた一年間のノーマルなリズムのなかで生活を送ることを意味する。例えば、年に1回程度の旅行をすることである。

入所施設のような環境においては、その地域の人びとが経験するような四季の変化を味わうことが難しい場合がある。四季の変化を通して、さまざまな仕事や食事、文化行事やスポーツ等の余暇活動、野外活動などを経験し、楽しむことができる。

❹ ライフサイクルを通じたノーマルな発達的経験

乳幼児期から老年期までのノーマルな発達を経験することを意味する。

一般社会では、子どもたちは子どもたちのために特別に構成された世界に住み、数人の大人たちに見守られながら育っていく。そのため、例えば障害児の入所施設では、子どもたちが基本的な安心感や親代わりとなる大人の存在を感じられるように、職員の入れ替わりは最小限にするほうがよい。

特に、障害児には知識を育み、潜在的な能力を伸ばすような刺激が与えられる必要があり、大規模入所施設のような環境下で、障害児と成人の障害者が同じ場所で暮らすことは望ましくない。

❺ 自己決定の尊重

知的障害者の選択や願い、要望ができるかぎり考慮され、尊重することを意味する。知的障害者の自己決定を尊重するためには、自分の思っていることをうまく言葉として表現できない知的障害者自身のことを理解することである。

個人の持ち物については、衣類や家具などは知的障害者自身の好みを尊重し、できれば自分で買いに行けるように支援を行う。また、知的障害者が当事者の会を結成し、知的障害者の代表が規則や日課、行

事に関して職員と話し合えるようにすべきである。

❻ **異性が共に住む世界での生活**

男女が共に住む世界のなかで生活することを意味する。施設では、男女両方の職員が協力して支援すべきである。また、入所施設で不自然に男女が分けられ、異性への関心が断たれた結果、発達に不利な影響を及ぼすことがある。

一般社会と同じように自然に男女が暮らすことにより、意欲が高まり、知的障害者の雰囲気や行動にもよい影響を与える。軽度の障害者は結婚することで、よりよい生活を送ることができる可能性がある。

❼ **ノーマルな経済的水準**

一般にその国の法律で認められている基本的な経済保障が受けられ、年金や手当、最低賃金の保障など、一般的な経済的補助が与えられることを意味する。

❽ **ノーマルな環境と物理的設備基準**

病院や学校、グループホームなどの場所の物理的設備基準がノーマルであり、一般市民を対象とする施設と同等なものであることを意味する。

入所施設の規模は、一般社会でノーマルとされる人間的なものでなければならず、周囲の人々の日々の暮らしに溶け込めないような大規模な施設は適当ではない。

また、施設は地域から孤立した場所ではなく、ノーマルな場所に設置されることで、知的障害者は地域生活に溶け込みやすくなる。

3）ソーシャル・ロール・バロリゼーション

北米（アメリカ）を中心に、ノーマライゼーションの理念を独自に体系化し発展させたのは、W.ヴォルフェンスベルガーである。ヴェルフェンスベルガーは、ノーマライゼーションに代わる新たな理念として、1983（昭和58）年に「ソーシャル・ロール・バロリゼーション」（SRV）を提唱した。

ソーシャル・ロール・バロリゼーションは、「可能な限り文化的に価値のある手段による、人々、ことに価値の危険に瀕している者たちのために、価値のある社会的な役割の可能化、確立、増進、維持、ないし防衛」であると定義されている。

この定義の背景には、社会によって価値が低いと見られている人が存在し、否定的な価値が付与されるという社会的価値の引き下げがあるという考えがある。

例えば、現代社会においては富と物の所有に高い価値が置かれているが、貧困の状態は、社会的に価値が引き下げられている状態として捉える。

　社会的な価値が引き下げられている人が、肯定的な価値をもつためには、価値ある社会的な役割が獲得され、維持されなければならないとする。すなわち、障害者に価値ある社会的な役割を与えることで、社会的な価値を高め、社会の意識を変革していくことを目指すのである。

　例えば、成人の知的障害者が「ちゃん」づけで名前を呼ばれる場合、知的障害者は社会的に否定的なイメージをもたれることになる。知的障害者が「さん」づけで呼ばれる場合は、社会的に肯定的なイメージを与えることにつながるのである。

4）ノーマライゼーションの国際的な広がり

　北欧諸国やアメリカを中心に発展したノーマライゼーションの理念は、その後、世界各国へと広がりを見せた。国際的な動きとして、ノーマライゼーションの理念が用いられるようになったのは、1971（昭和46）年に国連で採択された「知的障害者の権利宣言」である。

　全7条からなる本宣言では、知的障害者は他の人間と同等の権利を有することを前提に、教育、訓練、リハビリテーションを受ける権利を有することや経済的保障および相応の生活水準を享有する権利があることが明記されている。

　さらに、1975（昭和50）年に国連が「障害者の権利宣言」を採択したことで、知的障害者だけではなく、すべての障害者を対象にした権利宣言が誕生した。全9条からなる本宣言は、障害者を「人間としての尊厳が尊重される生まれながらの権利を有している」とした上で、「同年齢の市民と同一の基本的権利を有する。このことは、まず第一に、可能な限り通常のかつ十分に満たされた相当の生活を享受する権利を意味する」として、ノーマライゼーションの理念が明確に反映され、全世界共通の理解となったことを意味している。

　ノーマライゼーションの理念は、1981（昭和56）年の「国際障害者年」や2006（平成18）年の「障害者の権利に関する条約」（障害者権利条約）にも引き継がれており、ノーマライゼーションの国際的な広がりは、日本の障害者福祉にも大きな影響を与えることになった。

2 ▶ ソーシャルインクルージョン

1) ソーシャルインクルージョン（社会的包摂）

　ノーマライゼーションの理念が広がるなかで、発展形として新たに誕生した理念が、「ソーシャルインクルージョン」（社会的包摂）である。対義語は、「ソーシャルエクスクルージョン」であり、「社会的排除」を意味する。これは、障害等を理由に、障害者等が社会から排除される状態を指す。

　ソーシャルインクルージョンとは、社会的排除のない社会を実現することであり、「全ての人々を孤独や孤立、排除や摩擦から援護し、健康で文化的な生活の実現につなげるよう、社会の構成員として包み支え合う」という理念である。

　2006（平成18）年に国連が採択した「障害者権利条約」では、第19条「自立した生活及び地域社会への包容」の中に、ソーシャルインクルージョンの理念が含まれている。

　障害者が地域社会で自立した生活を送る権利を行使するためには、障害者が地域社会のなかで完全に包容され、社会参加をできるように対応しなければならないことが国の責務として求められている。

　さらに、障害者が住む場所やどこで誰と暮らすのかについて選択することができ、特定の生活施設で生活する義務を負わないとされている。

　これまで障害者の暮らしの場として整備されてきた施設として、「障害者支援施設」（入所施設）や「共同生活援助」（グループホーム）がある。これら特定の生活施設に依拠しない障害者の一人暮らしや結婚生活（子育てを含む）などを実現するためには、ソーシャルインクルージョンに基づいた障害者の多様な暮らしのあり方を地域社会のなかで模索し続ける必要がある。

2) インテグレーションからインクルーシブ教育へ

　従来の障害児教育は、特別支援教育として普通学校とは分離した形（特別支援学校）で主に教育が行われてきた（分離教育）。その後、分離教育ではなく、普通学校へと統合化していく「インテグレーション」（統合）の考え方に基づき、障害児も他の児童と同じ学校で教育を受けること（統合教育）が目指されてきた。

　このようなインテグレーションの理念のなかで、アメリカにおいて「メインストリーミング」の考え方が台頭した。メインストリーミン

グとは、「教育の現場において、障害児が傍流として隅に追いやられていた状態から、通常の教育へと統合していくこと」である。メインとは「主流、主軸」の意味であり、「メインストーム」（主流教育）である普通学校へと合流させていく考え方のことである。

インテグレーションやメインストリーミングの理念は、ソーシャルインクルージョンの影響を受けながら、今日では障害の有無で分けるのではなく、障害児を含めたすべての児童を一体的に教育していく「インクルーシブ教育」として発展している。

3 ▶ 完全参加と平等

国連は1981（昭和56）年を「国際障害者年（IYDP）」と定め、テーマを「完全参加と平等」とした。その目的は、「世界の人びとの関心を、障害者が社会に完全に参加し、融和する権利と機会を享受することに向けること」であった。

例えば、障害者に対して雇用の機会を提供することで、障害者が社会に統合されるように保障することが、日本国内および国際的な潮流として求められた。また、障害者が経済的・社会的・政治的な活動に参加し、貢献する権利があることを国民に広報し、理解してもらう意図があった。

4 ▶ 自立生活思想

1）ピープルファースト

ピープルファーストは、「障害者である前に、一人の人間である」という、知的障害者の切実な願いから誕生した理念である。

1973（昭和48）年アメリカのオレゴン州で開催された知的障害者が集まる会議において、施設を出て地域で暮らすことや「知恵遅れ」とまわりの人たちから呼ばれることについての話し合いが行われた。そのなかで、一人の知的障害者が、「わたしは障害者である前に、まず人間として扱われたい（I want to be treated like people first）」と発言をしたことが誕生のきっかけとなっている。この発言は、多くの参加者の共感を得ることになり、世界各地でピープルファーストを名乗る当事者団体が設立された。

日本では、1993（平成5）年にカナダで開催されたピープルファースト世界大会に知的障害者や支援者が参加したことがきっかけとな

り、全国にピープルファーストの団体が設立されていった。その後、ピープルファーストの全国組織として、「ピープルファーストジャパン」が設立された。知的障害者を中心に実行委員会による話し合いを重ねながら、全国のピープルファーストの団体が一堂に集まる「ピープルファースト大会」が毎年開催されている。

ピープルファースト大会では、知的障害者によるスピーチや交流会が行われており、「ピープルファースト宣言」として、知的障害者の声を社会に向けて発信している。

こうした障害当事者による活動は、セルフアドボカシーと呼ばれている。セルフアドボカシーとは、「障害者自身が自らの権利を主張し、擁護すること」であり、これまで自分の生活をコントロールできなかった人々が自分で生活をコントロールしようと、勇気をもってその一歩を踏み出すことである。セルフアドボカシー活動の根幹には、障害者の自己決定の尊重がある。

〈「ピープルファースト宣言」（2004年徳島大会より）〉

　わたしたちは、しょうがいのある人も「自分のことは自分できめる」のが、当たり前だと思っています。
　今まで、わたしたちは、親や兄弟などの家族、行政、学校、施設の人に、自分のことを知らないところで勝手にきめられてきました。例えば、学校では、特殊学級や養護学校しか行くところがなく、自分たちの気持ちとはちがう所に行かされ、イヤな思いをたくさんしました。また、生活がうまくできないと入所施設に入るしかなくて、地域で生活することはできませんでした。
　しかし、わたしたちはみんなと同じように人間らしく生きる権利があります！
　これまで、ピープルファースト大会では、わたしたちが必要としている福祉サービスや制度、仲間たちに対する人権侵害の問題を中心に、何度も話し合いをしてきました。そして、全国の仲間と交流をして、たくさんの友だちをつくることができました。
　しかし、今も全国各地で人権侵害の問題や事件がつぎからつぎへと起こっています。わたしたちの気づかない、知らないところで多くの仲間が助けを求めています。また、わたしたちが必要としている福祉サービスが、わたしたちの知らないところで悪く変えられようとしています。
　徳島大会のテーマは「みんなのパワーを一つにしてよりよい制度をつくろう!!」です。
　許すな　虐待！　見逃すな　人権侵害！
　わたしたちに関係することは、わたしたちを交えて決めろ！
　わたしたちは、どんな差別に対しても声を出していけるように、仲間同士ではげましあってたたかいます！仲間と共に、地域の中で自分らしく生きるための福祉サービスを行政に訴えていきます！それが自分のため、仲間のためになることを信じて。
　わたしたちは「しょうがい者」である前に人間なんだ！

2）自立生活（Independent Living）思想

障害者の自己決定を尊重することが、障害者の「自立」であるとする理念が、「自立生活思想」である。

従来の自立観は、身辺が自立し、就労などによって一定の収入があることによる経済的に自立をしている状態を意味していた。しかし、重度障害者にとって、こうした自立観のもとでは、一生涯にわたって自立できない人というレッテルを貼られることになる。

そこで、重度障害者であっても、日常生活上の支援を受けながら、地域のなかで自己決定による自分らしい生活を送ることこそが、自立生活であるとする理念が生まれ、従来の自立観を覆すものとなった。

この自立生活思想は、障害者による自立生活運動（IL運動）のなかから誕生した。1960年代にアメリカの大学に通う障害のある学生であったエド・ロバーツが中心となり、「障害者が地域で生活をしながら、大学に通いたい」という訴えから始まったものである。

やがて障害者が日常生活上の支援を受けながら、社会参加をしていくことの重要性が広まり、1970年代には障害者が中心となってサービスを提供する「自立生活センター」の設立と運営へと大きく発展していったのである。

3）優生思想からの脱却と意思決定支援

2016（平成28）年7月に「相模原障害者施設殺傷事件（津久井やまゆり園事件）」が起きた。事件の犯人は元職員で、意思疎通ができない人を狙った犯行であり、入所者19名の命が一夜にして奪われた。この事件の背景に、「優生思想」があるといわれている。

障害当事者である安積遊歩は、優生思想について、「何でも一人でできなければならないという考えのこと」であり、「できる命は生まれてきてよくて、できない命は生まれてこないほうがいいという考え方のこと」であると述べている。

そして、「優生思想から脱却するためには、社会の一人ひとりが助けを求められるようになればよい。人はみな無力の状態で生まれ、人の助けを求めて育っていくのだから、その関係性こそ大切にすべきだ」という。

優生思想から脱却していくためには、すべての人に意思は必ずあるはずだという考え方（意思能力存在推定）に基づき、支援していくことが重要である。意思疎通ができない人、すなわち意思決定ができない人と見なすことは、障害者を自立できない人であるという考え方

▶優生思想
1883年イギリスのフランシス・ゴルドンが提唱した優生学（悪質な遺伝的形質を淘汰し、優良なものを保存することを研究する学問）に基づく思想のこと。優良な遺伝資質の増大を目指す考え方（積極的優生学）と、不良な遺伝資質の減少を目指す考え方（消極的優生学）の2つがある。

（意思能力不存在推定）につながっていく危険性がある。

　重度障害者であっても、「意思は必ずある」という確信のもとで、障害者を中心に、障害福祉サービスの提供者、家族や友人、ボランティアや地域住民といった、さまざまな人との関係を構築するなかで、障害者一人ひとりへの「**意思決定支援**」を提供していくことが求められている。

5 ▶ エンパワメント（エンパワーメント）

　エンパワメントとは、直訳では「力を与える」であるが、元来は法律用語として使用されており、「権利や権限を与える」という意味がある。

　ソーシャルワークにおいては、1970年代にアメリカのB. ソロモンが、黒人への差別や偏見に対する公民権運動の取り組みのなかで、エンパワメントに着目した研究を行っている。その後、障害者福祉分野においても、社会的な抑圧や差別、偏見などを受けている障害者へのエンパワメントに基づく実践が注目されるようになった。

　まず障害者が、社会的な抑圧や差別、偏見などによって、本来、もっている能力や権限を発揮できていない状態（パワーレスネス）に陥っていると捉える。

　ここでいうパワーとは、「障害のある当事者が自己実現へと向かう力（自己決定能力、適応能力等）」のことであり、「本来パワーはすべての人に潜在的に内在している」と考える。そして、この潜在的に内在しているパワーは、内部から引き出されるものであり、ソーシャルワーカーが障害者や取り巻く環境への働きかけを行うことで、障害者が自分自身の強さ（ストレングス）を自認し、自己実現を目指していくのである。

　北野誠一は、エンパワメントを「自分らしく・人間らしく共に生きる価値と力を高めること」であると述べている。

　2014（平成26）年の「ソーシャルワーク専門職のグローバル定義」においても、ソーシャルワークが「人々のエンパワメントと解放を促進する」ものであると定義されているように、障害者へのエンパワメントに基づく実践は必要不可欠なものとなっている。

▶**意思決定支援**
障害者が、日常生活や社会生活に関して、自らの意思が反映された生活を送ることができるように、可能な限り本人が自ら意思決定できるよう支援すること（支援付き意思決定）。また、障害者への意思確認や選好を推定しても意思決定が困難である場合は、最後の手段として、障害者の最善の利益の確保を前提とした決定を支援者等が行うこと（代理代行決定）。

6 ▶ リハビリテーション

リハビリテーションは、ラテン語の「habilis（ハビリス）」が語源であり、「適した」という意味がある。つまりリハビリテーションとは、「再び適したものにする」ことを意味している。

1968（昭和43）年 **WHO（世界保健機関）** は、「医学的、社会的、教育的、職業的手段を組み合わせ、かつ相互に調整して、訓練あるいは再訓練することによって、障害者の機能的能力を可能な最高レベルに達せしめること」と定義しており、医学、社会、教育、職業の4分野による専門家主導の考え方が主流であった。

しかし、1970年代にアメリカで自立生活運動（IL運動）が起きたことで、専門家主導のリハビリテーションは否定されることになった。

1982（昭和57）年国連の「障害者世界行動計画」では、「身体的、精神的、社会的に最も適した機能水準の達成を可能とすることによって、各個人が自らの人生を変革していくための手段を提供していくことをめざし、かつ、時間を限定したプロセスである」と定義されている。

さらに障害に関する主要3分野として、①予防、②リハビリテーション、③機会均等化に分けられ、機会均等化の重要原則において、「障害者はリハビリテーションのゴールを自分で決定できることが当然であり、また、どのような環境、地域、人間関係の中に暮らしたいかという選択を、普通の市民と同じようにできることが保障されなければならない」とされた。

リハビリテーションは、障害者の力を高め自己実現を支援するものであり、自己実現の手段として障害者自身が活用するものである。すなわち、リハビリテーションの主体は、障害者自身である。

7 ▶ ダイバーシティ（多様性）

ダイバーシティとは、「多様性」のことであり、「国籍・年齢・性別・能力・価値観など、さまざまな違いをもった人々が、組織や集団おいてお互いを受け入れ、共存している状態」のことを指す。

近年、日本の労働市場においては、各産業における人手不足の深刻化に伴う多様な人材の確保が急務であり、障害者だけでなく、外国人労働者や65歳以上の労働者、限定正社員、中途・経験者（キャリア）採用など、多様な人材が共に働く職場環境の整備が求められている。

（望月隆之）

▶WHO（世界保健機関）
1948年国連によって設立された専門機関のことであり、すべての人々の健康を増進し、保護するために、国連加盟国が他の国と相互に協力することを目的としている。
日本は1951年に加盟し、保健医療分野に関する国際的な情報を入手し、国内の施策に反映させている。また、世界の保健課題への貢献活動などを行っている。

> **キーワード**

ノーマライゼーション　自己決定の尊重　ソーシャルインクルージョン　意思決定支援　エンパワメント　ダイバーシティ

> **自己学習の課題**
>
> 1. 「ノーマライゼーションの8つの原理」を読み、障害者に対してどのような支援が求められるのかについて調べ、まとめてみよう。
> 2. ノーマライゼーションの理念が、「障害者基本法」や「障害者の権利に関する条約」に、どのように反映されているか、具体的に調べてみよう。
> 3. 日本の旧優生保護法（1948～1996）のもとで、障害を理由とした不妊手術が強制されてきた歴史とその後の違憲訴訟について、経過と判決の内容を具体的に調べてみよう。

参考文献

- 一般社団法人日本ソーシャルワーク教育学校連盟編集『障害者福祉』中央法規，2021．
- 相澤譲治・橋本好市・直島正樹編『障害者への支援と障害者自立支援制度』みらい，2013．
- 花村春樹訳・著『「ノーマリゼーションの父」N・E・バンク-ミケルセン』ミネルヴァ書房，1994．
- 西川正人「知的障害者福祉におけるノーマライゼーションとQOL」『桃山学院大学社会学論集』44（1）、25-56頁，2010．
- ベンクト・ニィリエ著・河東田博・橋本由紀子・杉田穏子・和泉とみ代訳編『［増補改訂版］ノーマライゼーションの原理：普遍化と社会変革を求めて』現代書館，2000．
- W.ウルフェンスバーガー著・冨安芳和訳『ソーシャルロールバロリゼーション入門：ノーマリゼーションの心髄』学苑社，1995．
- 国際連合広報センター「国際障害者年 IYDP 1981年—完全参加と平等—」
  https://www.unic.or.jp/files/print_archive/pdf/world_conference/world_conference_9.pdf
- 安積遊歩「優生思想を終わらせるために必要なこと」『季刊福祉労働』167,42-45頁,2020．
- 高山直樹・川村隆彦・大石剛一郎編『福祉キーワードシリーズ　権利擁護』中央法規，2002．
- 奥野英子「リハビリテーションの国際的展開と今後への期待」『リハビリテーション連携科学』18（1），2-8頁，2017．
- 内閣府「令和元年度 年次経済財政報告—「令和」新時代の日本経済—」『第2章 労働市場の多様化とその課題 第3節労働市場の多様化が経済に与える影響』2019　https://www5.cao.go.jp/j-j/wp/wp-je19/h02-03.html
- 北野誠一『ケアからエンパワーメントへ：人を支援することは意思決定を支援すること』ミネルヴァ書房，2015．
- カリフォルニア・ピープルファースト編・秋山愛子・斎藤亜紀子訳『私たち、遅れているの？：知的障害者はつくられる［増補改訂版］』現代書館，2006．
- ピープルファーストジャパン　https://www.pf-j.jp/
- ビル・ウォーレン著・河東田博訳『ピープル・ファースト：当事者活動の手引き：支援者とリーダーになる人のために』現代書館，2010．

第6回 障害者権利条約と障害者基本法

→ 学びの誘い

この節では、以下のことを学ぶ。それらを通して障害者は、障害のない人と同じ権利をもった人であり、その権利の実現のために何が必要かを学ぶ。

1　障害者権利条約の概要を学ぶ。
2　障害者福祉制度の発展過程―障害者自立支援法から障害者総合支援法までの流れを学ぶ―
3　障害者基本法の概要を学ぶ。
4　「障害を理由とする差別の解消の推進に関する法律」（障害者差別解消法）について学ぶ

第4節　障害者権利条約と障害者基本法

1▶ 障害者権利条約の概要

1）障害者権利条約の批准について

日本は2014（平成26）年1月に「障害者の権利に関する条約（Convention on the Rights of Persons with Disabilities）」（以下、障害者権利条約）を批准した。この障害者権利条約は、2006（平成18）年に行われた第61回国連総会で採択され、2008（平成20）年に発効した。

日本は2007（平成19）年に署名し条約の趣旨に賛同したが、日本への法的拘束力はまだなかった。日本が障害者権利条約を批准するためには、国内法の整備を行う必要があった。

政府は障害者権利条約を批准するために、「障がい者制度改革推進本部」を立ち上げた。障害者基本法の改正、障害者虐待防止法、障害者総合支援法、障害者差別解消法の制定などの法整備を行い、2014（平成26）年に批准した。

2）障害者権利条約の必要性

第二次世界大戦では世界の人々が恐怖と飢えにさらされた。日本の戦争での死者数は310万人（厚労省調べ）に上った。母体が「栄養失調」と「出生時の状況」に記載された障害児が生まれた時代だった。また、ドイツのナチスは、「ユダヤ教徒」や「障害者」を虐殺する**ホロコースト**を行った。

それらの人権の実現が困難な時代を経て、1945（昭和20）年国連憲章が採択された。1948（昭和23）年には世界人権宣言が発効された。

▶ホロコースト
1933年に成立したナチス政権は、反ユダヤの政策をとり、ユダヤ教徒を「ユダヤ人」として絶滅収容所に送り込んだ。またナチズムでは、健全な身体を理想として掲げ、身体障害者等に断種法による不妊手術を強いたり、強制収容所に送り虐殺した。このホロコーストを契機に国連は1948年にジェノサイド条約（ある集団の虐殺や出生を妨げるなど）を採択した。

具体化するために1966（昭和41）年には、国際人権規約（A規約：社会権規約　B規約：自由権規約）が採択された。

これらの国際権利章典は、戦争による貧困や差別、人命が危機にさらされ人権が踏みにじられた歴史に対する深い反省を踏まえたものだった。

これらの国際権利章典は中核的で現代でも重要なものだが、非差別条項の差別禁止事項には「障害」が盛り込まれていなかった。しかし、理論上は、差別禁止対象に「障害」が含まれており、障害者の人権を保障していることは明らかだった。

国連特別委員会議長のドン・マッケイが、どの国際条約においても障害者を明確に規定してこなかったのは「障害者」にわずかな注意しか払ってこなかったからだと指摘している。

障害者自身が、差別や抑圧を改善する障害者の人権を規定する人権条約が必要だと声をあげた。その時の有名な言葉に、"Nothing About Us Without Us"（私たち抜きに私たちのことを決めるな）がある。この言葉は、すべての障害者の共通の思いを示すものとして使用された。障害者が保護される無力な存在として扱われる共通の経験を背景としている。

一般社会による保護的支配からの脱却と普通の市民としての権利を持つ人間であることを強く訴えるものであった（文科省：第一次意見）。このような経過のなかで、障害者権利条約が成立した。

この障害者権利条約は、いままで概念として使われていた障害者の人権を障害者権利条約第1条で、「人権及び基本的自由の完全かつ平等な享有」を規定している。

3）障害者観の転換

障害者権利条約の重要な理念は、障害者を**医療モデル**ではなく、**社会モデル**に転換したことである。

前文（e）では、「障害が発展する概念であることを認め」、障害は「態度及び環境による障壁との間の相互作用」だとしている。障害は、「平等を基礎として社会に完全かつ効果的に参加することを妨げるものによって生ずることを認め」と規定した。この条文は社会モデルもしくは国際生活機能分類（ICF）の立場に沿ったものである。

4）障害者の定義と条約の一般原則

前文（j）では「全ての障害者（より多くの支援を必要とする障害者を

▶医療モデル
障害を個人の問題として捉え、障害への対処は治療（あるいは一般医療）か、個人の適応や行動変容（リハビリテーション等）を目標にする。心身機能を過大視し、「活動」も「参加」も決まってしまうと考え、環境の影響は一部しか考えない考え方。

▶社会モデル
障害を個人の特性ではなく、主として社会によってつくられた問題とみなす。社会的な「参加」と「環境因子」を重視する。

含む）」と規定されている。第1条では、障害者の定義において対象者を「長期的な身体的、精神的、知的、又は感覚的な機能障害」であるとした。

つまり、障害者には、身体障害、聴覚障害、視覚障害、精神障害などだけでなく、発達障害や知的障害をもつ人も含むことが明記され、すべての障害者に主権があり個人の尊厳があることが明確に規定された。

第3条の一般原則では、

(a)個有の尊厳、個人の自律（選択する自由を含む。）、及び個人の自立の尊重、(b)無差別、(c)社会への完全かつ効果的な参加及び包容、(d)差異の尊重及び人間の多様性の一部及び人類の一員としての障害者の受入れ、(e)機会の均等、(f)施設及びサービス等の利用の容易さ　(g)男女の平等、(h)障害のある児童の発達しつつある能力の尊重及び児童がその同一性を保持する権利の尊重

などが上げられている。

これらは、条約の屋台骨もしくは根本原則ともいわれている。批准した各国は、これらの基本的な価値に基づき、具体的な施策や法制度の整備の指針とすることが求められている。

5）障害者差別の禁止

障害者権利条約で、はじめて障害者差別の禁止が明確に規定された。その内容は、定義によると「障害に基づくあらゆる区別、排除、又は制限」としている。

この差別の法理は、アメリカの公民権運動と障害者の自立生活運動、その結果生まれたADA法（障害のあるアメリカ人法：Americans with Disabilities Act of 1990）の法理に示されている。

差別の内容には、直接差別、間接差別、**合理的配慮**の拒否が含まれる。障害者権利条約に影響を与えた概念である。

直接差別の禁止は、異別取り扱い（disparate treatment）の禁止の意味である。障害があることを理由に企業の採用試験に応募できないなどがこれに該当する。

間接差別（disparate impact）の禁止は、職務に関連のない身体機能などの採用基準を設け障害者を差別するなどである。

合理的な便宜供与（reasonable accommodation）は、日本では合理的配慮と訳されている。合理的配慮を拒否することは差別に当たる。例えば、障害者の就労に配慮した特別な取りはからいを雇用主が拒否することは差別である。職場環境を改善する、職務の再編を行い

▶合理的配慮
アメリカの公民権法で生まれた概念で、特定の宗教を信仰する者に対する勤務時間の変更などの便宜供与を求めることから始まった。過度な負担が生じる場合には、合理的配慮の除去が難しい場合もある。

能力に合わせた仕事の分担を見直すことは、事業主が当然に負うべき法的義務としている。

　事業主が障害者の能力を発揮できるようにするための就労の配慮を行い、障壁を取り除くことも合理的な配慮である。しかし、合理的配慮が過度の負担になる場合には、事業主が拒否しても差別には当たらない。

　アメリカの判例では、事業主が、合理的配慮を行うのは、あまりに多額の費用がかかりすぎると主張するだけでは合理的配慮を拒否できず、合理的配慮にかかる費用と事業主の資力など、個別の判断をして、その負担が能力を超えているかどうかを判断するのが本来のあり方だとしている。

　アメリカの判例では、事業主は差別撤廃のための負担を分かち合うのは当然だと、毅然とした態度が貫かれている。

6）意思疎通及び知る権利と表現の自由の保障

　従来からの憲法の規定に基づく施策として視覚障害者への点字、触角を使った意思表示、拡大文字、聴覚障害者への手話、筆記、文字の表示などが取り組まれてきた。

　第2条の「『意思疎通』とは」では、これらの対象者の他、知的障害者や自閉スペクトラム症がある人との意思疎通についても想定している。その方法として、「**マルチメディアデイジー**（デイジー：筆者追記）並びに筆記、音声、**平易な言葉**、朗読、その他の**補助的及び代替的な意思疎通の形態、手段及び様式**（利用しやすい情報通信機器を含む）」などの使用を示している。

　第4条で一般的義務が5項にわたって規定され、個人、団体、民間企業などにおいても差別の撤廃のために適切な措置をとるよう求めている。中でも1項では、ユニバーサルデザインを、製品、サービス、施設利用などに取り入れ促進するよう規定されている。また、障害者に適した情報通信機器や支援機器などの開発と促進についても規定されている。

　第21条では、第2条の意思疎通の手段のうち、自ら選択する方法で、表現及び意見の自由の権利を行使することができるよう適切な措置をとると規定されている。また表現の自由を保障するためには知る権利も当然に保障されている。

▶**マルチメディアデイジー**
電子書籍のことで、LD（読み書き障害、学習障害）の人や自閉スペクトラム症の人にも有効である。
2024年に教科書バリアフリー法が改正され、障害のある児童だけでなく外国人児童に使用できるように改正された。もともと、視覚障害者への読み上げ機能付きのデイジー書籍がつくられていた。
マルチメディアデイジー教科書は、通常の教科書と同様の内容で、画像を使いテキストに音声を同期させて読むことができる。ユーザーは音声を聞きながら、いま読んでいるところに色がつくので読みやすい。絵の表示もある。

▶**平易な言葉**
一般的な情報提供の方法では、理解が難しい人（発達障害者、知的障害者、日本語に堪能でない外国人、認知面で低下した高齢者等）に対して、わかりやすい文章作成ガイドラインがつくられている。
わかりやすい文章作成のガイドラインはスウェーデン等でもつくられてきた。

▶**補助的及び代替的な意思疎通の形態**
補助的に代替物を使ってコミュニケーションをとる方法としてAAC（Augmentative & Alternative Communication）がある。その内容は、ピクトグラム、写真、ミニチュア、カタログ、パッケージ、コミック、実物、文字、サイン言語、パソコン、AI機器などさまざまである。
特にピクトグラムは視認性が高く大人でも利用でき

目でわかるもので発達障害者や知的障害者に有効である。

▶LLブック=easy to read（読みやすくわかりやすい本）
スウェーデンでは、障害者にも文化を提供するために1968年から国の機関でLLブックが作製されてきた。本の種類は、スウェーデンの歴史、文化、生活、健康、恋愛物、健康、その他、一般の出版物の分野と変わらない。

日本でも参考にしてきたが、公的機関での作成は行われていない。日本では、衣食住のケアは命や健康に直結するため重視されるが、精神活動として目に見えない「知る権利」（憲法第21条）のための取り組みや「余暇を楽しむ」などの憲法第13条の幸福追求権は重要でありながら制度が不十分なのが現状である。

▶意思・選好の尊重
①意思決定ができる人、②合理的でない選択も含め、その人が好んで選んでいる、もしくは選んでいることが表情やしぐさ、様子から推定できる。この2つの状況に際し、本人の意思を決定する支援を行うことをいう。

その支援は、意思の形成（説明や体験などによる支援）、意思の表明（その人が意思を表明しやすい方法や環境、タイミング、人間関係等を選択し、整え、提供する支援）、意思の実現、などが含まれる。

▶意思決定支援ガイドライン
2017年に「障害福祉サービス等の提供に係る意思決

ピクトグラムを使用したLLブック（日本）「ぼくの家はかえで荘」

スウェーデンのLLブック

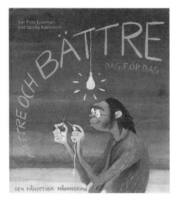
「より良い一日」
文明の発展・人類の発明

サーカスライフ

7）法律行為と意思決定支援

障害者権利条約第12条では、法律の前にひとしく認められる権利として、5項にわたって規定がある。

第1項では、障害者は法の前に人として認められる権利を有すると規定している。第2項では、障害者は他の人と平等で法的能力をもつことが規定されている。

障害者も法律行為をすることが明記され、いままでの医学モデルから、社会モデルへの転換があったことが明確に示されている。

第4項では法的能力の行使にあたって、障害者の権利、**意思、選好の尊重**が重要だとしている。2015（平成27）年に日弁連は「総合的な意思決定支援に関する制度整備」を求める宣言を発表し、2017年（平成29）年に**意思決定支援ガイドライン**を策定した。

第21条において、障害者の知る権利として、表現及び意見の自由並びに情報へのアクセスについて規定している。この条文では、平等を原則として、第2条の規定に基づく内容をもとに、自ら選択する方法で、情報や考え方を入手できる。また、表現し意見が自由に言える権利があることを明記している。

2 ▶ 障害者福祉制度の発展過程

1) 障害者基本法制定までの流れと背景

❶ 1990年代の動き

　世界的な福祉の動向として、1980年代に入り国際障害者年(1981年)の取り組みや、障害者に関する世界行動計画(1982年)、国連・障害者の十年(1983～1992年)の取り組みなど、障害者の完全参加と平等のスローガンのもと運動が進められた。

　1982(昭和57)年に政府は「障害者対策に関する長期計画(1982～1992年)」を策定した。1993(平成5)年に10年にわたる基本方針と具体策を示した「障害者対策に関する新長期計画」を策定した。

　ノーマライゼーションの理念が普及し、施設入所から地域生活移行へと少しずつ流れが進んでいった。

　一方で、福祉八法改正(1990年)において、身体障害者福祉法や精神薄弱者福祉法(現、知的障害者福祉法)にも在宅福祉サービスが法制化された。

　地方自治の業務は、法定受託事務と自治事務の2つになり、権限が地方へと移行した。福祉サービスの提供体制も少しずつ整えられていった。

　このような流れのなかで、1993(平成5)年に心身障害者対策基本法が障害者基本法に改正され、それまで身体障害者、知的障害者に限定されていた対象者に精神障害者が加えられた。

　3障害の法律やサービスの統一をめざす方向で、精神保健法がこの基本法改正の流れを受け、目的に自立と社会参加促進を取り入れた精神保健及び精神障害者福祉に関する法律(1995年)に改定した。難病の人に対する支援は、難病患者等居宅生活支援事業(1997年)の開始により、地域における難病患者等の自立と社会参加の促進が図られるようになった。

❷ 社会福祉基礎構造改革と障害者支援費制度の導入

　身体障害者福祉法(1949[昭和24]年)、知的障害者福祉法(精神薄弱者福祉法として1960[昭和35]年制定)、そして精神衛生法(1950[昭和25]年)が精神保健法となり(1987[昭和62]年)、1995年(平成7)年から前述の精神保健福祉法となって支援が行われていた。

　1998年(平成10)年に社会福祉基礎構造改革の中間まとめが出され、2000(平成12)年に**社会福祉基礎構造改革**が行われた。介護保険制度の導入がなされ、**措置制度が廃止され市場化**もしくは準市場化さ

定支援ガイドライン」が策定された。

各都道府県、指定都市および中核市において、障害者の意思決定の支援がよりいっそう適切に図られるよう、ガイドラインの普及に努めるよう指示が出された。

▶社会福祉基礎構造改革
1998年に「社会福祉基礎構造改革（中間まとめ）」が発表された。増大・多様化する福祉需要に対して、戦後から行ってきた措置制度を廃止して、多様な主体の参入促進などが示された。

▶措置制度
行政機関がサービスの必要性を判断、決定し、行政処分として公費でサービスを提供するもの。
障害分野では2003年の支援費制度の導入で措置制度から利用契約制度に変わった。
障害分野の措置は子どもの場合は被虐待、親が不在、保護者に契約能力がない場合等で、大人の場合は虐待や経済的困窮等である。

▶市場化
行政ルールに基づいて、行政が直接に利用・提供に責任をもつ仕組みから、利用者と提供者との貨幣を媒介とした直接的な売買関係へ転換させることをさす。

れた。

　障害分野では2003（平成15）年4月に措置制度の廃止と、障害者支援費制度（以下、支援費制度）の導入が行われた。障害者福祉の分野に営利企業が参入する市場化が行われ、利用契約制度に移行した。

　社会福祉基礎構造改革では「対等な関係」が示され、政府は「措置制度は行政処分のためサービスが選べないが、措置制度を廃止し利用契約制度にすれば福祉サービスが選べる」とした。「自己決定」「自己選択」という言葉が使用され、利用者本位の考え方だとした。

　いままで措置の時代には利用者負担はなかったが、収入に応じて負担する**応能負担**がとられた。支援制度では、予算の範囲内で支援を行う仕組みのままとされた。また裁量的経費のままであり、国が必ず支払う義務的経費ではなかった。そのため予算がなくなる事態となっていった。

❸ 支援費制度の問題点

　2003（平成15）年から実施された支援費制度にはいくつかの問題点があったと内閣府は述べている。

　主な問題点を整理すると、次のとおりである。

・障害の種別（身体障害・知的障害・精神障害）ごとに縦割りになったサービスで使いにくい。
・地方自治体によって地域格差が生じた。サービス提供体制が不十分で、知的障害者や精神障害者へのホームヘルプサービスが約半数の市町村で実施できていなかった。
・就職を希望する人の就労支援が進まなかった。福祉施設から一般企業に就職する人は1％だった。
・支給決定のプロセスが不透明で、全国共通の判断基準やサービス利用手続きが規定されていないこと（内閣府など）があげられた。

　これらの、支援費制度の問題点を踏まえて、障害者自立支援法では、次のような内容を改善したとしている。利用者本位のサービス体系、サービス提供主体の一元化、支給決定手続きの明確化、就労支援の強化、安定的な財源の確保などがあげられる。

2) 障害者自立支援法の成立から障害者権利条約までの概要

　制度上の問題を整理し、障害者が地域で生活できる社会の実現をめざすものとして、2005（平成17）年に障害者自立支援法が成立し、2006（平成18）年に施行された。

　この障害者自立支援法は、支援費制度の課題を解決し、改正法とし

て施行されたものだった。しかし、多くの障害者が属する低所得世帯にも応益負担を課すこととし、障害者の負担が増した。さらにサービスを提供する事業者から使いにくいとの声もあがった。

　一方で、2006（平成18）年には障害者権利条約が国連で採択され、障害者の個の尊厳を守り、基本的人権の尊重と法律行為をする人であり、意思決定支援を行い、社会参加と平等を進めるとする大きな転換があった年だった。

　2008（平成20）年には、東京、大阪、京都など全国8か所で障害者自立支援法違憲訴訟が起こった。一割負担は憲法第13条の「個人の尊厳」、第14条の「法の下の平等」、第25条「生存権」などに違反していると、障害者たちが主張した。

　2009（平成21）年に民主党政権に移行し、政府は障害者自立支援法違憲訴訟原告団・弁護団との和解交渉を進め、基本合意を行い同法は改正され障害者総合支援法へ移行した。

　2009（平成21）年に内閣府に「障がい者制度改革推進本部」を設置した。障害のある人たちが中心となって、「障がい者制度改革推進会議」を開催してきた。同会議が2010（平成22）年12月にとりまとめた「障害者制度改革の推進のための第二次意見」を踏まえて、2011（平成23）年の障害者基本法の改正を行った。利用者負担は2011年の改正で応能負担となった。その後、2014（平成26）年に障害者権利条約を批准した。

3）障害者自立支援法の概要と問題点

　2005（平成17）年に制定された障害者自立支援法の大きなポイントは次のとおりである。

- **障害者福祉サービス体系の一元化**

　　身体障害者福祉法、知的障害者福祉法、精神保健福祉法の3つの分野の給付は、障害者自立支援法に移行した。実施主体も市町村に一元化した。後に難病などについても対象に加えられ一元化された。

- **サービス体系の見直し**

　　障害種別ではなく、訪問、通所、入所の、サービス体系（介護給付、訓練給付、地域生活支援事業等）に編成された。

- **就労支援の重視**

　　就労支援の強化として、働きたいと考えている障害者に対して、就労移行支援と就労継続支援を創設した。

・障害程度区分の導入
　支援の必要度に応じてサービスが利用できるように障害程度区分が設けられた。
・支給手続きの公平公正
　市町村審査会における審査を受けた上で支給決定を行うなど、支給決定のプロセスの明確化が図られた。
・予算の配置と利用者負担
　支援費制度と異なりサービスに必要な費用の2分の1を国負担とした。利用者負担は1割の**応益負担**となった。

　契約制度に移行したことにより、福祉サービスを受けるための障害程度の調査が必要になった（障害程度区分→現、障害支援区分）。また、審査によってサービス量が決められることは、必要なサービスの量が受けられない、医療モデルではないか、などの批判が相次いだ。

　また、1割の定率負担が発生し負担が大きいこと、ホテルコストといわれる食費・水光熱費の徴収なども負担が大きいと問題点があげられた。そのような経過から、前述の裁判につながっていった。

　2011（平成23）年に法改正が行われ、利用者負担は**応能負担**が原則になった。

　2012（平成24）年に「障害者自立支援法」の改正法として、「障害者の日常生活及び社会生活を総合的に支援するための法律」（障害者総合支援法）が成立した。施行は2013（平成25）年4月と2014（平成26）年4月の2回に分けて行った。

　2013年の施行では
・基本理念の創設
・法の定める障害者の範囲に難病患者等を追加
・地域生活支援事業に新たな事業内容の追加などを行った。
　2014年の施行では
・障害程度区分を障害支援区分に変更
・重度訪問介護や地域移行支援の対象を拡大
・共同生活介護を共同生活援助に一元化などを行った。

> ▶応能負担／応益負担
> 利用者が所得に応じて料金を負担することを「応能負担」という。利用者の所得にかかわらずサービスの内容に応じた料金を負担することを「応益負担」という。

3 ▶ 障害者基本法の概要

　障害者基本法の改正は、1993（平成5）年、2004（平成16）年、2011（平成23）年に、それぞれ行われたが、各改正の主な点は次のとおり

である。

1993年の改正
・心身障害者対策基本法を障害者基本法に改称
・精神障害者を障害者と位置づける。
・国際障害者年の「完全参加と平等」の考え方を追加。
・12月9日を障害者の日と定める。
・障害者基本計画の策定を国に義務づけ。
・障害者計画の策定の努力義務を都道府県、市町村に規定。

2004年の改正
・障害者の自立と社会参加の支援等の推進を明記。
・障害者差別の禁止を明記。
・障害者の日を障害者週間（12月3～9日）に改正
・障害者計画の策定を都道府県と市町村に義務化。

2011年の改正
・障害者の定義に発達障害者や「その他の心身の機能の障害」を追加。社会的障壁の定義、社会的障壁の除去を追加。
・共生社会の実現に関する事項の追加。
・第4条に差別の禁止を規定。合理的配慮の考え方を追加。

以上が3回にわたる改正の要点である。
次に2011（平成23）年に行われた障害者基本法の概要をみていく。

1）障害者基本法の目的

障害者基本法の第1条（目的）では、「全ての国民が、障害の有無によって分け隔てられることなく、相互に人格と個性を尊重し合いながら、共生する社会を実現する」ことを法の目的とした。

また、「全ての国民が、障害の有無にかかわらず等しく基本的人権を享有するかけがえのない個人として尊重される」と、障害者も含めたすべての人の基本的人権を明記し医療モデルから社会モデルへの転換がはかられた。

続いて、「全ての国民が、障害の有無によって分け隔てられることなく」と、障害が「ある」「ない」の区別なく平等の理念に基づいている。そもそも、障害がある人と障害がない人の区別はつけることができないのは自明である。

人々がお互いに、人格と個性を尊重し合いながら「共生する社会を実現するため」と、目指すべき社会を示している。障害者の自立およ

▶スウェーデンのことわざ
スウェーデンでは、「生まれてから死ぬまでが障害者である」とのことわざがある。例えば、乳児は、食事や排泄の介助が必要であるし、高齢になってからも同様である。人間は視力が低下すれば眼鏡をかける。スポーツ選手の身体の故障も完全に健康とはいえない。本来は、人に障害があるかないかの区別はつかない。障害があるかないかの境界もないものである。同じ人間で、福祉サービスを受けるのも、そのために税金を支払うのも「お互い様」とする他者のことを自分のこととして考える思想である。スウェーデンでは社会サービス法とLSS法を定め、累進課税と所得再配分によって手厚い福祉が守られている。このように、具体的な福祉施策によって障害がある人とない人との間の障壁が取り除かれ「共生社会」を維持している。

び社会参加の支援などのための施策に関し、「国、地方公共団体等の責務」を明記している。

障害者権利条約を受けて、具体的な事項を定め、施策を総合的かつ計画的に推進することを目的としている。

2) 定義

第2条第1項では、「障害者　身体障害、知的障害、精神障害（発達障害を含む。）その他の心身の機能の障害（以下「障害」と総称する。）」とし、難病等に起因する障害も含むことを意図したものである。

障害および社会的障壁によって継続的に相当な制限を受けるものと定めているが、断続的もしくは周期的な制限も含むとされている。

3) 地域社会での共生

第3条では、障害者が、障害がない者と等しく、「基本的人権を享有する個人としてその尊厳が重んぜられ、その尊厳にふさわしい生活を保障される権利を有することを前提」としている。

第1項では、すべての障害者はあらゆる分野の活動に参加する機会の確保が定められている。

第2項では、すべての障害者の、可能な限りの住居の自由（どこで誰と生活するか選択できる）が確保され、地域社会で他の人々と共生することを妨げられないこと、が定められている。

この「可能な限り」の文言は、障害者権利条約第19条に比較して制限的で不十分であるとの意見もある。

2022（令和4）年の障害者権利条約批准後初となる国連の障害者権利委員会の総括所見において、「施設収容は、保護という名目の障害者を施設に拘禁するもの」と指摘をしている。脱施設ガイドラインでも「地域生活のための整備、施設をなくすこと、新規入所の禁止」などがあげられた。

日本では、市場化された地域社会の受け皿では、経済効率が優先されるために、精神病院への入院が増加している側面もある。また、重度者の地域生活のための24時間**パーソナルアシスタンス**をはじめとする社会資源の条件整備が不十分なのが現状である。地域生活への多面的な支援体制の構築と普遍化が望まれるが追いついていない。

第3条第3項では、すべて障害者は、可能な限り、言語（手話を含む）、その他の意思疎通のための手段が選べることが規定されている。

▶**パーソナルアシスタンス**
スウェーデンでは、社会サービス法とLSS法によって、自立して一人暮らしをしている知的障害者が望めば、支援者がいつでも来て相談にのったり、一緒に活動をする制度で、24時間専属介護人と訳されている。

情報の取得または、手段や選択の拡大が図られることなど、意思疎通と知る権利の保障が定められている。情報アクセスとコミュニケーションの権利保障の観点から重要な規定である。

特に国内法で初めて手話を言語として認めた点が注目される。しかし、この項でも障害者権利条約と比較して「可能な限り」の制限的な言葉が入っており、逃げ道にならないように障害者の権利の実現のために取り組むことが求められている。

4）差別の禁止

第4条では、第1項において「障害を理由として差別をすることその他の権利利益を侵害する行為をしてはならない」と定めている。また、第2項では、合理的配慮義務が定められ、社会的障壁の除去も実施するよう求めている。第3項では、国は差別禁止のための啓発活動をする役割が示されている。

5）国際的協調

第5条において、第1条に定める社会の実現は、「国際的協調の下に図られなければならない」として、障害者権利条約批准とその後の取り組みを見通した規定となっている。

6）障害者週間の設置

第9条において、国民の理解を深め、障害者があらゆる分野の活動に参加できることを促進するため、障害者週間の設置をしている。障害者週間（障害者の日）は12月3日から12月9日までの1週間としている。

7）施策の基本方針

第10条において、第1項では「障害者の自立及び社会参加の支援等のための施策」について総合的に策定、実施されなければならないとした。第2項で障害者の「意見を尊重するよう努めなければならない」とした。

これは、障害者権利条約第4条第3項に障害者に関係する法律や政策の作成に「障害者と緊密に協議し、及び障害者を積極的に関与させる」とあることに関連している。

▶**国連の障害者権利委員会による、障害者権利条約に関する各国の取り組みに関する指摘の仕組み**

①報告義務：締約国は、定期的に障害者権利条約の実施状況について報告を提出する義務がある。初回報告は条約の締結から2年以内、その後は4年ごとに提出する必要がある。

②審査プロセス：提出された報告は、国連の障害者権利委員会で審査する。委員会は、専門家で構成され、各国の実施状況を評価する。

③質疑応答：委員会は、報告に基づいて追加の質問を行う。国の代表者がこれに回答する。この過程で、具体的な課題や改善点が浮かび上がる。

③総括意見書：審査の結果、委員会は「総括意見書」を発表する。各国の強みや課題、改善のための勧告が示される。

④フォローアップ：総括意見書に基づき、各国は改善策を講じることが求められる。また、次回の報告書で進捗を報告することが期待されている。

この仕組みは、障害者の権利の実現を促進し、各国が、国際的な基準に沿った政策を採用することを目的としている。

8) 障害者基本計画の策定

政府は、1993（平成5）年に10年にわたる「障害者対策に関する新長期計画」を策定したが、1993年成立の障害者基本法に基づく障害者基本計画として位置づけられた。障害者基本計画の考え方として次のことをあげている。共生社会において、障害者は社会の対等な構成員として人権が尊重され、自己選択、自己決定のもとに社会のあらゆる活動に参画する。社会的障壁を取り除くために、行政だけでなく企業やNPOなど、すべての社会の構成員が共生社会を築くよう障害者政策の基本方向を定めたものであるとしている。その内容は、1. 社会のバリアフリー化（ユニバーサルデザインなど）の推進、2. 利用者本位の支援、3. 障害の特性を踏まえた施策の展開、4. 総合的かつ効果的な施策の推進などである。

障害者基本計画は、政府が策定を行い、5年から10年おきに見直される。都道府県、市町村は政府が策定した障害者基本計画を基本として、障害者の状況を踏まえ都道府県障害者計画、市町村障害者計画を作成することが義務づけられている。

国の障害者基本計画を策定する上で、障害者政策委員会が意見を述べる。また、この委員会は障害者基本計画の実施状況を監視する。必要に応じて内閣総理大臣が各大臣に勧告する役割をもった機関である。障害者基本法において、「政策委員会の委員は、障害者、障害者の自立及び社会参加に関する事業に従事するもの並びに学識経験のあるもののうちから、内閣総理大臣が任命する」と規定している。

都道府県では、都道府県障害者計画を策定するために意見を述べ、実施状況を監視する役割をもつ機関として、審議会その他の合議制の機関を置くこととしている。市町村は任意の設置である。

9) 障害者基本法の基本的施策

第2章「基本的施策」として次のことがあげられる。

❶ 医療、介護等

第14条第5項では障害者の身近な場所において医療、介護等を受けられるよう規定された。

❷ 教育

第16条では、障害がある児童と障害がない児童がともに教育が受けられるように配慮することが定められている。保護者に情報提供を行いながら意向を尊重し、障害がある児童と障害がない児童の共同学習によって相互理解を深めることが規定されている。また教育者の人

材確保や教材の提供、設備の整備についても促進することが規定されている。

❸ 選挙等における配慮

第28条では、国および地方公共団体は、選挙等において、障害者が円滑に投票できるよう規定された。また、投票所のバリアフリーや、障害者の特性に応じた選挙に関する情報提供が規定された。

❹ 司法手続における配慮等

第29条では、障害者が、刑事事件の対象となった場合や民事事件の当事者となった場合に、障害者でない者と比べて、障害がある人が不利にならないよう、個々の障害者の特性に応じた意思疎通の手段を確保するよう配慮するとともに、関係職員に対する研修その他必要な施策を講じなければならない旨の条文が新設された。

例えば、発達障害者の取り調べ時には、文字やイラスト、ピクトグラム、写真などの視覚的に理解できる方法を用いることなどである。

10）障害者政策委員会の設置

第32条〜35条において障害者政策委員会を内閣府に30名以内の人数で設置することが定められた。障害者の実情を踏まえながら政策を進めていく機関が設置された。

上記以外にも、第17条の療育、第26条の防災及び防犯、第27条の消費者としての障害者の保護などの条文もおかれた。

4 ▶ 障害者差別の禁止に関する法律

2013（平成25）年に「障害を理由とする差別の解消の推進に関する法律」（以下、障害者差別解消法）が制定され、2016（平成28）年に施行された。

この法律は、障害者権利条約の批准に向けた国内法の整備の一環として制定された。障害者権利条約の締結国に対して、障害の有無によって分け隔てられることなく、相互に人格と個性を尊重しあいながら共生する社会の実現に向け、障害を理由とする差別の解消を推進するために具体的な施策を求めるものである。

また、本法では、障害者基本法第4条に制定された「差別の禁止」を具体化しており、その対象者は、障害者権利条約および、障害者基本法に定義された内容と同じすべての障害者である。

障害者差別解消法で、障害を理由とした不当な差別取り扱いについて、国・地方公共団体等ならびに事業所に法的義務が課された。

合理的配慮の不提供の禁止について、国・地方公共団体等に法的義務が、事業者には努力義務が課された。

2021（令和3）年の改正で、事業者に対して**合理的配慮の提供を義務づけた**（施行は2024［令和6］年4月）。

また、国・地方公共団体の連携・協力や、差別解消のための支援措置を強化することが盛り込まれた。障害を理由とする差別を解消するために関係機関により構成される**障害者差別解消支援地域協議会**（地域協議会）を組織できるとされている。

厚生労働省が2023（令和5）年度の「雇用の分野における障害者の差別禁止・合理的配慮の提供義務に係る相談等実績」を公表したが、昨年度より増加した。ハローワークに寄せられた相談は245件で、対前年度比8.9％増加している。また、労働局長による紛争解決の援助申立受理件数は10件と、前年度の1件から増加、障害者雇用調停会議による調停申請受理件数は9件と、前年度と同数である。

障害者は、日常的に数に現れない多くの差別に直面している。知的障害者のグループホーム建設と運営に対する反対や、車いす利用者のタクシーの乗車拒否などが一例である。

差別のない社会のために、事業者や、広く市民に対し、障害者権利条約や、障害者差別解消法の意義の啓発も必要である。

（小林美津江）

▶2024年4月から事業者による障害がある人への「合理的配慮の提供」が義務化
政府広報オンライン

▶障害者差別解消支援地域協議会

キーワード

障害者権利条約　医療モデル　社会モデル　意思決定支援　選好の尊重　障害者基本法
法定受託事務　自治事務　社会福祉基礎構造改革　障害者支援費制度　障害者自立支援法
応益負担　応能負担　障害者基本計画　障害者差別解消法

自己学習の課題

1. 現行の成年後見制度が、当事者の自律のための意思決定支援を中心とした制度に移行していくためには、どのようなことが必要か考えてみよう。
2. 障害者がグループホームなど地域生活に馴染めない場合に、どのような生活の場や福祉サービスが必要か考えてみよう。
3. 高度に発達した資本主義経済体制の中でも差別が解消されないのはなぜなのか考えてみよう。

引用・参考文献

- 関川芳孝（1999）「法律から見た障害者平等の軌跡」八代英太・冨安芳和編『ADAの衝撃　障害をもつアメリカ人法』第6版、学苑社
- 田中敏之（1999）「ADAは究極のアメリカンドリムだ」八代英太・冨安芳和編『ADAの衝撃　障害をもつアメリカ人法』第6版、学苑社
- 横山寿一（2003）『社会保障の市場化・営利化』新日本出版社
- 菅富美枝（2013）『イギリス成年後見制度にみる自律支援の法理　ベスト・インタレストを追求する社会へ』2刷、ミネルヴァ書房
- 新井誠監訳・紺野包子翻訳（2009）『イギリス2005年意思能力法・行動指針』民事法研究会
- 長瀬修・東俊裕・川島聡編（2012）『障害者の権利条約と日本　概要と展望〔増補改訂〕』生活書院
- 松井亮輔・川島聡（2010）『概説　障害者権利条約』法律文化社
- JDF（2010）「障害者権利条約はこうして生まれた　ドン・マッケイ講演録」日本障害フォーラム冊子、教文堂
- 小林美津江（2021）「障害者のコロニー収容と市場化後の地域社会に通底するもの」『佛教大学社会福祉学部論集』第17号
- TAC社会福祉士受験対策研究会『みんなが欲しかった！　社会福祉士の教科書　共通科目編』2025年度版、TAC出版（2024）

COLUMN

「親亡き後」問題と地域生活支援拠点

2023（令和5）年の国民生活基礎調査によると、全国の世帯構造は、「単独世帯」が全世帯の34.0％、次いで「夫婦と未婚の子のみの世帯」が24.8％、「夫婦のみの世帯」が24.6％となっている。一方、知的障害者の世帯構造をみると、「単身世帯」（同一世帯がいない）13.5％、「同一世帯の方がいる」が76.9％となっており、その内、「親と同居」が84.2％に上っている（きょうだい、配偶者との同居も含む）。多くの知的障害者の生活は親の支援機能に依拠しながら維持されているのである。

そのような現状を背景に、障害者の親たちは自分が亡くなった後に、障害のある子の介護や生活上等さまざまな問題を「誰が支えてくれるのか」という不安を有している。

これが、いわゆる「親亡き後」問題である。同時に、この「親亡き後」問題は親の死だけではない。例えば、親が高齢化し認知症になるなど、子である障害者への適切な支援が行えない状況（いわゆる「老障介護」）といわれる状況に陥った場合も含んだものである。

国もこうした課題に対し、「障害者の重度化・高齢化や「親亡き後」を見据え、居住支援のための機能（相談、緊急時の受け入れ・対応、体験の機会・場、専門的人材の確保・養成、地域の体制づくり）を、地域の実情に応じた創意工夫により整備し、障害者の生活を地域全体で支えるサービス提供体制を構築」するとの方針を示している。

これを具体化したものが、「地域生活支援拠点」である。

この制度では、「緊急事態等において、必要なサービスの調整や相談」や「緊急時の迅速・確実な短期入所等の活用」「グループホーム、一人暮らし等への生活の場の移行をしやすくする支援を提供する体制整備」「その他必要な支援を行う機能」が求められている。しかし、2022（令和4）年の全国の市町村における整備率は約60％にとどまっている。

地域生活支援拠点を整備するとともに、この事業が緊急時だけではなく、日頃から有効に機能する仕組みを地域に構築していくことが自治体に求められている。同時に、「誰とどのように暮らしていくのか」を、本人が決定できるような意思決定支援の具体的な手法を確立することも求められているといえる。

（山本雅章）

参考・引用文献
・厚生労働省（2024）「2023（令和5）年 国民生活基礎調査の概況」https://www.mhlw.go.jp/toukei/saikin/hw/k-tyosa/k-tyosa23/index.html 検索2025.1.3
・山本雅章「障害者本人の高齢化や、いわゆる『親亡き後』への対応について」『制度解説特集』WAMNET、福祉医療機構 https://www.wam.go.jp/wamappl/seidokaisetsu.nsf/vdoc/syogai_09_04?Open 検索2025.1.20
・厚生労働省「地域生活支援拠点等の整備について」『地域生活支援拠点等』https://www.mhlw.go.jp/stf/seisakunitsuite/bunya/0000128378.html 検索2025.1.3

第4章
障害者に対する法制度

　これまでに学んできたように、障害者を支える理念や思想は歴史の進歩とともに変化してきた。そうしたなかで、具体的な障害者の支援制度も変化している。

　本章第1節では、障害者への総合的な支援制度に関する法律となっている障害者総合支援法の概要について学ぶ。そのうえで、同法に規定する障害福祉サービスの内容や支給決定の流れ、利用者負担などについて検討する。

　そして、サービスの提供体制の確保などについて定める障害福祉計画や地域の社会資源創出の基盤ともなる協議会についても触れる。第8回では、第2節で身体障害者福祉法、第3節で知的障害者福祉法、第4節で精神保健福祉法について取り上げる。また、第9回では、第5節で児童福祉法および発達障害者支援法について取り上げ、各法の目的や具体的な事業について概観していく。

　そして、第10回第6節では、障害者虐待防止の考え方と障害者虐待防止法について取り上げる。障害者福祉施設従事者等が利用者である障害者の人権を守り育てるのは当然のことであるが、虐待案件が多く見られる現実がある。そこで、改めて虐待の防止の法制度やそのための取り組みについて確認したい。

　また、第11回第7節では、働きたいと願う障害者が就労を通して社会参加が可能となるよう、その支援に係る法制度や取り組みについて学びたい。

第7回 障害者総合支援法

> **→ 学びの誘い**
>
> 　障害者に関する公的な支援は、憲法の要請に基づき、障害者基本法に掲げる「相互に人格と個性を尊重し合いながら共生する社会を実現する」ための具体的な法律として、「障害者総合支援法」や「身体障害者福祉法」「知的障害者福祉法」「精神保健福祉法」などが位置づけられているほか、「障害者虐待防止法」や「障害者差別解消法」「障害者雇用促進法」など、さまざまな法と相まって障害者のくらしを支援する仕組みとなっている。
>
> 　障害者福祉の理念を基本に据えつつ、各福祉関連法規の内容や手続きを理解したうえで、インフォーマルな社会資源と取り結びながら、具体化な支援のあり方や内容を学んでほしい。

第1節　障害者総合支援法の概要

1 ▶ 障害者総合支援法の成立

▶**措置制度**
行政が福祉サービスを受ける要件を満たしているかを判断し行政処分としてサービス内容を決定する仕組み。

　わが国の障害者福祉制度は、**措置制度**から契約制度に転換した2003（平成15）年の支援費制度以降、大きな変遷を見せてきた。

　この支援費制度は施行後、①身体・知的・精神という障害種別ごとでわかりにくく使いにくい、②サービスの提供において地方公共団体間の格差が大きい、③費用負担の財源を確保することが困難など、さまざまな制度上の課題が明らかになった。その制度上の問題を解決し、障害者が地域で安心して暮らせるノーマライゼーション社会の実現を目指して2005（平成17）年に成立したのが「障害者自立支援法」であった。

　しかし、その法では利用する福祉サービスに応じて原則1割の「応益負担」を求めたことから、障害者団体から批判を受けることとなった。障害者らはこの法で定める「応益負担」が「法の下の平等（憲法第14条）」に反し、「生存権（憲法第25条）」を侵害し、「個人の尊厳（憲法第13条）」を毀損するなどとして違憲訴訟を起こすことになる。その後2010（平成22）年、国と違憲訴訟原告団は和解し、「基本合意」に基づき、新たな法を制定することとなった。

▶**障がい者制度改革推進会議総合福祉部会**
障害者権利条約の締結に必要な国内法の整備を始めとするわが国の障害者制度の集中的な改革を行うため、内閣に設置された「障がい者制度改革推進会議」の規定に基づき設置された。障害者自立支援法をめぐる論点に関する検討を含め、障害者に係る総合的な福祉法制の制定に向けた検討を効果的に行うため設置された部会。

　そして、障害当事者も参画した「**障がい者制度改革推進会議総合福祉部会**」によって策定した「骨格提言」を踏まえ、障害者（児）を権利の主体と位置づけ、制度の谷間を埋めることを目指した「障害者の日常生活及び社会生活を総合的に支援するための法律」（以下、「障害

者総合支援法」）が2013（平成25）年に施行されることとなった。

　障害者総合支援法においては、法の理念や対象、自己負担などは改正されたが、サービス給付の仕組みは従前の障害者自立支援法と大きな変更はなく基本的には利用者と事業所の契約に基づくサービス利用制度である。

2 ▶ 障害者総合支援法の概要

1) 目的と理念

　障害者総合支援法の目的は、「障害者及び障害児が基本的人権を享有する個人としての尊厳にふさわしい日常生活又は社会生活を営むことができるよう、必要な障害福祉サービスに係る給付、地域生活支援事業その他の支援を総合的に行い」「障害の有無にかかわらず国民が相互に人格と個性を尊重し安心して暮らすことのできる地域社会の実現に寄与すること」としている。

2) 法の理念

　この法は「障害者及び障害児が日常生活又は社会生活を営むための支援は、全ての国民が、障害の有無にかかわらず、等しく基本的人権を享有するかけがえのない個人として尊重されるものである」という理念にのっとり、「全ての国民が、障害の有無によって分け隔てられることなく、相互に人格と個性を尊重し合いながら共生する社会を実現するため、全ての障害者及び障害児が可能な限りその身近な場所において必要な日常生活又は社会生活を営むための支援を受けられることにより社会参加の機会が確保されること及びどこで誰と生活するかについての選択の機会が確保され、地域社会において他の人々と共生することを妨げられないこと並びに障害者及び障害児にとって日常生活又は社会生活を営む上で障壁となるような社会における事物、制度、慣行、観念その他一切のものの除去に資することを旨として、総合的かつ計画的に行わなければならない」と規定している。

3) 法の対象

　障害者総合支援法が対象とする障害者の範囲は、身体障害者、知的障害者、精神障害者（発達障害者を含む）に加え、制度の谷間となって支援の充実が求められていた**難病等**（治療方法が確立していない疾病等の疾病であって障害の程度が厚生労働大臣が定める程度である

▶障害福祉サービス等の対象となる難病
2013年4月より、難病等が障害者総合支援法の対象となり、「難病患者等居宅生活支援事業」の対象疾病と同じ範囲（130疾病）としていた。その後、順次見直しが行われ2024年4月1日からは369疾病へと拡大し、必要と認められた支援が受けられる。（厚生労働省HP参照）

者）も対象となっている。

3 ▶ 障害福祉サービス

　障害者総合支援法は、前述の法の目的や理念を具体化する、日常生活および社会生活の総合的な支援を図るための具体的なサービスを総合的に提供することに係る法律である。その給付の体形は大きく自立支援給付と地域生活支援事業から構成され、さらに、自立支援給付は介護給付と訓練等給付、相談支援、自立支援医療、補装具の5つの給付等からなっている（図4-1）。

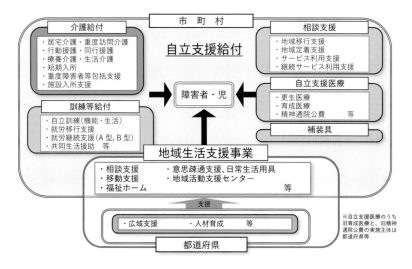

図4-1　総合支援法に基づくサービス体系
出典）厚生労働省資料をもとに筆者作成

1）介護給付

　介護給付は、介護が必要な障害者に日常生活の介護などのサービスを行う給付である。次の①から⑨のサービスからなっており、各サービスは、障害支援区分や条件などにより対象者が規定されている。概要は次の表のとおりである（表4-1）。

2）訓練等給付

　訓練等給付は、障害者の自立した日常生活や就労等の訓練などのサービスを受けるための給付である。障害支援区分の認定がなくても利用ができる。概要は次の表のとおりである（表4-2）。

表4-1　介護給付

種別	主な内容
①居宅介護	ホームヘルパーが自宅を訪問して、入浴、排せつ、食事等の介護、通院等介助、調理、洗濯、掃除等の家事、生活等に関する相談や助言など、生活全般にわたる援助を行うもので、一般的にはホームヘルプサービスと呼ばれる。対象者は、障害支援区分が区分2以上の者。通院等介助（身体介護を伴う場合）は区分1以上の者。
②重度訪問介護	重度の肢体不自由者または重度の知的障害もしくは精神障害があり、常に介護を必要とする障害者に対して、ホームヘルパーが自宅等を訪問し、入浴、排せつ、食事などの介護、調理、洗濯、掃除などの家事、外出時における移動中の介護、生活等に関する相談や助言などを総合的に提供する。 入院または入所している障害者に対しても、意思疎通の支援、その他の必要な支援を行うことができる。
③同行援護	移動に著しい困難を有する視覚障害のある方の外出時に同行し、移動に必要な情報の提供や移動の援護、排せつ、食事等の介護のほか、必要な援助を適切かつ効果的に行う。
④行動援護	行動に著しい困難を有する知的障害や精神障害のある方が、行動する際に生じ得る危険を回避するために必要な援護、外出時における移動中の介護などの援助を行う。 対象者は、知的障害または精神障害により行動上著しい困難を有する方等であって、常時介護を有する区分3以上の者。
⑤療養介護	病院において医療的ケアを必要とする障害のある方のうち、常に介護を必要とする方に対して、主に昼間において病院で行われる機能訓練、療養上の管理、看護、医学的管理のもとにおける介護および日常生活上の世話を行う。 また、「療養介護医療」とは、療養介護のうち医療に係るものをいう。 対象者は、常時の介護を必要とする方で、医療依存度の高い者。
⑥生活介護	障害者支援施設などで、常に介護を必要とする方に対して、主に昼間において、入浴・排せつ・食事等の介護、調理・洗濯・掃除等の家事、生活等に関する相談・助言その他の必要な日常生活上の支援、創作的活動・生産活動の機会の提供のほか、身体機能や生活能力の向上のために必要な援助を行う。 対象者は、常時介護等の支援が必要な方で区分3（障害者支援施設に入所する場合は区分4。50歳以上は区分3）以上、年齢が50歳以上の場合は、区分2以上。
⑦短期入所	自宅で介護を行う者が疾病その他の理由で介護を行うことができない場合に、障害者を障害者支援施設などへ短期間入所させて、入浴、排せつまたは食事など必要な介護を行う。ショートステイとも呼ばれる。対象者は、障害支援区分が区分1以上。
⑧重度障害者等包括支援	特に、常時介護を要する障害者に対して、居宅介護、重度訪問介護、同行援護、行動援護、生活介護、短期入所などのサービスを包括的に提供する。 対象者は、障害支援区分が区分6に該当し、常時介護を要し、意思疎通を図ることに著しい支障がある障害者のうち、四肢の麻痺や寝たきりの状態にある者、知的障害または精神障害により行動上著しい困難を有する者。
⑨施設入所支援	その施設に入所する障害者につき、主として夜間において、入浴、排せつまたは食事の介護、生活等に関する相談・助言のほか、必要な日常生活上の支援を行う。

出典）厚生労働省資料をもとに筆者作成

表4-2　訓練等給付

種別	主な内容
①自立訓練（機能訓練）	障害者に対して、自立した日常生活または社会生活を営むことができるよう、一定期間、通所や訪問によって身体機能または生活能力の向上のために必要な理学療法、作業療法、その他の必要なリハビリテーション、生活等に関する相談および助言などの支援を行う。
②自立訓練（生活訓練）	障害者に対して、一定期間、通所や訪問によって地域で自立した日常生活を営むために必要な訓練、生活等に関する相談および助言などの支援を行う。宿泊型の自立訓練もある。
②就労移行支援	就労を希望する障害者および通常の事業所に雇用されている障害者に対し、一定期間、生産活動その他の活動の機会の提供を通じて、就労に必要な知識や能力の向上のために必要な訓練、就労に関する相談や支援を行い、本人の適性に見合った職場への就労と定着を目指す。
④就労継続支援（A型・B型）	通常の事業所に雇用されることが困難な障害者等に、就労の機会を提供するとともに、必要な知識および能力の向上のための支援を行う。 A型は雇用契約に基づき、労働法の適用を受ける。B型は非雇用型で、福祉サービスの利用契約による利用となる。
⑤就労定着支援	通常の事業所に新たに雇用された障害者につき、一定期間、就労の継続を図るため、事業主、障害福祉サービス事業を行う者、医療機関その他の者との連絡調整や日常生活または社会生活を支援し、就労定着を促す。
⑥自立生活援助	施設入所支援または共同生活援助を受け、現在単身等で生活する障害者に対し、定期的な巡回訪問や随時通報を受けて行う訪問による相談対応等によって、居宅における自立した日常生活を営む上での各般の問題について必要な情報の提供および助言ならびに相談、関係機関との連絡調整等の自立した日常生活を営むために必要な援助を行う。
⑦共同生活援助	障害者に対して、主に夜間において、共同生活を営む住居で相談、入浴、排せつまたは食事の介護、その他の日常生活上の援助を行う。一般にグループホームと呼ばれる。 共同生活援助においてサービスを包括的に提供する「介護サービス包括型」と居宅介護事業者等からのサービスを利用する「外部サービス利用型」、また、障害が重く通所が困難な利用者に対応するために日中、夜間とも支援を行う「日中サービス支援型」の類型がある。

出典）厚生労働省資料をもとに筆者作成

3) 相談支援

「相談支援」とは、基本相談支援、地域相談支援および計画相談支援の3つからなっている。

❶ 基本相談支援（一般的な相談支援）

「地域の障害者等の福祉に関する様々な問題に対して、障害者や、障害児の保護者又は障害者等の介護を行う者からの相談に応じ、必要な情報の提供及び助言を行い、相談者と市町村障害福祉サービス事業者等との連絡調整や社会資源を活用するための支援などを行うもの」である。

また、専門機関の紹介なども行う。市町村の地域生活支援事業（市町村直営、市町村から委託された指定特定相談支援事業者、指定一般相談支援事業者）として実施されている。

❷ 地域相談支援

地域移行支援および地域定着支援をいう。

地域移行支援は、「入所施設や精神科病院等からの退所・退院にあたって支援を要する者に対し、入所施設や精神科病院等における地域移行の取組と連携しつつ、地域移行に向けた支援を行う」もの。

地域定着支援は、「入所施設や精神科病院から退所・退院した者、家族との同居から一人暮らしに移行した者、地域生活が不安定な者等に対し、地域生活を継続していくための支援を行うもの」である。地域相談支援は指定一般相談支援事業者が行うこととなっている。

❸ 計画相談支援

サービス利用支援および継続サービス利用支援をいう。サービス等利用計画についての相談および作成などの支援が必要と認められる場合に、支給決定前にサービス等利用計画案を作成するとともに、サービス支給決定後はサービス等利用計画を作成する。

継続サービス利用支援では、サービス等利用計画の見直し（モニタリング）を行い、利用状況等を検証する。指定特定相談支援事業者が行うこととなっている。

障害者の抱える課題の解決や適切なサービス利用に向けて、ケアマネジメントにより、あらゆる社会資源を勘案しながら、きめ細かく支援することが求められる。

4) 自立支援医療

自立支援医療制度は、心身の障害を除去・軽減するための医療に関して、医療費（保険診療）の自己負担の一部を助成する制度で次の3

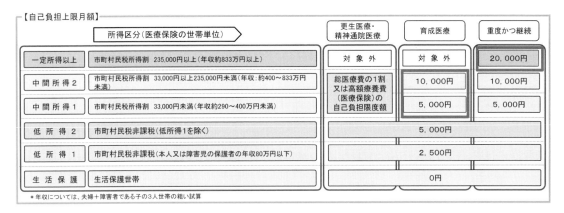

図4-2 自立支援医療の自己負担
出典）厚生労働省資料

種類がある。
①**精神通院医療**：18歳以上の精神保健福祉法に規定する統合失調症などの精神疾患を有する者に、通院による精神医療を助成する。
②**更生医療**：身体障害者手帳の交付を受けた18歳以上の者に、その障害を除去・軽減する手術などの医療に係る医療費を支給する。
③**育成医療**：身体に障害を有する児童に、健全な育成を図るため、その障害を除去・軽減する必要な医療に係る医療費を支給する。
なお、所得に応じた自己負担の上限が設定されている（図4-2）。

5）補装具

障害者が日常生活上において必要な移動や動作などを確保するために、身体の欠損または損なわれた身体機能を補完・代替する用具（義肢（義手、義足）、装具、つえ、補聴器、車いす、電動車いすなど）について、購入または修理に要した費用（基準額）から所得に応じた自己負担額を差し引いた額を支給する制度である。

6）地域生活支援事業

障害者および障害児が、基本的人権を享受する個人としての尊厳にふさわしい自立した日常生活、または社会生活を営むことができるよう、市町村などが実施主体となり、地域の特性や利用者の状況に応じ、柔軟な形態により計画的に実施する事業である。

地域生活支援事業には、市町村が行う市町村地域生活支援事業と都道府県が行う都道府県地域生活支援事業があり、それぞれ、必須事業と任意事業に分かれている（表4-3）。

表4-3 地域生活支援事業

都道府県地域生活支援事業

【必須事業】
1 専門性の高い相談支援事業
(1) 発達障害者支援センター運営事業
(2) 高次脳機能障害及びその関連障害に対する支援普及事業
2 専門性の高い意思疎通支援を行う者の養成研修事業
(1) 手話通訳者・要約筆記者養成研修事業
(2) 盲ろう者向け通訳・介助員養成研修事業
(3) 失語症者向け意思疎通支援者養成研修事業
3 専門性の高い意思疎通支援を行う者の派遣事業
(1) 手話通訳者・要約筆記者派遣事業
(2) 盲ろう者向け通訳・介助員派遣事業
(3) 失語症者向け意思疎通支援者派遣事業
4 意思疎通支援を行う者の派遣に係る市町村相互間の連絡調整事業
5 広域的な支援事業
(1) 都道府県相談支援体制整備事業
(2) 精神障害者地域生活支援広域調整等事業
(3) 発達障害者支援地域協議会による体制整備事業

【任意事業】
1 サービス・相談支援者、指導者育成事業
(1) 障害支援区分認定調査員等研修事業
(2) 相談支援従事者等研修事業【拡充】
(3) サービス管理責任者研修事業【拡充】
(4) 居宅介護従業者等養成研修事業
(5) 障害者ピアサポート研修事業
(6) 身体障害者・知的障害者相談員活動強化事業
(7) 音声機能障害者発声訓練指導者養成事業
(8) 精神障害関係従事者養成研修事業
(9) 精神障害者支援の障害特性と支援技法を学ぶ研修事業
(10) 成年後見制度法人後見養成研修事業
(11) その他サービス・相談支援者、指導者育成事業
2 日常生活支援
(1) 福祉ホームの運営
(2) オストメイト(人工肛門、人工膀胱造設者)社会適応訓練
(3) 音声機能障害者発声訓練
(4) 児童発達支援センターの機能強化
(5) 矯正施設等を退所した障害者の地域生活への移行促進
(6) 医療型短期入所事業所開設支援
(7) 障害者の地域生活の推進に向けた体制強化支援事業
3 社会参加支援
(1) 手話通訳者設置
(2) 字幕入り映像ライブラリーの提供
(3) 点字・声の広報等発行
(4) 点字による即時情報ネットワーク
(5) 都道府県障害者社会参加推進センター運営
(6) 奉仕員養成研修
(7) レクリエーション活動等支援
(8) 芸術文化活動振興
(9) サービス提供者情報提供等
(10) 障害者自立(いきいき)支援機器普及アンテナ事業
(11) 企業CSR連携促進
(12) 障害者芸術・文化祭のサテライト開催事業
4 就業・就労支援
(1) 盲人ホームの運営
(2) 重度障害者在宅就労促進(バーチャル工房支援)
(3) 一般就労移行等促進
(4) 障害者就業・生活支援センター体制強化等
(5) 就労移行等連携調整事業
5 重度障害者に係る市町村特別支援
6 障害福祉のしごと魅力発信事業

市町村地域生活支援事業

［必須事業］
［1］理解促進研修・啓発事業
［2］自発的活動支援事業
［3］相談支援事業
　（1）基幹相談支援センター等機能強化事業
　（2）住宅入居等支援事業(居住サポート事業)
［4］成年後見制度利用支援事業
［5］成年後見制度法人後見支援事業
［6］意思疎通支援事業
［7］日常生活用具給付等事業
［8］手話奉仕員養成研修事業
［9］移動支援事業
［10］地域活動支援センター機能強化事業

【任意事業】
【日常生活支援】
(1) 福祉ホームの運営
(2) 訪問入浴サービス
(3) 生活訓練等
(4) 日中一時支援
(5) 地域移行のための安心生活支援
(6) 障害児支援体制整備
(7) 巡回支援専門員整備
(8) 相談支援事業所等(地域援助事業者)における退院支援体制確保
【社会参加支援】
(1) スポーツ・レクリエーション教室開催等
(2) 文化芸術活動振興
(3) 点字・声の広報等発行
(4) 奉仕員養成研修
(5) 自動車運転免許取得・改造助成
【権利擁護支援】
(1) 成年後見制度普及啓発
(2) 障害者虐待防止対策支援
【就業・就労支援】
(1) 盲人ホームの運営
(2) 重度障害者在宅就労促進(バーチャル工房支援)
(3) 更生訓練費給付
(4) 知的障害者職親委託
12 障害支援区分認定等事務

出典)厚生労働省資料

4 ▶ 障害支援区分および支給決定

1) 障害福祉サービスの利用の流れ

障害福祉サービスの利用は、次のような流れになっている。障害福祉サービス（介護給付、訓練等給付）の利用を希望する者は、

①市町村の窓口に申請する。

②介護給付を希望する場合は、障害支援区分の認定を受ける。

③市町村は、障害福祉サービスの利用を申請者に、「指定特定相談支援事業者」が作成する「サービス等利用計画案」の提出を求める。

④利用希望者は「サービス等利用計画案」を「指定特定相談支援事業者」で作成し、市町村に提出する。

⑤市町村は、提出された計画案や勘案すべき事項を踏まえ支給決定し、障害福祉サービス受給者証（以下、「受給者証」）を交付する。

⑥「指定特定相談支援事業者」は、支給決定された後にサービス担当者会議を開催する。

⑦サービス事業者等との連絡調整を行い、実際に利用する「**サービス等利用計画**」を作成する。

そして、サービス利用が開始されるという流れである（図4-3）。

▶サービス等利用計画
障害者が希望する生活を実現するために、生活上の課題の解決やさまざまなサービスを効果的に利用するために、ケアマネジメントの手法を用いて、計画を作成するもの。

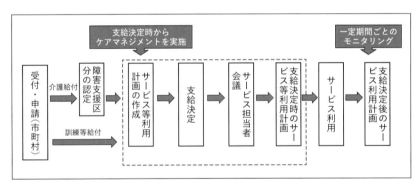

図4-3　障害福祉サービス支給決定のプロセス
出典）厚生労働省資料をもとに筆者作成

2) 障害支援区分

障害者総合支援法第4条第4項に定められており、障害者等の障害の多様な特性や心身の状態に応じて、必要とされる支援の度合を総合的に示すものとなっている。障害福祉サービスを利用する際の支給決定プロセスの透明化・明確化のため、公正・中立・客観的な指標の一つとして認定される。

この支援区分は、各障害者手帳の等級とは直接連動していない。ま

た、障害支援区分は、市町村がサービスの支給決定時に勘案事項の一つとして考慮するほか、利用するサービスの利用要件などの指標にもなっている。事業所が介護報酬等を請求する場合の基準や職員配置基準、国から市町村に対する**国庫負担基準額**の上限としても利用されている。

3) 障害支援区分の認定

障害支援区分は1から6までに分かれており、1が支援の必要性が少なく、6が最も高いとされている。障害支援区分の認定にあたっては、実施主体である市町村職員または市町村から委託を受けた指定一般相談支援事業者の相談支援専門員等であって、都道府県が行う区分認定調査員研修を修了した者（「認定調査員」）が行う。

認定調査員は、調査対象者に必要とされる支援の度合いを全国一律の方法によって適正に評価する。調査員が記入する認定調査票には、基本調査と特記事項がある。基本項目は移動や動作等に関連する項目、食事や排せつ等身の回りの世話や日常生活等に関連する項目、特別な医療に関連する項目など80項目に及ぶ。調査にあたっては、「できたりできなかったりする場合」は「できない状況」に基づき判断することになる。

特記事項には調査票で調査対象者に必要とされる支援の度合いを理解する上で必要な情報を基本調査の80項目に対応しながらわかりやすく記載することが求められる。

障害支援区分の基本調査結果（一次判定）と特記事項に合わせて、医師意見書も加えて、二次判定が行われることになる。二次判定は、**市町村審査会**において行われ、障害支援区分が認定される。

障害支援区分と給付の関係では、介護給付では障害支援区分に応じ利用の可否が分かれるサービスもあるものの、訓練等給付では区分にかかわらず利用可能となっている。そのため支給決定プロセスも双方に違いがある。

4) 支給決定

市町村は、障害福祉サービスの支給を決定する際には、サービス等利用計画案や障害者等の障害支援区分、障害者等の介護を行う者の状況、当該障害者等のおかれている環境、障害者等または障害児の保護者の障害福祉サービスの利用に関する意向その他の事項を勘案して行うこととされている。

▶**国庫負担基準額**
障害者総合支援法では、国の費用負担を「義務化」することで財源の裏づけを強化した。一方で、「義務化」といっても無条件ですべて負担することは困難であり、障害福祉に関する国と地方自治体間の役割分担を前提に、限りある国費を公平に配分し、市町村間のサービスのばらつきをなくすために、市町村に対する国庫負担（精算基準）の上限を定めたもの。

▶**市町村審査会**
総合支援法に定める介護給付費等の支給に関する障害支援区分の審査および判定を行うことを目的として、市町村により設置される。委員には障害保健福祉の学識経験者であって、中立かつ公正な立場で審査が行える者を任命することとし身体障害、知的障害、精神障害、難病等の各分野の均衡に配慮した構成とすることが求められる。

また、支給要否決定を行うにあたって、必要があるときは、市町村審査会や身体障害者更生相談所、知的障害者更生相談所、精神保健福祉センター、児童相談所の意見を聴くことができる。

　そして、支給決定が行われた場合には、サービスの種類や支給量、障害支援区分、支給決定の有効期間、利用者負担上限月額などを記載した受給者証を交付する。

　また、支給決定された内容に不服のある場合には、都道府県に設置されている**障害者介護給付費等不服審査会**に審査請求できることとなっている。

> ▶障害者介護給付費等不服審査会
> 都道府県が設置する、委員は障害者等の保健または福祉に関する学識経験を有する者のうちから、都道府県知事が任命し、任期は3年となっている。

5 ▶ 利用者負担

1）障害福祉サービス利用者負担

　障害福祉サービスの自己負担は、所得に応じて次の4区分の負担上限月額が設定（表4-4）され、ひと月に利用したサービス量にかかわらず、それ以上の負担は生じない。所得を判断する際の世帯の範囲は18歳以上の障害者（施設に入所する18、19歳を除く）の場合は、障害のある方とその配偶者となっており、親と同居していても別世帯と考えることになっている。

表4-4　障害福祉サービス自己負担上限月額

区分	世帯の収入状況	負担上限月額
生活保護	生活保護受給世帯	0円
低所得	市町村民税非課税世帯（注1）	0円
一般1	市町村民税課税世帯（所得割16万円（注2）未満） ※入所施設利用者（20歳以上）、グループホーム利用者を除きます（注3）。	9,300円
一般2	上記以外	37,200円

(注1) 3人世帯で障害者基礎年金1級受給の場合、収入が概ね300万円以下の世帯が対象となります。
(注2) 収入が概ね670万円以下の世帯が対象になります。
(注3) 入所施設利用者（20歳以上）、グループホーム利用者は、市町村民税課税世帯の場合、「一般2」となります。
出典）厚生労働省資料

6 ▶ 福祉サービス事業所と報酬

　障害者総合支援法に基づくサービスを行おうとする法人は、国が定める各サービスの種類ごとの設備や人員等に関する基準に基づき、都道府県知事に指定を申請する。都道府県はその内容を審査し、指定障害福祉サービス事業所として指定する。

▶個別支援計画
障害福祉サービス事業者が、利用者に対して適切かつ効果的にサービスを提供するために、利用者の意向、適性、障害の特性その他の事情を踏まえ作成する支援計画のこと。

▶国民健康保険団体連合会
国民健康保険法に規定されている法人で、各都道府県に設置されている。国民健康保険の支払い等業務の他、介護保険や障害福祉サービスの障害福祉サービスの支払い等業務も受託することができる。

指定を受けた事業所は、運営規定を定め、サービス管理責任者を配置するとともに「**個別支援計画**」を作成し、これに基づき障害福祉サービスを提供する。そして、その効果について継続的な評価（モニタリング）を実施し、利用者に対して適切かつ効果的にサービスを提供する。

事業所は、国が示す基準額（障害福祉サービス等報酬基準額）から利用者負担額を差し引いた金額を月ごとに取りまとめ、**国民健康保険団体連合会**に提出する。そして、国民健康保険団体連合会はその請求を審査し、その金額を事業者に支払うこととなる。事業所は基本的にこの支払われた報酬によって事業を運営することになる。

また、国民健康保険団体連合会はその金額を市町村に請求し、市町村はその金額を支払う。そして、市町村は別途、国にその費用の2分の1を、都道府県に4分の1をまとめて請求する。

7 ▶ 障害福祉計画

障害者総合支援法では、国は、「障害福祉サービス及び相談支援並びに市町村及び都道府県の地域生活支援事業の提供体制を整備し、自立支援給付及び地域生活支援事業の円滑な実施を確保するための基本的な指針」（法第87条第1項）を定めることとなっている。

1）市町村障害福祉計画

市町村は、国の定めた基本指針に即して、障害福祉サービスの提供体制の確保やこの法律に基づく業務の円滑な実施に関する市町村障害福祉計画を3年を1期として作成することを基本として定めることとなっている（法第88条）。計画に盛り込むべき具体的な内容として、

①障害福祉サービス、相談支援および地域生活支援事業の提供体制の確保に係る目標に関する事項
②各年度における指定障害福祉サービス、指定地域相談支援または指定計画相談支援の種類ごとの必要な量の見込み
③地域生活支援事業の種類ごとの実施に関する事項

の3点の他、必要な見込量の確保のための方策、障害福祉サービス、相談支援および地域生活支援事業の提供体制の確保に係る医療、教育、職業など各機関等との連携に関する事項を定めることとなっている。

また、市町村障害福祉計画の策定にあたっては、住民の意見の反映や法で定める協議会（自立支援協議会）の意見を聴くよう努めなけれ

ばならないとされているほか、都道府県の意見を聴かなければならない。

2）都道府県障害福祉計画

都道府県は、国の基本指針に即して、市町村障害福祉計画の達成に資するため、広域的な見地から、障害福祉サービスの提供体制の確保や業務の円滑な実施に関する都道府県障害福祉計画を3年を1期として作成することを基本として定めるものとされている（法第89条）。

計画に盛り込むべき具体的な内容として、
①障害福祉サービス、相談支援および地域生活支援事業の提供体制の確保に係る目標に関する事項
②区域ごとの各年度の指定障害福祉サービス、指定地域相談支援または指定計画相談支援の種類ごとの必要な量の見込み
③各年度の指定障害者支援施設の必要入所定員総数
④地域生活支援事業の種類ごとの実施に関する事項

の4点の他、必要な見込量の確保のための方策、区域ごとの障害福祉サービス、相談支援従事者の確保や資質の向上のための措置に関する事項、障害者支援施設の施設障害福祉サービスの質の向上のための措置に関する事項、区域ごとの障害福祉サービス、地域相談支援、地域生活支援事業の提供体制の確保に係る医療、教育、職業など各機関等との連携に関する事項を定めることとなっている。

8 ▶ 協議会

障害者総合支援法第89条の3では、地方公共団体は、単独でまたは共同して、「障害者等への支援の体制の整備を図るため、関係機関、関係団体並びに障害者等及びその家族並びに障害者等の福祉、医療、教育又は雇用に関連する職務に従事する者その他の関係者により構成される協議会を置くように努めなければならない」とされている。

この協議会は、障害者自立支援法では「自立支援協議会」と呼ばれていた。現在でも一般的にそのように呼んでいる市町村もある。この協議会の機能として、地域の障害福祉に関わる幅広い関係者が集まり、個別の相談支援の事例を通じて明らかになった地域の課題を共有し、その課題を踏まえて、地域のサービス基盤の整備を着実に進めていく役割を担っている。

（山本雅章）

> **キーワード**
>
> 共生社会　介護給付　訓練等給付　地域生活支援事業　相談支援

> **自己学習の課題**
>
> 1．障害者総合支援法における地域生活支援事業には、どのようなサービスがあり、地域に暮らす障害者の暮らしに役立っているのかについて述べてみよう。
> 2．障害者総合支援法において、市町村が果たすべき役割について述べてみよう。
> 3．あなたが住んでいる地域の障害者福祉計画の特色をまとめ、近隣市町村と比較してみよう。

引用文献

・厚生労働省「障害のある人に対する相談支援について」https://www.mhlw.go.jp/bunya/shougaihoken/service/soudan.html　2024.9.5検索
・厚生労働省（2014）「国庫負担基準について」障害福祉サービス等報酬改定検討チーム
　https://www.mhlw.go.jp/content/12204500/12-3.pdf

参考文献

・増田雅暢、髙橋幸生、西山裕他編著（2023）『国民の福祉と介護の動向2023/2024』厚生労働統計協会
・全国社会福祉協議会（2021）「障害福祉サービスの利用について（2021年4月版）」
・独立行政法人福祉医療機構「WAM　NET　障害福祉」
　https://www.wam.go.jp/content/wamnet/pcpub/top/　2024.8.20検索
・厚生労働省ホームページ「障害者福祉」
　https://www.mhlw.go.jp/stf/seisakunitsuite/bunya/hukushi_kaigo/shougaishahukushi/　2024.8.30検索

身体・知的・精神障害者福祉法

> **学びの誘い**
> 障害福祉サービスの支給等に関しては、障害者総合支援法に一元化されているが、障害者の定義や手帳制度、実施機関などについては「身体障害者福祉法」や「知的障害者福祉法」「精神障害者保健福祉法」に規定されている。この回ではこれら法の概要について学び、基礎的な理解を図りたい。

第2節 身体障害者福祉法

1 ▶ 身体障害者福祉法の概要

1）身体障害者福祉法制定の経緯

戦後直後、厚生省は障害のある人への対策のための特別な法は制定せず、生活保護法（旧法）など既存の法で対処していた。その後、傷痍者保護対策が検討された結果、1948（昭和23）年に職業的更生を目的とした身体障害者施設が開設されるなどの経過を経て1949（昭和24）年に身体障害者福祉法（以下、本節では「法」という）が制定された。

制定当初この法では、「身体障害者」とは、「身体上の障害のため職業能力が損傷されている18歳以上の者」と規定され、身体障害者自らの努力によって、その障害を克服し更生することを前提として、国および地方公共団体がこれを援助し、必要な保護を行い、国民もこれに協力する責務を定め、もって身体障害者の生活の安定に寄与するなど、その福祉の増進を目的としたものであった。

その後、身体障害の範囲の拡大や法の目的の改正、居宅生活支援事業（ホームヘルプ）の法定化等が定められた。2003（平成15）年には、従来の措置制度から契約制度になる支援費制度に移行するにあたって法改正が行われ、2006（平成18）年には障害者自立支援法の施行に基づいた改正が行われ、身体障害、知的障害、精神障害の各サービスが一元化されている。

2013（平成25）年には、**障害者総合支援法**の施行に基づいた改正が行われた。

▶障害者総合支援法
➡第4章第1節参照（94頁）

2）身体障害者福祉法の目的

法は第1条で「障害者の日常生活及び社会生活を総合的に支援する

ための法律と相まって、身体障害者の自立と社会経済活動への参加を促進するため、身体障害者を援助し、及び必要に応じて保護し、もって身体障害者の福祉の増進を図ることを目的とする」と規定している。

そのうえで、第2条で「自立への努力及び機会の確保」を規定し、「身体障害者は、自ら進んでその障害を克服し、その有する能力を活用することにより、社会経済活動に参加することができるように努めなければならない」とするとともに、「すべて身体障害者は、社会を構成する一員として社会、経済、文化その他あらゆる分野の活動に参加する機会を与えられるものとする」と経済活動のみならず、社会参加の機会の必要性を規定している。

3) 身体障害者の定義と身体障害者手帳
❶ 身体障害者の定義

法第4条では「身体障害者」の定義がなされている。法では「別表に掲げる身体上の障害がある18歳以上の者であって、都道府県知事から身体障害者手帳の交付を受けたものをいう」としており、同法別表および身体障害者福祉法施行規則には、具体的な身体障害の種類と程度が示されている。その障害種別としては、視覚障害、聴覚障害、平衡機能障害、音声機能障害、言語またはそしゃく機能の障害、肢体不自由、心臓、じん臓もしくは呼吸器またはぼうこうもしくは直腸、小腸、ヒト免疫不全ウイルスによる免疫、肝臓の機能の障害が示されている。対象者の年齢は18歳以上とされ、18歳未満の児童は児童福祉法の対象となっている。

❷ 身体障害者手帳

法第4条の規定のとおり、身体障害者とは、都道府県知事から「身体障害者手帳」の交付を受けたものをいう。

身体障害者手帳の交付を受けるには、「都道府県知事の定める医師の診断書を添えて、その居住地の都道府県知事に」交付を申請することができるとされている（本人が15歳に満たないときは、その保護者が代わって申請するものとされている）。

実際の身体障害者手帳の交付申請は、本人が市町村（特別区を含む。本節では以下同じ）の福祉事務所または役所に提出し、それを福祉事務所または役所から都道府県に進達して、審査を受けることになる。

身体障害者手帳の申請を受けた都道府県知事は、審査の上、手帳を交付することとなっている。

障害の等級は、障害の種類別に障害の重い（重度）順に1級から6

級の等級が定められている（国が定めた身体障害者障害程度等級表には7級が規定されているが単独では手帳に該当しない。7級に該当する障害が2以上重複する場合は、6級となる）。

❸ 身体障害者数

2021（令和3）年度の**身体障害者手帳所持者数**は、491万人で、前年度に比べ6万7千人（1.3％）減少している。うち18歳以上の者は481万6千人、18歳未満の児は9万4千人である。

また、障害種別ごとで見ると肢体不自由が246万3千人（構成割合50.2％）と最も多く、次いで心臓、じん臓若しくは呼吸器などの内部障害が162万3千人（同33.1％）、聴覚・平衡機能障害が43万3千人（同9.0％）、視覚障害が32万2千人（同6.6％）、音声・言語・そしゃく機能障害が5万9千人（同1.2％）となっている。

▶身体障害者手帳所持者数
厚生労働省（2023）「令和3年度福祉行政報告」
※千人未満は切り捨てているため、総数とは合致しない。

4）実施機関等

❶ 援護の実施者（市町村の役割）

法第9条では、「この法律に定める身体障害者又はその介護を行う者に対する**援護**は、その身体障害者の居住地の市町村が行うもの」と定められている。「ただし、身体障害者が居住地を有しないか、又は明らかでない者であるときは、その身体障害者の現在地の市町村が行う」とされている。

その援護の実施者である市町村は、①身体に障害のある者を発見して、またはその相談に応じて、その福祉の増進を図るために必要な指導を行うこと。②身体障害者の福祉に関し、必要な情報の提供を行うこと。③身体障害者の相談に応じ、その生活の実情、環境等を調査し、更生援護の必要の有無およびその種類を判断し、本人に対して、直接に、または間接に、**社会的更生**の方途を指導することならびに、これに付随する業務を行うこととされている。

▶援護
身体障害者福祉法上の援護とは「法第2条に規定する理念が実現されるように配慮して、身体障害者の自立と社会経済活動への参加を促進するための援助と必要な保護を総合的に実施する」ことをいう。

❷ 連絡調整の実施者（都道府県の役割）

都道府県は、市町村を支援する役割を担っており、法第10条には「市町村相互間の連絡調整、市町村に対する情報の提供その他必要な援助を行うこと及びこれらに付随する業務を行うこと」や「広域的な見地から、実情の把握」をすることのほか、「専門的な知識及び技術が必要な相談及び指導、身体障害者の医学的、心理学的及び職能的判定」、「補装具の処方及び適合判定」、市町村に対する助言などを行うことになっている。

▶社会的更生
単に職業的、経済的自立を意味するものではなく、「広く社会参加の促進を図る」という積極的意味を含むものである。

❸ **身体障害者更生相談所**

　都道府県は、身体障害者の更生援護や市町村の援護の適切な実施の支援のため、身体障害者更生相談所を設置しなければならないこととなっている（法第11条）。

　身体障害者更生相談所は、前述の都道府県が行う業務のうち、専門的な知識および技術が必要な相談および指導、身体障害者の医学的、心理学的および職能的判定、補装具の処方および適合判定などを行う。

❹ **身体障害者福祉司**

　都道府県が設置する身体障害者更生相談所には身体障害者福祉司を置かねばならないとされている（法第11条の2第1項）。身体障害者更生相談所の身体障害者福祉司は、市町村相互間の連絡調整、市町村に対する情報の提供、その他必要な援助を行うほか、専門的な知識および技術が必要な相談および指導を行うこととされている。

　また、市および町村は、その設置する福祉事務所に、身体障害者福祉司を置くことができる（法第11条の2第2項）。福祉事務所の身体障害者福祉司は、福祉事務所の所員に対し、技術的指導を行うほか、身体障害者の相談に応じ、その生活の実情、環境などを調査し、更生援護の必要の有無およびその種類を判断し、本人に対して、直接にまたは間接に、社会的更生の方途を指導する業務を行うこととされている。

5）身体障害者福祉法に基づく措置等

　市町村は、障害者総合支援法に基づく障害福祉サービスを必要とする身体障害者が、**やむを得ない理由**により介護給付費等の支給を受けることが著しく困難であると認めるときは、政令で定める基準に従い、障害福祉サービスを提供し、または当該市町村以外の者に障害福祉サービスの提供を委託することができることとなっている（法第18条第1項）。

　同様に障害者支援施設等への入所を必要とする身体障害者が、介護給費等の支給を受けることが著しく困難であると認めるときは、その身体障害者を当該市町村の設置する障害者支援施設等に入所させ、または国や地方公共団体、社会福祉法人が設置する障害者支援施設等もしくは独立行政法人国立病院機構等に入所もしくは入院を委託しなければならないと定められている（法第18条第2項）。

（山本雅章）

▶やむを得ない理由
やむを得ない理由による措置を行う場合の要件としては、例えば、家族等の介護者から虐待を受け、当該介護者による虐待から保護される必要があると認められる場合や障害者の介護をしている者が急死し、障害者ひとりとなり、周囲からの支援も期待できない状況で、緊急にサービスを必要とする場合が想定される。

参考文献
- 柏倉秀克（2016）『障害者に対する支援と障害者自立支援制度』久美出版
- 熊沢由美（2020）「身体障害者福祉法の制定過程—身体障害者福祉法の制定をめぐって（2）—」東北学院大学論集．経済学158
- 増田雅暢、高橋幸生、西山裕他編著（2023）『国民の福祉と介護の動向2023/2024』厚生労働統計協会
- 内閣府（2014）『平成26年度版障害者白書』

第3節　知的障害者福祉法

1 ▶ 知的障害者福祉法の概要

1）知的障害者福祉法制定の経緯

　戦後、児童福祉法や身体障害者福祉法が制定されたものの、知的障害者に対する支援の法整備は遅れていた。

　国も精神薄弱者（知的障害者）福祉対策は、「社会福祉行政の中で従来比較的たちおくれていた分野であり、この施策が健全に進展するか否かは福祉国家の実現に影響する」（厚生省1960）との認識のもと、1960（昭和35）年に精神薄弱者福祉法（現知的障害者福祉法、以下、本節では「法」という）が制定された。

　当時、この法は「精神薄弱者の福祉を図る総合的対策の一環として、援護体制の整備、援護施設の拡充等を通じ精神薄弱者の保護と更生援助を行なう」（厚生省1960）ためのものであるとしている。

　法では、目的や更生援護の実施者のほか、精神薄弱者更生相談所や精神薄弱者福祉司が規定された。その後、1964（昭和39）年には、精神薄弱者収容授産施設の設置および運営について定められ、1970（昭和45）年には心身障害児家庭奉仕員の派遣事業が開始されるなど、サービス体系が整備され始めた。

　また、1985（昭和60）年に福祉工場、1989（平成元）年に地域生活援助事業（グループホーム）制度が開始され、1990（平成2）年には、福祉関係8法の改正により、ホームヘルプサービスやデイサービス、ショートステイなどの在宅福祉サービスが制度化されるなど、地域で生活できる体制が徐々に整い始めてきた。

　1999（平成11）年には、「精神薄弱の用語の整理のための関係法律の一部を改正する法律」により精神薄弱者という名称が知的障害者と改められ、精神薄弱者福祉法も知的障害者福祉法と改正されている。

　そして、2003（平成15）年には、従来の措置制度から契約制度になる支援費制度に基づき法改正が行われ、2006（平成18）年には障害者

自立支援法の施行に基づいた改正が行われ、身体障害、知的障害、精神障害の各サービスが一元化されている。2013（平成25）年には**障害者総合支援法**の施行に基づいた改正が行われた。

▶障害者総合支援法
➡第4章第1節参照（94頁）

2）知的障害者福祉法の目的

法は第1条で「障害者の日常生活及び社会生活を総合的に支援するための法律と相まって、知的障害者の自立と社会経済活動への参加を促進するため、知的障害者を援助するとともに必要な保護を行い、もって知的障害者の福祉を図ることを目的とする」と規定している。

そのうえで、第1条の2で「自立への努力及び機会の確保」を規定し、「すべての知的障害者は、その有する能力を活用することにより、進んで社会経済活動に参加するよう努めなければならない」とし、「すべての知的障害者は、社会を構成する一員として、社会、経済、文化その他あらゆる分野の活動に参加する機会を与えられるものとする」と経済活動のみならず、社会参加の機会の必要性を規定している。

3）知的障害者の定義と知的障害者手帳

❶ 知的障害者の定義

法では、18歳以上の知的障害を対象としている。しかし、身体障害者福祉法とは異なり「知的障害者」の定義はなされていない。また、手帳に関する規定もない。

❷ さまざまな知的障害の定義

知的障害の定義については、さまざまな機関がその定義を定めている。2005（平成17）年に厚生労働省が行った**「知的障害児（者）基礎調査」**では、「知的機能の障害が発達期（おおむね18歳まで）にあらわれ、日常生活に支障が生じているため、何らかの特別の援助を必要とする状態にあるもの」とし、その判断基準は、

▶厚生労働省「知的障害児（者）基礎調査：調査の結果」

(a)「知的機能の障害」について（標準化された知能検査［ウェクスラーによるもの、ビネーによるものなど］によって測定された結果、知能指数がおおむね70までのもの。
(b)「日常生活能力」について（日常生活能力［自立機能、運動機能、意思交換、探索操作、移動、生活文化、職業等］の到達水準が総合的に、別に記載した同年齢の日常生活能力水準の項目のいずれにも該当するものとしている。

❸ 療育手帳

法上は手帳の規定はないものの、知的障害児・者への一貫した指

導・相談を行うとともに、各種の援助措置を受けやすくするために、厚生省は1973（昭和48）年に「療育手帳制度要綱」を発出し、手帳制度を児童相談所または、知的障害者更生相談所において知的障害と判定された者に対して、都道府県知事、指定都市市長が療育手帳を発行することとしている。

障害の程度は、重度とその他とされている。療育手帳には、①知的障害者の氏名、住所、生年月日および性別、②障害の程度（重度とその他の別）、③保護者（親権を行う者、配偶者、後見人その他の者で知的障害者を現に監護する者をいう）の氏名、住所および知的障害者との続柄、④指導、相談等の記録を記載するようになっているが、別名の併記や様式への追加、障害程度のさらなる区分等については、各都道府県知事や政令市の市長が定めることとなっている。

そのため、例えば東京都では療育手帳は「愛の手帳」と称されているほか、障害の程度は重度のうち最重度が1度、重度が2度、その他のうち中度が3度、軽度を4度と表記している。また、埼玉県では重度のうち最重度がⒶ、重度がA、その他のうち中度がB、軽度をCと表記しているなど、おおむね最重度、重度、中度、軽度に区分されている。

❹ 知的障害者（療育手帳所持者）数

2021（令和3）年度末現在の**療育手帳交付台帳登載数**は121万3千人であり、前年度に比べ3万4千人（2.9％）増加している。うち18歳以上の者は91万4千人、18歳未満の児は29万9千人である。また、障害程度でみると重度が42万9千人、中軽度が78万4千人となっている。

▶療育手帳交付台帳登載数
厚生労働省（2023）「令和3年度福祉行政報告」

4）実施機関等

❶ 更生援護の実施者（市町村の役割）

法第9条では、「知的障害者又はその介護を行う者に対する市町村（特別区を含む。本節では以下同じ）による**更生援護**は、その知的障害者の居住地の市町村が行うもの」と定められている。「ただし、知的障害者が居住地を有しないか、又は明らかでない者であるときは、その知的障害者の現在地の市町村が行う」とされている。

その援護の実施者である市町村は、①知的障害者の福祉に関し、必要な実情の把握に努めること。②知的障害者の福祉に関し、必要な情報の提供を行うこと。③知的障害者の福祉に関する相談に応じ、必要な調査および指導を行うこと、ならびにこれらに付随する業務を行うこととされている。

▶更生援護
知的障害者福祉法上の更生援護とは「第1項の2に規定する理念が実現されるように配慮して、知的障害者の福祉について国民の理解を深めるとともに、知的障害者の自立と社会経済活動への参加を促進するための援助と必要な保護」をいう。

❷ 連絡調整の実施者(都道府県の役割)

　都道府県は、市町村を支援する役割を担っており、法第11条には「市町村の更生援護の実施に関し、市町村相互間の連絡及び調整、市町村に対する情報の提供その他必要な援助を行うこと並びにこれらに付随する業務を行うこと」や「広域的な見地から、実情の把握」をすることのほか、専門的な知識および技術が必要な相談及び指導、18歳以上の知的障害者の医学的、心理学的および職能的判定を行うことになっている。

❸ 知的障害者更生相談所

　都道府県は、知的障害者の更生援護や市町村の援護の適切な実施の支援のため、知的障害者更生相談所を設置しなければならないこととなっている(法第12条)。

　知的障害者更生相談所は、前述の都道府県が行う業務のうち、市町村相互間の連絡および調整、相談および指導のうち、専門的な知識および技術を必要とするものを行うことや18歳以上の知的障害者の医学的、心理学的および職能的判定を行う。

❹ 知的障害者福祉司

　都道府県が設置する知的障害者更生相談所には知的障害者福祉司を置かねばならないとされている(法第13条)。知的障害者更生相談所の知的障害者福祉司は、市町村相互間の連絡および調整、市町村に対する情報の提供のうち、専門的な知識および技術を必要とするものなどを行うこととなっている。

　また、市および町村は、設置する福祉事務所に、知的障害者福祉司を置くことができる(法第13条第2項)。福祉事務所の知的障害者福祉司は、福祉事務所の所員に対し、技術的指導を行うことや相談や必要な調査のうち、専門的な知識および技術を必要とする業務を行うこととされている。

5) 知的障害者福祉法に基づく措置等

　市町村は、障害者総合支援法に基づく障害福祉サービスを必要とする知的障害者が、やむを得ない理由により介護給付費等の支給を受けることが著しく困難であると認めるときは、政令で定める基準に従い、障害福祉サービスを提供し、または当該市町村以外の者に障害福祉サービスの提供を委託する措置をとらなければならないとされている(第15条の4)。

　また、市町村は、18歳以上の知的障害者について、その福祉を図

るため、必要に応じて知的障害者または、その保護者を知的障害者福祉司または**社会福祉主事**に指導させる措置をとらなければならないとされている（法第16条第1項第1号）。

加えて、介護給費等の支給を受けることが著しく困難であると認めるときは、その知的障害者を障害者支援施設等に入所させて、その更生援護を行い、障害者支援施設等やのぞみの園に入所させて、その更生援護を行うことを委託することと定められている（法第16条第2項）。

（山本雅章）

▶社会福祉主事
社会福祉主事とは、社会福祉法第18条において、福祉事務所に置くことが定められている資格（任用資格）である。大学、短期大学において、社会福祉に関する科目を3科目以上修めて卒業した者や養成機関、または講習会の課程を修了した者、社会福祉士などの要件がある。

引用文献
・厚生事務次官依命通知（1960）「精神薄弱者福祉法の施行について」

COLUMN

「障害」とは何か？──障害平等研修を通して考える

障害平等研修（DET: Disability Equality Training）は、英国で障害者差別禁止法（1995［平成7］施行）を推進するために発展してきた研修である。日本においては2014（平成26）年に設立された「NPO法人障害平等研修フォーラム」が、障害者差別解消法（2016［平成28］年施行）の推進に向け、全国各地でDETを実施している。

ではDETとは、どのような研修であるのか？またDETの特徴としてあげられるのが障害者自身がファシリテーター（対話の進行役）となって実施するという点である。障害平等研修フォーラムによる養成研修を終えた登録ファシリテーターの数は2024年3月現在111名となっている。こうしたファシリテーターによるDETでは、障害者との対話を通して、「障害」を生み出す環境や制度等への理解を深め、参加者自らが社会を変えていくという行動志向を目指す研修である。

一般的に障害を理解する研修には、アイマスクで目隠しをしたり、車いすに乗るといった「疑似体験」を行うことが多い。疑似体験では障害を医学モデル（個人モデル）から捉え、「機能障害」が原因で○○できない体験に重きが置かれ、介助や支援の獲得が目指される。一方、DETは、障害を社会モデルの視点から捉え、差別や排除といった社会のなかにある「障害」を見抜く力の獲得を目指す。このように両者は、研修目的や学習内容が異なる研修である。こうした障害の理解を目指す研修を企画する人たちは、何を目標とし、何を獲得するのかを明確にした上で研修を実施することが重要である。

2024年4月からは改正障害者差別解消法が施行され、民間事業者の合理的配慮の提供も義務化されたことにより、社会にある障害を取り除き、障害者の社会参加を今後ますます推進することが求められる。

（谷内孝行）

参考文献
・久野研二「社会の障害をみつけよう：一人ひとりが主役の障害平等研修」2018年．現代書館
・NPO法人障害平等研修フォーラムHP https://detforum.org/

第4節 精神保健及び精神障害者福祉に関する法律（精神保健福祉法）

1 ▶ 精神保健福祉法の概要

1）精神保健福祉法制定の経緯

精神保健医療福祉施策は1900（明治33）年の精神病者監護法に始まる。精神病者を地方長官（いまでいう都道府県知事）の許可を得た監護義務者（主に家族）が精神病者を私宅監置（座敷牢）し、家族に監護することを義務づけた（合法化）医療からは程遠い処遇であった。

1919（大正8）年に精神病院法が成立し、道府県に精神病院を設置することが定められたが、国の予算が十分でなかったこともあり、私宅監置は継続され、公立の精神病院の設置は9か所にとどまった。

1950（昭和25）年に精神病者監護法、精神病院法が廃止され、「精神障害者等の医療と保護」を目的とした精神衛生法が制定された。私宅監置は日本国憲法における基本的人権を侵害するものであるため、精神障害者の私宅監置を禁止し、措置入院と保護義務者の同意による同意入院（現、医療保護入院）の入院制度が導入された。また、都道府県に公立の精神病院の設置が義務化された。

1950年代、薬物療法が始まり、精神障害者の社会復帰の可能性が大きく広がった。地域医療や社会復帰を推進する欧米をモデルとした精神衛生法改正案が検討されている最中の1964（昭和39）年3月24日、アメリカのライシャワー駐日大使が日本人青年に刃物で右大腿部を刺されて重傷を負う「ライシャワー事件」が発生した。

青年が精神分裂病（現、統合失調症）による通院歴があることが明らかになると、新聞各社は「異常少年」「野放し状態なくせ」などの精神障害者の危険性をあおる大キャンペーンを展開し、精神障害者を危険視する世論が形成されていった。

1965（昭和40）年、改正精神衛生法が施行され、保健所による在宅精神障害者への訪問指導等の強化、精神衛生相談員（現、精神保健福祉相談員）の配置、保健所等を支援指導するための技術的中核機関として各都道府県に精神衛生センター（現、精神保健福祉センター）の設置が義務づけられた一方で、警察官等による通報・届出の強化、緊急措置入院制度が新設されるなど社会防衛・治安色の強い法改正であった。

▶『精神病者私宅監置ノ実況及ビ其統計的観察』
東京帝国大学（当時）教授の呉秀三は、1918年に私宅監置の実態をまとめた。精神病者のおかれている状況は悲惨なものであり、「わが国十何万の精神病者はこの病を受けたるの不幸のほかに、この国に生まれたるの不幸を重ぬるものというべし」の言葉を残した。

▶入院収容政策
長期低利融資などによる病床を増やすための「精神病院開設国庫補助制度」、措置入院の要件がなくても経済的理由により入院医療費を公費する「経済措置入院」、一般病床よりも低い人員基準を認める「精神科特例」などの施策をとり、民間病院による精神科病床の増床を促した。
優生思想の影響を受けた処遇に置かれることも多く、精神科病床は約35万床まで膨れ上がり、世界の精神科病床の約20％を有する異様な状況がいまだに続いている。

1967（昭和42）年、日本政府からの要請に基づき世界保健機関（WHO）からクラーク（Clark,D.H.）博士が招聘された。1968（昭和43）年、3か月の調査をもとに日本の精神医療の現状を分析した『クラーク勧告』をまとめ、現代も続く社会課題である「社会的入院」を危惧する指摘であったが入院収容政策は継続された。

　1984（昭和59）年、栃木県宇都宮市にある医療法人報徳会宇都宮病院における患者リンチ事件が新聞報道され、病院スタッフによる患者への暴行、無資格者の医療行為や不必要な入院などが次々と明らかになった（「宇都宮病院事件」）。同年、国連人権小委員会において国際法上の問題として日本政府は非難された。また、国連の国際法律家委員会（ICJ）、国際医療職専門委員会（ICHP）の合同調査団が、わが国の精神科医療の実態調査のため来日するなど国際問題へと発展した。

　1987（昭和62）年、「宇都宮病院事件」における精神障害者への重大な人権侵害が大きな問題となり、「精神障害者の人権擁護と社会復帰促進」を目的とした精神保健法（改正精神衛生法）が制定された。

　精神障害者本人の同意に基づく「任意入院」制度、入院時の書面による権利等の告知する「告知義務」規定、入院や処遇の妥当性を審査する「精神医療審査会」が創設された。そして、**社会復帰施設**に関する規定が初めて明記され、社会復帰が促進されることになった。

　1993（平成5）年、精神保健法が改正され、精神障害者地域生活援助事業（グループホーム）が法定化した。また、同年には、「心身障害者対策基本法」が「障害者基本法」に改正され、精神障害者も「障害者」として初めて法的に位置づけられることになった。

　その結果、精神障害者も障害者「福祉」の施策上の対象となり、1995（平成7）年、精神保健法が改正され、「精神障害者」の「医療及び保護」「社会復帰の促進」「自立と社会経済活動への参加」を目的とした「精神保健及び精神障害者福祉に関する法律（精神保健福祉法：以下、本節では「法」という）」が制定された。

　精神障害者保健福祉手帳制度が創設され、精神障害者の社会復帰施設が初めて明記された。精神保健福祉の発展が期待されるなか、**大和川病院事件**などの精神科病院での不祥事が相次いで明らかになった。

　1999（平成11）年、法改正され、精神保健指定医の職務を適正化し、精神医療審査会の機能が強化された。また、医療保護入院の保護者の自傷他害防止監督義務規定が削除された。そして、精神障害者地域生活支援センターが社会復帰施設に追加され、在宅の精神障害者に対して市町村が中心に施策を推進する体制が整備された。

▶**精神障害者社会復帰施設**
精神保健福祉法第50条の3に5つの施設（精神障害者生活訓練施設、精神障害者授産施設、精神障害者福祉ホーム、精神障害者福祉工場、精神障害者地域生活支援センター）が規定された。
2006年、障害者自立支援法が施行され、サービスは一元化された。

▶**大和川病院事件**
開院から廃院までの34年間に暴行等による入院者の死亡事件が複数回発生（1969、1979、1993）、系列病院を含め20億円超の不正請求が明るみになり、廃院となった。
宇都宮病院事件の発覚および精神衛生法改正後も入院患者等の人権侵害が継続され、大阪精神医療人権センターが再三、大阪府に適正な調査を要請するも1997年まで調査は実施されずに経過し、医療監査の杜撰（ずさん）が露見した。
この事件を契機に後の「地域移行支援」「地域定着支援」につながる退院促進支援事業が創設された。

▶ICD (International Statistical Classification of Diseases and Related Health Problems：疾病および関連保健問題の国際統計分類)
世界保健機関（WHO）が作成した分類であり、ICD（国際疾病分類）と略される。約30年ぶりに改訂され、2022年に発行されICD-11となった。
「ゲーム症／障害」の追加、「性同一性障害」が「性別不和」となり、新たに設定された「性の健康に関する状態」に分類されている。現在、厚生労働省が翻訳作業を行っている。

▶精神障害にも対応した地域包括ケアシステム
精神障害の有無や程度にかかわらず、誰もが安心して自分らしく暮らすことができるよう、医療、障害福祉・介護、住まい、社会参加（就労など）、地域の助け合い、普及啓発（教育など）が包括的に確保されたシステム。
地域共生社会の実現に向かっていく上で欠かせないものであり、計画的に地域の基盤を整備するとともに、市町村や障害福祉・介護事業者が、精神障害の有無や程度によらず地域生活に関する相談に対応できるように、市町村ごとの保健・医療・福祉関係者等による協議の場を通じて、精神科医療機関、その他の医療機関、地域援助事業者、当事者・ピアサポーター、家族、居住支援関係者などとの重層的な連携による支援体制を構築していくことが求められている。

2004（平成16）年9月、精神保健医療福祉の改革ビジョンが提示され、「入院医療中心から地域生活中心へ」の方策が進められることになった。今後10年間に受入条件が整えば退院可能な者（約7万人）について解消を図ることが示された。

2005（平成17）年、法が改正され、市町村における相談支援体制が強化された。また、精神障害者への差別の軽減を図るべく「精神分裂病」から「統合失調症」に呼称が変更された。

2013（平成25）年、法が改正され、医療保護入院における保護者制度が廃止され、保護者の精神障害者に治療を受けさせる義務等の規定が削除された。また、精神科病院の管理者の責務として、退院後生活環境相談員の選任及び配置、医療保護入院者退院支援委員会での審議の義務、地域援助事業者との連携の努力義務が課せられた。

2016（平成28）年7月26日未明、神奈川県立の知的障害者施設「津久井やまゆり園」の元施設職員が入所者19人刺殺、入所者・職員計26人重軽傷を負わせる「相模原障害者殺傷事件（津久井やまゆり園事件）」が発生した。優生思想をもとに重度障害者の生きる権利を否定する元施設職員が、事件前に措置入院していたことがわかると警察や行政への批判が精神科医療の不備へ変わった。治安維持や社会防衛の観点からの法改正案が提出されたため、障害者団体等の反対があり、廃案となった。

2022（令和4）年10月26日、法の改正を含む「障害者の日常生活及び社会生活を総合的に支援するための法律等の一部を改正する法律案」が提出された。法の目的に「精神障害者の権利擁護」が初めて記載され、**精神障害者にも対応した地域包括ケアシステム**」の構築の明確化、医療保護入院の入院期間の明示、精神障害者等への「指導」が「相談援助」などの用語に置き換えられた。しかし、同年に行われた障害者権利条約の対日審査と日本に対する総括所見（勧告）を十分に必要な時間を確保して審議されたとは言いきれず、いまだに課題は残っている。

3) 精神保健福祉法の目的

法は第1条で「障害者基本法の基本的な理念にのっとり、精神障害者の権利の擁護を図りつつ、その医療及び保護を行い、障害者の日常生活及び社会生活を総合的に支援するための法律と相まってその社会復帰の促進及びその自立と社会経済活動への参加の促進のために必要な援助を行い、並びにその発生の予防その他国民の精神的健康の保持及び増進に努めることによって、精神障害者の福祉の増進及び国民の

精神保健の向上を図ることを目的とする」と規定している。

そして、精神障害者がおかれてきた歴史を踏まえ、第3条において国民の義務として「精神障害者に対する理解を深め、及び精神障害者がその障害を克服して社会復帰をし、自立と社会経済活動への参加をしようとする努力に対し、協力するように努めなければならない」と規定している。

また、第4条で国、地方公共団体および医療施設の設置者に対して、「精神障害者の社会復帰の促進及び自立と社会経済活動への参加の促進を図るため、相互に連携を図りながら協力するよう努めなければならない」と規定している。

表4-5 「精神障害者」の定義の変遷

法律名	定義
精神衛生法 1950（昭和25）年	精神病者（中毒性精神病者を含む）精神薄弱者及び精神病質者
精神保健法改正 1993（平成5）年	精神分裂病、中毒性精神病、精神薄弱、精神病質その他の精神疾患を有する者
精神保健福祉法改正 1999（平成11）年	精神分裂病、精神作用物質による急性中毒、又はその依存症、知的障害、精神病質その他の精神疾患を有する者
精神保健福祉法改正 2005（平成17）年	統合失調症、精神作用物質による急性中毒、又はその依存症、知的障害、精神病質その他の精神疾患を有する者

3）精神障害者の定義と精神障害者保健福祉手帳

❶ 精神障害者の定義

法第5条では「精神障害者」の定義がなされている。法では「統合失調症、精神作用物質による急性中毒又はその依存症、知的障害その他の精神疾患を有する者をいう」としており、国際疾病分類（ICD-10）のFコード「精神及び行動の障害」に該当する疾患が**対象**となっている。

❷ 精神障害者保健福祉手帳

1993（平成5）年の障害者基本法において精神障害者が「障害者」と規定され、社会福祉の対象となり、1995（平成7）年に施行された法では、その第45条に「精神障害者保健福祉手帳」（以下、本節では「手帳」という）が規定された。法第5条のとおりに精神障害者は定義されているが、手帳の交付が定義の要件とはなっていない。

精神障害者保健福祉手帳の交付を受けるには、「厚生労働省の定める書類（診断書または障害年金の証書の写し）を添えて、その居住地の都道府県知事」に交付を申請することができるとされている。

▶手帳の対象の範囲
知的障害（ICD-10のF7「精神遅滞」に分類）は定義に規定されているが、療育手帳の対象であるため手帳の対象とはならない。
また、発達障害は、ICD-10のF8「心理的発達の障害」、高次脳機能障害の要因がF0「症状性を含む器質性精神障害」に分類されているため、手帳の対象となっている。

▶精神障害者数
法第5条が対象であるため、精神科の外来患者数および精神科病床の入院患者数の合計がわが国の精神障害者数として計上されている。外来患者数は急激に増加しており、ストレス社会の影響によるうつ病、高齢化に伴う認知症が増加の要因となっている。
入院患者数は減少傾向にあるものの、他の障害に比べて突出して多く、世界の精神科病床の2割をわが国が占める異常な状況が続いている。

精神障害は可逆性の障害であることから、更新制（2年ごと）をとっている。

障害の等級は、障害の重い（重度）順に1級から3級の等級が定められている。

4）精神保健福祉法における入院形態

法では、現在5つの入院形態が規定されている。精神保健指定医（以下、本節では「指定医」という）は、本人の意思によらない入院や一定の行動制限の必要性の判定を行うことができる（表4-6）。

> ▶いかなる場合でも制限されない権利
> 入院の形態に関わらず、たとえ指定医の判断による行動制限がある場合でも、絶対に制約されない入院中の権利
> ①信書の発受
> ②都道府県・地方法務局などの人権擁護に関する行政機関の職員、入院中の方の代理人である弁護士との電話
> ③都道府県・地方法務局などの人権擁護に関する行政機関の職員、入院中の方の代理人である弁護士、本人または家族等の依頼により本人の代理人になろうとする弁護士との面会

表4-6

入院形態	対象	要件等
任意入院 第20条	精神障害のために入院が必要であり、本人の同意がある者	指定医の診察の結果、医療および保護のための入院を継続する必要がある場合72時間に限り、退院制限ができる
措置入院 第29条	医療および保護のための入院をしなければ自傷他害のおそれのある精神障害者	都道府県知事は2名以上の指定医の診察の結果、医療および保護のため入院を要することが一致している場合、入院させることができる
緊急措置入院 第29条の2	医療と保護のための入院をしなければ自傷他害のおそれのある精神障害者で急を要する者	都道府県知事は医療および保護のための急速な入院を要する場合、指定医1名の診察の結果、入院させることができる
医療保護入院 第33条	医療および保護入院を必要とする精神障害者で自傷他害のおそれはないが任意入院の状態にない者	指定医の診察の結果、医療および保護のための入院が必要な場合、家族等によって入院させることができる
応急入院 第33条の6	医療および保護を必要とする精神障害者で自傷他害のおそれはないが急速を要し、任意入院の状態にない者	指定医の診察の結果、医療および保護のための急速な入院を要し、その家族等の同意を得ることができない場合、入院させることができる

> ▶**精神医療審査会**
> 精神障害者の人権に配慮しつつその適正な医療および保護を確保するために、精神科病院に入院している精神障害者の処遇等について専門的かつ独立的な機関。2013年より「精神障害者の保健又は福祉に関し学識経験を有する者」が委員に規定
> ①精神科病院の管理者から医療保護入院の届出、措置入院者・医療保護入院者の定期病状報告があったとき、その入院の必要性が適切かどうか審査。
> ②本人、その家族、代理人から退院請求や処遇改善請求があったとき、その処遇が適切かどうか審査。必要に応じて精神科病院に対して指導を行う。

5）精神科病院における処遇

法には、入院する際、入院の種類に関わらず、入院の種類、**入院中の制限や権利**、処遇改善や退院の**精神医療審査会**に対する請求について、十分な説明が口頭および書面にて告知され、本人に手渡されることが規定されている。

本人または周囲の者に危険が及ぶ可能性が著しく高く、隔離以外の方法では、その危険を回避することが著しく困難であると判断される場合に、その危険を最小限に減らし、患者本人の医療または保護を図ることを目的として指定医の判断で隔離、拘束が行われる場合があ

る。行動制限は必要最低限のものとされ、行動制限を行った場合は、毎日診察してその必要性を判断し、「行動制限最小化委員会」を設置して、行動制限をできるだけ減らせるよう検討する等など、適切に行うものとされている。

2024（令和6）年4月から障害者虐待防止法の対象外であった精神科病院における虐待通報義務（法第40条の3第1項）、アドボカシー機能が期待される入院者訪問支援事業（法第35条の2）が規定され、施行されている。

（鶉　領太郎）

キーワード

援護の実施者　手帳制度　実施機関　権利擁護　障害者の権利に関する条約　非自発的入院

自己学習の課題

1. 身体障害者福祉法および知的障害者福祉法における、市町村の役割について述べてみよう。
2. 身体障害者手帳の概要についてまとめてみよう。
3. 精神障害者支援に係る歴史的変遷について、その概要をまとめてみよう。
4. 精神保健福祉士は、精神障害者の社会的復権・権利擁護と福祉のための専門的・社会的活動を行う専門職です。「精神保健福祉士の倫理綱領」を読み、社会福祉士との違いについて調べてみよう。
5. 「福祉労働者としての二重拘束性」による精神保健福祉士の業務が内包する加害性と倫理的ジレンマについて考えてみよう。
6. 2022年の「障害者の権利に関する条約」の対日審査を読み、わが国の精神障害者がおかれている現状を多角的な視点から考えてみよう。

引用・参考文献

- 障害保健福祉研究情報システム「ノーマライゼーション障害者の福祉」2010年8月号
  https://www.dinf.ne.jp/doc/japanese/prdl/jsrd/norma/n349/n349001.html 2024.10.31
- 国立精神・神経医療研究センター「こころの情報サイト」精神科の入院について
  https://kokoro.ncnp.go.jp/support_hospitalizatio.php 2024.10.31
- 認定NPO法人大阪精神医療人権センター「精神病院はかわったか？」大和川病院問題の経過
  https://www.psy-jinken-osaka.org/archives/etic/4307/
- 精神障害者にも対応した地域包括ケアシステム構築支援情報ポータル
  https://www.mhlw-houkatsucare-ikou.jp/
- 柏倉秀克（2016）『障害者に対する支援と障害者自立支援制度』久美出版
- 熊沢由美（2020）「知的障害者福祉法の制定過程──知的障害者福祉法の制定をめぐって（2）」『東北学院大学論集』経済学158
- 増田雅暢、高橋幸生、西山裕他編著（2023）『国民の福祉と介護の動向』厚生労働統計協会
- 公益社団法人日本精神保健福祉士協会「精神保健福祉法改正案に関する見解」
  https://www.jamhsw.or.jp/ugoki/yobo/opinion20221102.pdf 2024.10.31

第9回 児童福祉法、発達障害者支援法

> **→学びの誘い**
>
> その対象を「すべての児童」とする児童福祉法において、障害児への支援がどのように位置づいているのかを学ぶ。
> また、支援の必要性の高まりから2004（平成16）年に成立した発達障害者支援法であるが、施行から10年経ち、乳幼児期から高齢期までの切れ目のない支援など、時代の変化に対応した、よりきめ細かな支援が求められていることを背景に「発達障害者支援法の一部を改正する法律」が2016（平成28）年に施行されている。
> 障害児への支援、および発達障害児者への支援において、今後、期待される発達障害者支援センターの中核的役割についても学習する。

第5節 児童福祉法、発達障害者支援法

1▶ 児童福祉法における障害児支援

1）児童福祉法における障害児の定義

第二次世界大戦終戦後の日本国内には、多数の浮浪児や戦災孤児、貧困者が存在していた。孤児の保護は日本にとって重要な課題とされ、1947（昭和22）年に児童福祉法が制定された。その後、子どもを取り巻く課題の変化に伴い、幾度の改正が行われている。

第1章総則第1条では「全て児童は、児童の権利に関する条約の精神にのっとり、適切に養育されること、その生活を保障されること、愛され、保護されること、その心身の健やかな成長及び発達並びにその自立が図られることその他の福祉を等しく保障される権利を有する」と示され、その対象は「すべての児童」となっている。

また、児童の保護者が、児童の育成について第一義的責任を負うことを前提としながら、国および地方公共団体も児童の保護者とともに、児童を心身ともに健やかに育成する責任を負うことが定められている。

障害のある児童の定義については「身体に障害のある児童、知的障害のある児童、精神に障害のある児童（発達障害者支援法第2条第2項に規定する発達障害児を含む）又は治療方法が確立していない疾病その他の特殊の疾病であって障害者の日常生活及び社会生活を総合的に支援するための法律第4条第1項の政令で定めるものによる障害の

程度が同項の主務大臣が定める程度である児童」を「障害児」と定めている。

2) 保健所の役割

児童福祉法第19条において、「保健所長は、身体に障害のある児童につき、診査を行ない、又は相談に応じ、必要な療育の指導を行なわなければならない」とし、障害児支援において保健所が担う役割が示されている。

3) 児童相談所の役割

児童に関する家庭、その他からの相談のうち、専門的な知識および技術を必要とするものに応ずる機関として、児童相談所が位置づいている。児童相談所の業務内容には、「障害相談（肢体不自由、視聴覚・言語発達・重症心身・知的障害、自閉症等に関する相談）」が含まれている。

4) 障害児相談支援事業

障害児相談支援とは、障害児支援利用援助および継続障害児支援利用援助を行うことをいい、障害児相談支援事業とは、障害児相談支援を行う事業をいう（児童福祉法第6条の2の2第6項、第7項）。

障害児支援利用援助は、次のような流れで進められる。

初めに、障害児の心身の状況、そのおかれている環境、当該障害児、またはその保護者の障害児通所支援の利用に関する意向、その他の事情を勘案し、利用する障害児通所支援の種類および内容、その他の厚生労働省令で定める事項を定めた計画（障害児支援利用計画案）を作成する。

次に、「通所給付決定」が行われた後に、指定障害児通所支援事業者等、その他の者との連絡調整、その他の便宜を供与するとともに、当該給付決定等に係る障害児通所支援の種類及び内容、これを担当する者その他の厚生労働省令で定める事項を記載した計画（障害児支援利用計画）を作成する。

5) 児童福祉法改正における障害児支援

2012（平成24）年改正において、従来の障害種別で分かれていた体系を「通所」「入所」の利用形態別に一元化することにより、障害児支援の強化が図られた。

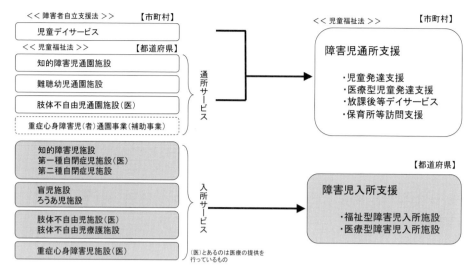

図4-4　平成24年児童福祉法改正における障害児施設・事業の一元化
出典）厚生労働省（2012）「児童福祉法の一部改正の概要について」

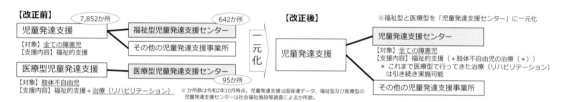

図4-5　福祉型と医療型を「児童発達支援センター」に一元化
出典）こども家庭庁資料

さらに2024（令和6）年施行「児童福祉法等の一部を改正する法律」では、子育て世帯に対する包括的な支援のための体制強化および事業の拡大のため、児童発達支援センターについては、地域における障害児支援の中核的役割を担うことの明確化や、障害種別にかかわらず障害児を支援できるよう児童発達支援の類型（福祉型・医療型）の一元化を行う方針が示された。

6）障害児通所支援

第6条の2の2では障害児通所支援について、「児童発達支援」「放課後等デイサービス」「居宅訪問型児童発達支援」および「保育所等訪問支援」が規定されている。

【児童発達支援】
児童発達支援センター、その他の厚生労働省令で定める施設に通わせ、日常生活における基本的な動作の指導、知識技能の付与、集団生活への適応訓練、その他の厚生労働省令で定める便宜を供

与することをいう。

【放課後等デイサービス】
就学している障害児につき、授業の終了後または休業日に児童発達支援センター、その他の内閣府令で定める施設に通わせ、生活能力の向上のために必要な支援、社会との交流の促進、その他の便宜を供与することをいう。

【居宅訪問型児童発達支援】
重度の障害の状態、その他、これに準ずるものとして内閣府令で定める状態にある障害児であって、児童発達支援または放課後等デイサービスを受けるために外出することが著しく困難なものにつき、当該障害児の居宅を訪問し、日常生活における基本的な動作および知識技能の習得ならびに生活能力の向上のために必要な支援その他の内閣府令で定める便宜を供与することをいう。

【保育所等訪問支援】
保育所、その他の児童が集団生活を営む施設として内閣府令で定めるものに通う障害児または乳児院、その他の児童が集団生活を営む施設として内閣府令で定めるものに入所する障害児につき、当該施設を訪問し、当該施設における障害児以外の児童との集団生活への適応のための専門的な支援、その他の便宜を供与することをいう。

なお、**障害者総合支援法における居宅介護や行動援護、同行援護、重度障害者包括支援、短期入所等の在宅サービス**については、障害児も利用できることとなっている。

▶障害者総合支援法における在宅サービス
➡詳細は97頁参照

7）発達支援・家族支援・地域支援

「児童発達支援ガイドライン」（2024［令和6］年7月）では、児童発達支援を「本人支援」「家族支援」「移行支援」および「地域支援・地域連携」に大別している。

事業所等については、主に「就学前の障害のあるこども又はその可能性のあるこどもに対し、個々の障害の状態や発達の状況、障害の特性等に応じた発達上のニーズに合わせて本人への発達支援（本人支援）を行うほか、こどもの発達の基盤となる家族への支援（家族支援）

を行うことが求められる」こと。

　また、「全てのこどもが共に成長できるよう、障害のあるこどもが、可能な限り、地域の保育、教育等を受けられるように支援（移行支援）を行うほか、こどもや家庭に関わる関係機関と連携を図りながら、こどもや家族を包括的に支援（地域支援・地域連携）していくことも求められる」と示している。

8）児童発達支援センターの中核的役割・機能

　主に未就学児の発達支援を行う「児童発達支援センター」については、地域における中核的役割を果たすことが期待され、2020（令和2）年度末までに各市町村に1か所以上の設置を目標としていた。ところが児童発達支援センターを1か所以上設置した市町村は35％（2019［令和元］年度末）にとどまり、早期支援体制が十分に整えられていない地域が多くを占めている現状が指摘された（障害児通所支援の在り方に関する検討会 2021）。

　2024（令和6）年施行「児童福祉法等の一部を改正する法律」では、児童発達支援センターが地域における障害児支援の中核的役割を担うことを明確化することにより、多様な障害のある子どもや家庭環境等に困難を抱えた子ども等に対し、適切な発達支援の提供につなげるとともに、地域全体の障害児支援の質の底上げを図る方針を示している。

　「中核的役割」として明確化する具体的な役割・機能のイメージとして、次の4点があげられている。

> ①幅広い高度な専門性に基づく発達支援・家族支援機能
> ②地域の障害児通所支援事業に対するスーパーバイズ・コンサルテーション機能（支援内容等の助言・援助機能）
> ③地域のインクルージョン推進の中核としての機能
> ④地域の障害児の発達支援の入り口としての相談機能

9）障害児入所施設から成人としての生活への移行

　2012（平成24）年施行の児童福祉法改正において、当時、障害児入所施設に入所できていた18歳以上の障害者については、改正後は大人として相応しい、より適切な支援を行っていくため、障害者施策で対応することとされた。しかし移行調整が十分進まず、18歳以上の障害者が障害児入所施設に留まっている現状があった。

18歳以上で移行先が決定していない障害者については、2021（令和3）年に都道府県・政令指定都市に対して、①地域のグループホーム等への移行調整や、②障害児入所施設から障害者支援施設への転換、③障害児入所施設を分割した一方を障害者支援施設として併設等の対応を加速するように手引きが示され、取り組みを進めていた。

2024（令和6）年の改正において、①障害児入所施設から成人としての生活への移行調整の責任主体（都道府県および政令指定都市）を明確化すること、②一定年齢以上の入所で移行可能な状態に至っていない場合や、強度行動障害等が18歳近くになって強く顕在化していたような場合等に十分配慮する必要があることから、22歳満了時（入所の時期として最も遅い18歳直前から起算して5年間の期間）までの入所継続を可能とすることが示された。

2 ▶ 医療的ケア児

2016（平成28）年の児童福祉法改正では、「人工呼吸器を装着している障害児その他の日常生活を営むために医療を要する状態にある障害児」が規定され、地方公共団体がその心身の状況に応じた適切な保健、医療、福祉その他の各関連分野の支援を受けられるよう、保健、医療、福祉その他の各関連分野の支援を行う機関との連絡調整を行うための体制の整備に関し、必要な措置を講ずるように努めなければならないとされた（児童福祉法第56条の6第2項）。

その後、2021（令和3）年に「医療的ケア児及びその家族に対する支援に関する法律」（医療的ケア児支援法）が公布され、医療的ケア児の日常生活・社会生活を社会全体で支援することなどが規定された。

3 ▶ 障害児福祉計画

児童福祉法第33条の20において、「市町村は、基本指針に即して、障害児通所支援及び障害児相談支援の提供体制の確保その他障害児通所支援及び障害児相談支援の円滑な実施に関する計画（以下「市町村障害児福祉計画」という）を定めるものとする」とし、市町村障害児福祉計画の策定について規定されている。

その内容については、①障害児通所支援及び障害児相談支援の提供体制の確保に係る目標に関する事項、②各年度における指定通所支援又は指定障害児相談支援の種類ごとの必要な見込量、③指定通所支援

又は指定障害児相談支援の種類ごとの必要な見込量の確保のための方策、④指定通所支援又は指定障害児相談支援の提供体制の確保に係る医療機関、教育機関その他の関係機関との連携に関する事項、について定めることとされている。

作成にあたっては、「障害者の日常生活及び社会生活を総合的に支援するための法律」に規定する「市町村障害福祉計画」と一体のものとして作成することができるとしているが、当該市町村の区域における障害児の数およびその障害の状況を勘案して、障害児の福祉に関する事項を定めるものと調和が保たれたものでなければならないとされている。

4 ▶ 発達障害者支援法における発達障害者支援

1）発達障害者支援法の概要

発達障害者の心理機能の適正な発達および円滑な社会生活の促進のために、発達障害の症状の発現後できるだけ早期に発達支援を行うとともに、切れ目なく発達障害者の支援を行うことが特に重要であるとして、2005（平成17）年に「発達障害者支援法」が施行された。

2016（平成28）年に改正された同法では、発達障害の定義が見直され、「発達障害者とは、発達障害（自閉症、アスペルガー症候群その他の広汎性発達障害、学習障害、注意欠陥多動性障害などの脳機能の障害で、通常低年齢で発現する障害）がある者であって、発達障害及び社会的障壁により日常生活または社会生活に制限を受けるもの」となった。「発達障害」および「発達障害者」「社会的障壁」について以下のように定義している。

> 第二条　この法律において「発達障害」とは、自閉症、アスペルガー症候群その他の広汎性発達障害、学習障害、注意欠陥多動性障害その他これに類する脳機能の障害であってその症状が通常低年齢において発現するものとして政令で定めるものをいう。
> 2　この法律において「発達障害者」とは、発達障害がある者であって発達障害及び社会的障壁により日常生活又は社会生活に制限を受けるものをいい、「発達障害児」とは、発達障害者のうち十八歳未満のものをいう。
> 3　この法律において「社会的障壁」とは、発達障害がある者にとって日常生活又は社会生活を営む上で障壁となるような社会

における事物、制度、慣行、観念その他一切のものをいう。

　代表的な発達障害は、30頁（第2回　障害の定義と特性）にある。
　なお、医学的な診断名については、2013（平成25）年のアメリカ精神医学会（APA）の診断基準「精神疾患の診断・統計マニュアル　第5版」（DSM-5）の発表以降、広汎性発達障害やアスペルガー症候群等は「Autism Spectrum Disorder　自閉スペクトラム症／自閉症スペクトラム障害」として表現するようになった。

2）発達障害者支援センターの役割

　発達障害者支援センターは、発達障害児（者）への支援を総合的に行うことを目的とした専門的機関である。都道府県・政令指定都市自ら、または、都道府県知事等が指定した社会福祉法人、特定非営利活動法人等が運営している。発達障害児（者）とその家族が豊かな地域生活を送れるように、保健、医療、福祉、教育、労働などの関係機関と連携し、地域における総合的な支援ネットワークを構築しながら、発達障害児（者）とその家族からのさまざまな相談に応じ、指導と助言を行っている（国立障害者リハビリテーションセンターHP）。

　発達障害者支援法では、その主な業務内容を以下のように示している。

①発達障害の早期発見、早期の発達支援等に資するよう、発達障害者及びその家族その他の関係者に対し、専門的に、その相談に応じ、又は情報の提供若しくは助言を行うこと。
②発達障害者に対し、専門的な発達支援及び就労の支援を行うこと。
③医療、保健、福祉、教育、労働等に関する業務を行う関係機関及び民間団体並びにこれに従事する者に対し発達障害についての情報の提供及び研修を行うこと。
④発達障害に関して、医療、保健、福祉、教育、労働等に関する業務を行う関係機関及び民間団体との連絡調整を行うこと。

（上島　遥）

キーワード

切れ目のない支援　一元化　中核的役割

自己学習の課題

1. 住んでいる自治体にある障害児通所支援施設を調べ、それぞれの施設における支援内容の特色を整理してみよう。
2. 住んでいる自治体が作成している「障害児福祉計画」を読み、どのような目標を掲げ、どのような取り組みに力を入れているのか調べてみよう。

引用文献
- こども家庭審議会障害児支援部会「児童発達支援ガイドライン（令和6年7月）」2024
  https://www.cfa.go.jp/assets/contents/node/basic_page/field_ref_resources/7692b729-5944-45ee-bbd8-f0283126b7db/863f5ecf/20241101_policies_shougaijishien_shisaku_guideline_tebiki_02.pdf
- 障害児通所支援の在り方に関する検討会「障害児通所支援の在り方に関する検討会報告書―すべての子どもの豊かな未来を目指して」2021　https://www.mhlw.go.jp/content/12401000/000845350.pdf
- 日本精神神経学会 精神科病名検討連絡会「DSM-5 病名・用語翻訳ガイドライン（初版）」2014,『精神神経学雑誌』第116巻第6号429-457頁

第10回 障害者虐待防止法

> **学びの誘い**
> 私たちの社会のなかで、誰に対しても虐待行為は決してあってはならないことである。しかし、残念ながら障害者に対する虐待数は年々、増加している。ここでは虐待防止に向けた法的な取り組みと障害者虐待の実態、虐待予防に向けて、私たちがすべきことについて学ぶ。

第6節 障害者虐待の防止、障害者の養護者に対する支援等に関する法律（障害者虐待防止法）

1 ▶ 障害者虐待防止法の概要

1) 法律が制定された背景

2006（平成18）年、国連総会において「障害者の権利に関する条約」（以下、「権利条約」）が採択された。

権利条約では障害者が権利の主体であり、他の人と平等に自立と社会参加を保障するとしている。そして、第16条に、「搾取、暴力及び虐待からの自由」として、「あらゆる形態の搾取、暴力、虐待（性別に基づくものを含む）から障害者を保護する立法上、行政上、社会上、教育上その他の措置をとる」「2. 特に、障害者並びにその家族及び介護者に対する適当な形態の性別及び年齢に配慮した援助及び支援を確保する」ことが明記されている。

「障害者虐待の防止、障害者の養護者に対する支援等に関する法律」（以下、「障害者虐待防止法」と略す）は、権利条約の批准に向けた法整備のなか、さらには、国内で数多く発生した深刻な虐待事件を受けて、2011（平成23）年6月に成立、2012（平成24）年10月から施行されている。

障害者虐待防止法は、国内における虐待防止法として、2000（平成12）年5月に成立した「児童虐待の防止等に関する法律」（**児童虐待防止法**）、2001（平成13）年4月に成立した「配偶者からの暴力の防止及び被害者の保護等に関する法律」（**DV防止法**）、2005（平成17）年11月に成立した「高齢者虐待の防止、高齢者の養護者に対する支援等に関する法律」（**高齢者虐待防止法**）に次いで、4番目となる。

▶児童虐待防止法
2000年に施行、「児童虐待」の定義を身体的虐待、性的虐待、ネグレクト、心理的虐待の4種類とした。また、父母や児童養護施設の施設長など保護者による虐待を定義し、施設内での暴力の撲滅を目指している。

▶DV防止法
2001年に施行、「配偶者からの暴力」を防止し、被害者の保護を図るために制定された。被害者の申し立てにより裁判所は、加害者に対し、接近禁止命令や住居からの退去命令などの保護命令を行うことができる。

▶高齢者虐待防止法
2006年に施行、高齢者の安全や権利、利益を守るために制定された。高齢者に対する虐待を防ぎ、保護するための措置や支援について定めた。また、「高齢者」を65歳以上の人、高齢者虐待を「養護者によるもの」「養介護施設従事者によるもの」に分けて定義した。

2) 法律の目的

法律の目的は、障害者の権利利益を擁護することにある。これは、第1条に定める「障害者に対する虐待が障害者の尊厳を害するものであり、障害者の自立及び社会参加にとって障害者に対する虐待を防止することが極めて重要である」という考え方に基づくものである。そして、この目的を実現するために、①障害者に対する虐待の禁止、②虐待の予防および早期発見などの障害者虐待の防止等に関する国等の責務、③虐待を受けた障害者に対する保護および自立の支援のための措置、④養護者に対する支援（養護者の負担の軽減を図ること等の養護者による虐待の防止に資する支援）のための措置等が定められている。

3) 対象者

法の対象者は身体障害者、知的障害者、精神障害者、発達障害者、難病等、障害者基本法第2条第1号に規定する障害者である。また、対象者は障害者手帳を取得していない者や18歳未満の者も含まれる（養護者虐待の通報や通報に対する虐待対応は、児童虐待防止法が適用される）。

4) 障害者虐待の定義

障害者虐待とは、①養護者による障害者虐待（親、家族）、②障害者福祉施設従事者等（支援者）による障害者虐待、③使用者による障害者虐待（上司、同僚）をいう。なお、養護者、障害者福祉施設従事者等、使用者の定義は表4-7のとおりである。

・障害者虐待 ①養護者による障害者虐待
②障害者福祉施設従事者等による障害者虐待
③使用者による障害者虐待

表4-7　養護者、障害者福祉施設従事者等、使用者の定義

用語	定義
①養護者	障害者の身辺の世話や身体介助、金銭の管理等を行っている障害者の家族、親族、同居人等
②障害者福祉施設従事者等	障害者総合支援法等に規定する「障害者福祉施設」または「障害福祉サービス事業等」（以下、合わせて「障害者福祉施設等」という）に係る業務に従事する者 【主な施設・事業】 障害者支援施設、居宅介護、重度訪問介護、同行援護、行動援護、療養介護、生活介護、短期入所、就労移行支援、就労継続支援、就労定着支援、共同生活援助、一般相談支援事業、移動支援事業、地域活動支援センター、障害児通所支援事業、障害児相談支援事業等
③使用者	障害者を雇用する事業主または事業の経営担当者その他その事業の労働者に関する事項について事業主のために行為をする者

出典）厚生労働省「障害者福祉施設等における障害者虐待の防止と対応の手引き」（令和6年7月）をもとに一部改変

5）障害者虐待の類型

障害者虐待の類型には、①身体的虐待、②性的虐待、③心理的虐待、④放棄・放置（ネグレクト）、⑤経済的虐待の5つがある（表4-8）。

- 障害者虐待の類型
  - ①身体的虐待
  - ②性的虐待
  - ③心理的虐待
  - ④放棄・放置（ネグレクト）
  - ⑤経済的虐待

▶個別支援計画
障害者総合支援法に基づき、サービス管理責任者がサービス等利用計画における総合的な援助方針等を踏まえて支援内容を検討し作成する。生活介護や放課後等デイサービス、就労移行支援などで作成が義務づけられている。

表4-8　障害者虐待の類型

区分	
身体的虐待	①暴力的 【具体的な例】 ・平手打ちをする。つねる。殴る。蹴る。 ・ぶつかって転ばせる。 ・刃物や器物で外傷を与える。 ・入浴時、熱い湯やシャワーをかけてやけどをさせる。 ・本人に向けて物を投げつけたりする。　など ②本人の利益にならない強制による行為、代替方法を検討せずに障害者を乱暴に扱う行為 【具体的な例】 ・医学的診断や**個別支援計画**等に位置づけられておらず、身体的苦痛や病状悪化を招く行為を強要する。 ・介助がしやすいように、職員の都合でベッド等へ抑えつける。 ・車いすやベッド等から移動させる際に、必要以上に身体を高く持ち上げる。 ・食事の際に、職員の都合で、本人が拒否しているのに口に入れて食べさせる、飲み物を飲ませる。　など ③正当な理由のない身体拘束 【具体的な例】 ・車いすやベッドなどに縛り付ける ・手指の機能を制限するためにミトン型の手袋を付ける ・行動を制限するために介護衣（つなぎ服）を着せる ・職員が自分の身体で利用者を押さえつけて行動を制限する ・行動を落ち着かせるために、向精神薬を過剰に服用させる ・自分の意思で開けることのできない居室等に隔離する
性的虐待	○あらゆる形態の性的な行為又はその強要 【具体的な例】 ・キス、性器等への接触、性交 ・性的行為を強要する。 ・本人の前でわいせつな言葉を発する、または会話する。性的な話を強要する（無理やり聞かせる、無理やり話させる）。 ・わいせつな映像や写真をみせる。 ・本人を裸にする、またはわいせつな行為をさせ、映像や写真に撮る。撮影したものを他人に見せる。 ・更衣やトイレ等の場面をのぞいたり、映像や画像を撮影する。 ・排泄や着替えの介助がしやすいという目的で、下（上）半身を裸にしたり、下着のままで放置する。 ・人前で排泄をさせたり、おむつ交換をしたりする。またその場面を見せないための配慮をしない。　など

心理的虐待	①威嚇的な発言、態度 【具体的な例】 ・怒鳴る、罵る。 ・「ここ(施設等)にいられなくなるよ」「追い出す」などと言い脅す。 ・「給料もらえないですよ」「好きなもの買えなくなりますよ」などと威圧的な態度を取る。 など ②侮辱的な発言、態度 【具体的な例】 ・排泄の失敗や食べこぼしなどを嘲笑する。 ・日常的にからかったり、「バカ」「あほ」「死ね」など侮蔑的なことを言う。 ・排泄介助の際、「臭い」「汚い」などと言う。 ・子ども扱いするような呼称で呼ぶ。 ・本人の意思に反して呼び捨て、あだ名などで呼ぶ。 など ③障害者や家族の存在や行為、尊厳を否定、無視するような発言、態度 【具体的な例】 ・無視する。 ・「意味もなく呼ばないで」「どうして、こんなことができないの」などと言う。 ・他の利用者に障害者や家族の悪口等を言いふらす。 ・話しかけ等を無視する。 ・障害者の大切にしているものを乱暴に扱う、壊す、捨てる。 ・したくてもできないことを当てつけにやってみせる(他の利用者にやらせる)。 など ④障害者の意欲や自立心を低下させる行為 【具体的な例】 ・トイレを使用できるのに、職員の都合を優先し、本人の意思や状態を無視しておむつを使う。 ・自分で食事ができるのに、職員の都合を優先し、本人の意思や状態を無視して食事の全介助をする、職員が提供しやすいように食事を混ぜる。 ・自分で服薬ができるのに、食事に薬を混ぜて提供する。 など ⑤交換条件の提示 【具体的な例】 ・「これができたら外出させてあげる」「買いたいならこれをしてからにしなさい」などの交換条件を提示する。 ⑥心理的に障害者を不当に孤立させる行為 【具体的な例】 ・本人の家族に伝えてほしいという訴えを理由なく無視して伝えない。 ・理由もなく住所録を取り上げるなど、外部との連絡を遮断する。 ・面会者が訪れても、本人の意思や状態を無視して面会させない。 ・その利用者以外の利用者だけを集めて物事を決める、行事を行う。 など ⑦その他著しい心理的外傷を与える言動 【具体的な例】 ・車いすでの移動介助の際に、速いスピードで走らせ恐怖感を与える。 ・自分の信仰している宗教に加入するよう強制する。 ・利用者の顔に落書きをして、それをカメラ等で撮影し他の職員に見せる。 ・利用者の前で本人の物を投げたり蹴ったりする。 ・本人の意思に反した異性介助を繰り返す。 ・浴室脱衣所で、異性の利用者を一緒に着替えさせたりする。 など
放棄・放置	①必要とされる支援や介助を怠り、障害者の生活環境・身体や精神状態を悪化させる行為 【具体的な例】 ・入浴しておらず異臭がする、排泄の介助をしない、髪・ひげ・爪が伸び放題、汚れのひどい服や破れた服を着せている等、日常的に著しく不衛生な状態で生活させる。 ・**褥瘡**(床ずれ)ができるなど、体位の調整や栄養管理を怠る。 ・おむつが汚れている状態を日常的に放置している。 ・健康状態の悪化をきたすほどに水分や栄養補給を怠る。 ・健康状態の悪化をきたすような環境(暑すぎる、寒すぎる等)に長時間置かせる。 ・室内にごみが放置されている、鼠やゴキブリがいるなど劣悪な環境に置かせる。 など

放棄・放置	②障害者の状態に応じた診療や支援を怠ったり、医学的診断を無視した行為 【具体的な例】 ・医療が必要な状況にも関わらず、受診させない。あるいは救急対応を行わない。 ・処方通りの服薬をさせない、副作用が生じているのに放置している、処方通りの治療食を食べさせない。 ・本人の嚥下できない食事を提供する。　など ③必要な用具の使用を限定し、障害者の要望や行動を制限させる行為 【具体的な例】 ・移動に車いすが必要であっても使用させない。 ・必要なめがね、補聴器、補助具等があっても使用させない。　など ④障害者の権利や尊厳を無視した行為又はその行為の放置 【具体的な例】 ・他の利用者に暴力を振るう障害者に対して、何ら予防的手立てをしていない。 ・話しかけ等に対し「ちょっと待って」と言ったまま対応しない。　など ⑤その他職務上の義務を著しく怠ること
経済的虐待	○本人の同意（表面上は同意しているように見えても、本心からの同意かどうかを見極める必要がある。以下同様。）なしに財産や金銭を使用し、本人の希望する金銭の使用を理由なく制限すること。 【具体的な例】 ・本人所有の不動産等の財産を本人に無断で売却する。 ・年金や賃金を管理して渡さない。 ・年金や預貯金を無断で使用する。 ・本人の財産を無断で運用する。 ・事業所、法人に金銭を寄付・贈与するよう強要する。 ・本人の財産を、本人が知らない又は支払うべきではない支払に充てる。 ・金銭・財産等の着服・窃盗等（障害者のお金を盗む、無断で使う、処分する、無断流用する、おつりを渡さない。）。 ・立場を利用して、「お金を貸してほしい」と頼み、借りる。 ・本人に無断で親族にお金を渡す、貸す。 ・日常的に使用するお金を不当に制限する、生活に必要なお金を渡さない。　など

出典）厚生労働省「障害者福祉施設等における障害者虐待の防止と対応の手引き」（令和6年7月）」

2 ▶ 障害者虐待の実態

　国は毎年、都道府県・市区町村における障害者虐待事例への対応等に関する状況について調査を実施している。調査結果では、「虐待判断件数」が「相談・通報件数」より大きく減少していることがわかる。これは、市町村が相談・通報のあった案件を調査した結果、通報者の勘違いや冤罪を防止している反面、虐待の証拠がない等の理由により、実際は行われたであろう虐待が証明できず闇に消えてしまった結果ともいえる。

1）「相談・通報件数」、「虐待判断件数」、「被虐待者数」

　2022（令和4）年度における調査結果では、養護者による被虐待者数は2,130人、障害者福祉施設従事者等による被虐待者数は1,352人、使用者による被虐待者数は656人と、いずれも前年と比較して増加している。

▶褥瘡
「床ずれ」とも呼ばれ、寝たきりなど、同じ姿勢で体を長時間圧迫することにより、その部分の血流が悪くなり組織が損傷される。仙骨部や座骨部、踵部など、床と大きな骨で挟まれる部分に生じやすい。

▶障害者虐待の実態
「都道府県・市区町村における障害者虐待事例への対応状況等（調査結果）」及び「使用者による障害者虐待の状況等」は以下のQRコードから過年度分含め閲覧可能である。

表4-9 「相談・通報件数」、「虐待判断件数」、「被虐待者数」

	養護者による障害者虐待	障害者福祉施設従事者等による障害者虐待	（参考）使用者による障害者虐待（都道府県労働局の対応）
市区町村等への相談・通報件数	8,650件 （7,337件）	4,104件 （3,208件）	1,230事業所 （1,230事業所）
市区町村等による虐待判断件数	2,123件 （1,994件）	956件 （699件）	430件 （392件）
被虐待者数	2,130人 （2,004人）	1,352人 （956人）	656人 （502人）

（注1）上記は、令和4年4月1日から令和5年3月31日までに虐待と判断された事例を集計したもの。カッコ内については、前回調査（令和3年4月1日から令和4年3月31日まで）のもの。
（注2）都道府県労働局の対応については、令和5年9月8日雇用環境・均等局総務課労働紛争処理業務室のデータを引用。「市区町村等への相談・通報件数」は「都道府県労働局へ通報・届出のあった事業所数」、「市区町村等による虐待判断件数」は「都道府県労働局による虐待が認められた事業所数」と読み替え。）
出典）厚生労働省「令和4年度都道府県・市区町村における障害者虐待事例への対応状況等」
https://www.mhlw.go.jp/stf/houdou/0000189859_00018.html

2）障害者福祉施設従事者等による障害者虐待の実態

上記の2022（令和4）年度の実態を前年度比でみると「相談・通報件数」が28％増、「虐待判断件数」が37％増、「被虐待者数」においては41％増と、施設における虐待が深刻化している状況がわかる（表4-9）。

では、どのような利用者が虐待の被害を受けているのであろうか。調査結果はそれを明らかにしている。被虐待者の障害種別では「知的障害」72.6％と最も多く、次いで「身体障害」21.0％、「精神障害」15.8％、障害支援区分では「区分6」が29.8％と最も多く、次いで「区分5」が13.7％、「区分4」が13.6％、また、行動障害がある障害者は全体の33.5％を占めていた。

また、虐待が発生する施設・事業所種別でみると「共同生活援助」（グループホーム）が26.4％と最も多く、次いで「障害者支援施設」22.4％、「生活介護」13.7％となっている。さらに虐待者としては「生活支援員」44.4％、「世話人」9.9％、「管理者」7.9％という状況である。

こうした虐待が発生してしまう原因として、「教育・知識・介護技術等に関する問題」73.6％、「倫理観や理念の欠如」58.1％、「職員のストレスや感情コントロールの問題」57.2％等となっている。こうした原因の一つには福祉現場における人材不足があると思われる。

虐待という行為は人権を侵害する卑劣な行為であり、どのような理由があってもそれを許容することはできない。しかし、その一方、虐待をしてしまう職員は、虐待を誘発する環境におかれてしまっている側面もある。利用者一人ひとりが安心・安全に福祉サービスを利用できるためには、職員一人ひとりにとっても安心・安全な職場環境づく

りが必須不可欠である。

3▶ 虐待防止施策

1) 通報義務

　私たちが虐待を受けたと「思われる」障害者を発見した場合、速やかな通報が義務づけられている。国は下記のとおり、通報、報告等のスキーム（手順）を定めている。

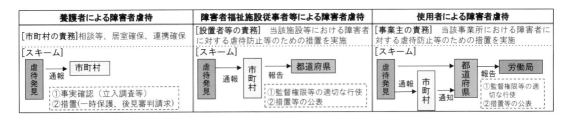

図4-6
出典）厚生労働省資料

　また、学校、保育所、認定こども園、医療機関における虐待は、障害者虐待防止法の通報義務等の対象とはなっていない。しかし、これらの機関の長・管理者には、①関係者に対する障害および障害者に関する理解を深めるための研修の実施および普及啓発、②虐待に関する相談に係る体制の整備、③虐待に対処するための措置、などの虐待を防止するため必要な措置を講ずべき旨が規定されている。

2) 早期発見

　障害者福祉施設従事者、学校の教職員、医師、歯科医師、保健師、弁護士、使用者等は、障害者虐待を発見しやすい立場にあるため、障害者虐待の早期発見に努めなければならない旨が規定されている。

3) 身体拘束の適正化

　障害者虐待防止法において、「正当な理由なく障害者の身体を拘束すること」は、身体的虐待に該当する行為とされている。「身体拘束」は、本人の意思とは関係なく、身体的な自由を奪い、行動を抑制・停止させる行為であり、それは障害者の権利や尊厳を奪うことにつながる行為である。さらに、身体を拘束されることにより関節拘縮や心肺機能等の身体能力の低下を起こし、行動抑制されることにより不安や苦痛等の精神的なストレスを生じさせる。

一方、「障害者の日常生活及び社会生活を総合的に支援するための法律に基づく指定障害者支援施設等の人員、設備及び運営に関する基準」等では、緊急やむを得ない場合を除き身体拘束等を禁止しているが、この「やむを得ない」場合の要件は、以下の3つである。

①切迫性：利用者本人または他の利用者等の生命、身体、権利が危険にさらされる可能性が著しく高い
②非代替性：身体拘束、その他の行動制限を行う以外に代替する方法がない
③一時性：身体拘束、その他の行動制限が一時的である

また、やむを得ず身体拘束を行うときの手続きとして、①組織による決定と個別支援計画への記載、②本人・家族への十分な説明、③行政への相談、④必要な事項の記録が必要である。

【身体拘束の具体的内容（例）】（133頁・表4-8）
①車いすやベッド等に縛り付ける
②手指の機能を制限するために、ミトン型の手袋をつける
③行動を制限するために、介護衣（つなぎ服）を着せる
④支援者が自分の体で利用者を押さえつけて行動を制限する
⑤行動を落ち着かせるために、向精神薬を過剰に服用させる
⑥自分の意思で開けることのできない居室等に隔離する

3）市町村障害者虐待防止センター、都道府県障害者権利擁護センター

市町村は、市町村障害者虐待防止センターとしての機能を果たすこ

表4-10

市町村障害者虐待防止センター	都道府県障害者権利擁護センター
1．養護者、障害者福祉施設従事者等、使用者による障害者虐待の通報また障害者からの届出の受理。 2．養護者による障害者虐待の防止及び養護者による障害者虐待を受けた障害者保護のための障害者及び養護者に対する相談、指導及び助言。 3．障害者虐待の防止及び養護者に対する支援に関する広報その他の啓発活動。	1．使用者による障害者虐待の通報または届出の受理。 2．市町村相互間の連絡調整、市町村に対する情報の提供、助言その他必要な援助。 3．虐待を受けた障害者に関するさまざまな問題及び養護者に対する支援に関し、相談に応ずることまたは相談機関の紹介。 4．虐待を受けた障害者の支援及び養護者に対する支援のため、情報の提供、助言、関係機関との連絡調整その他の援助。 5．障害者虐待の防止及び養護者に対する支援に関する情報の収集、分析、提供。 6．障害者虐待の防止及び養護者に対する支援に関する広報その他の啓発活動。 7．その他障害者に対する虐待の防止等のために必要な支援。

ととされている。また、市町村は、基幹相談支援センター等に、障害者虐待防止センターの業務の全部または一部を委託することができる。一方、都道府県は、都道府県障害者権利擁護センターとしての機能を果たすこととされており、都道府県社会福祉協議会等に、都道府県障害者権利擁護センターが行う業務（表4-10の2.を除く）の全部または一部を委託することができる。

4）虐待防止に向けた養護者支援

障害者虐待防止法の正式名称に入っている「養護者に対する支援」という言葉は、虐待防止を目指すには、虐待を受けた人のみでなく、養護者や家族等への支援が重要であることを示している。例えば、養護者による虐待では、介護疲れや障害に対する理解の不足などが虐待の背景になっていることも考えられるため、虐待した人やその家族にも適切な支援が必要となる。

5 ▶ 障害者虐待防止のさらなる推進

1）虐待防止措置

すべての施設・事業所において、障害者虐待防止のさらなる推進のため、運営基準に次の内容を盛り込むこととなり、①虐待防止委員会の設置等、②従業者への研修の実施、③虐待の防止等のための責任者の設置が、2022（令和4）年度より義務化されている。こうした虐待防止措置が未実施の場合、2024（令和6）年度より、所定単位数の1％が減算されることとなった。

2）虐待防止委員会

各事業者内に設置される、虐待防止委員会では、①虐待防止のための体制づくり（虐待防止マニュアルやチェックリスト等の整備）、②虐待防止のチェックとモニタリング、③虐待（不適切な対応事例）発生後の適切な対応を行うことが期待されている。

3）意思決定支援による虐待予防・防止

2017（平成29）年に国が策定した意思決定支援ガイドラインによると、「意思決定支援とは、自ら意思を決定することに困難を抱える障害者が、日常生活や社会生活に関して自らの意思が反映された生活を送ることができるように、可能な限り本人が自ら意思決定できるよう

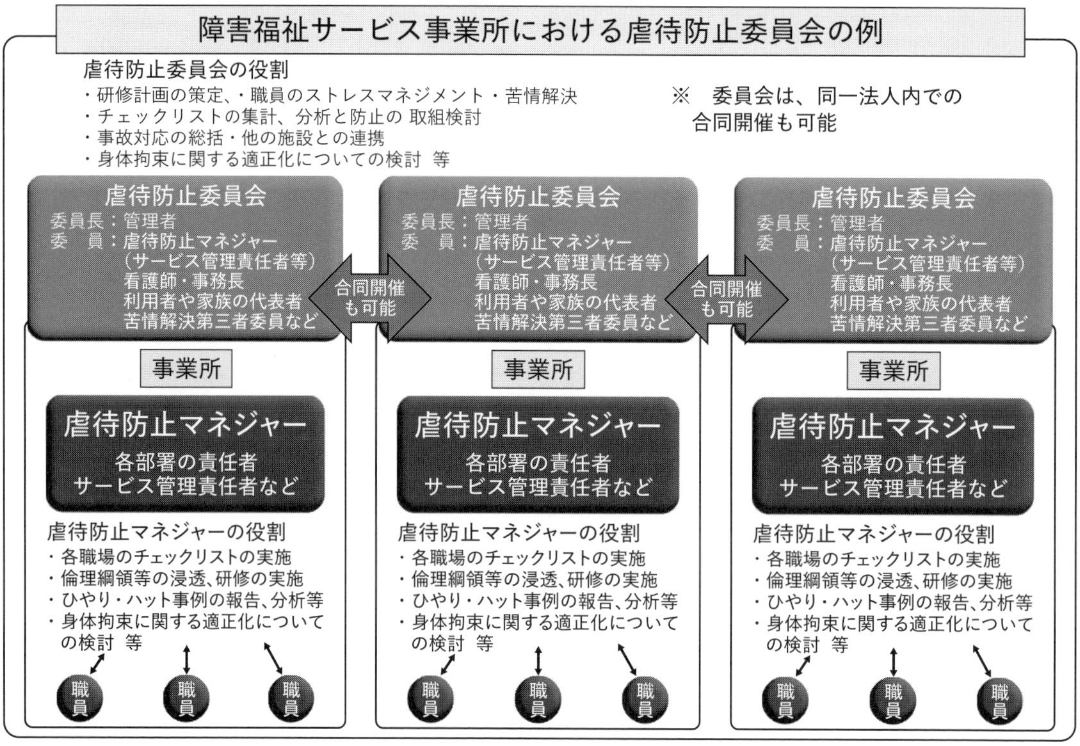

障害福祉サービス事業所における虐待防止委員会の例

虐待防止委員会の役割
・研修計画の策定、・職員のストレスマネジメント・苦情解決
・チェックリストの集計、分析と防止の取組検討
・事故対応の総括・他の施設との連携
・身体拘束に関する適正化についての検討 等

※ 委員会は、同一法人内での合同開催も可能

虐待防止委員会
委員長：管理者
委　員：虐待防止マネジャー
　　　　（サービス管理責任者等）
　　　　看護師・事務長
　　　　利用者や家族の代表者
　　　　苦情解決第三者委員など

合同開催も可能

事業所

虐待防止マネジャー
各部署の責任者
サービス管理責任者など

虐待防止マネジャーの役割
・各職場のチェックリストの実施
・倫理綱領等の浸透、研修の実施
・ひやり・ハット事例の報告、分析等
・身体拘束に関する適正化についての検討 等

職員

図4-7　虐待防止の組織図の例
出典）厚生労働省「障害者福祉施設等における障害者虐待の防止と対応の手引き」（令和6年7月）より作成

支援し、本人の意思の確認や意思及び選好を推定し、支援を尽くしても本人の意思及び選好の推定が困難な場合には、最後の手段として本人の最善の利益を検討するために事業者の職員が行う支援の行為及び仕組み」と説明している。

また、こうした意思決定支援を行う際の基本原則は、①本人への支援は、自己決定の尊重に基づき行うこと。②職員等の価値観においては不合理と思われる決定でも、他者への権利を侵害しないのであれば、その選択を尊重するように努める姿勢が求められる。③本人の自己決定や意思確認がどうしても困難な場合は、本人をよく知る関係者が集まって、（中略）様々な情報を把握し、根拠を明確にしながら意思及び選好を推定する。とされている。

すなわち、これまで障害者が自分のことは自分で決めるとする「自己決定」という考えに加え、意思決定支援では、一定のプロセスを経て、第三者が代わりに決めることもあり得るということである。

虐待が多く発生する場面では、こうした意思決定に関する認識は低く、障害者の日常生活・社会生活の場面で、家族や職員が主体となり物事が決められ、進められてしまう。虐待防止に向け、改めて、障害

者権利条約のスローガンでもある、「私たち抜きに、私たちのことを決めないで（Nothing About Us, Without Us）」を一人ひとりが再確認し、意思決定支援による虐待防止を目指すべきである。

（谷内孝行）

キーワード

障害者虐待　障害者虐待の類型　行動障害　通報義務　身体拘束　障害者虐待防止センター　虐待防止委員会　意思決定支援

自己学習の課題

1．障害者虐待防止法における、定義、類型についてまとめてみよう。
2．障害者虐待の防止に向けて、意思決定支援が重要である理由について論じてみよう。

参考文献

・厚生労働省「障害者福祉施設等における障害者虐待の防止と対応の手引き」（令和6年7月）
https://www.mhlw.go.jp/content/001282170.pdf
・厚生労働省「令和4年度 障害者虐待の防止、障害者の養護者に対する支援等に関する法律」に基づく対応状況等に関する調査結果報告書」（令和5年12月）
https://www.mhlw.go.jp/content/12201000/001217870.pdf

第11回 障害者の就労支援

> **→ 学びの誘い**
>
> この章では、障害者の就労に関するさまざまな施策・制度について学ぶ。特に障害者雇用率制度などは目まぐるしく改正が行われるため、常に最新のデータにあたることを心がける必要がある。
> また、単に施策・制度の概要を知るだけでなく、障害者の権利擁護を担うソーシャルワーカーとして、障害者の働く権利を保障することの意味という根本的な問いについても考えてみてほしい。

第7節 障害者の就労支援

1 ▶ 障害者の就労の現状

▶障害者の権利に関する条約
➡76頁参照

「**障害者の権利に関する条約**」では、第27条「労働及び雇用」において、「障害者が他の者との平等を基礎として労働についての権利を有することを認める」と障害者の働く権利について明言をしている。さらにこの権利は「障害者を包容し、及び障害者にとって利用しやすい労働市場及び労働環境において、障害者が自由に選択し、又は承諾する労働によって生計を立てる機会を有する権利を含む」とより具体的に規定している。

ここで働くことの意味について考えてみよう。

尾高（1941）は「職業とは個性の発揮、連帯の実現及び生計の維持を目指す・人間の継続的なる・行動様式である」と述べている。私たちは労働について考えるとき、生計を維持するための手段という点に目がいきがちである。しかし、人は職業を通して、個性を発揮したり、連帯を実現することで人生を彩っていくものとも考えられる。果たして今の日本は障害者にとって、そのような権利が保障されている社会と言えるだろうか？　今一度、考えてみてほしい。

日本の法律に目を向けてみると、障害者基本法では第3条（地域社会における共生等）第1号において「全て障害者は、社会構成する一員として社会、経済、文化その他あらゆる分野の活動に参加する機会が確保されること」と規定されている。さらに個別の法律である「身体障害者福祉法」「知的障害者福祉法」「精神保健福祉法」のすべての法律の目的に「社会経済活動への参加を促進」することを明記している。この社会経済活動には、当然に就労の実現も含まれるであろう。

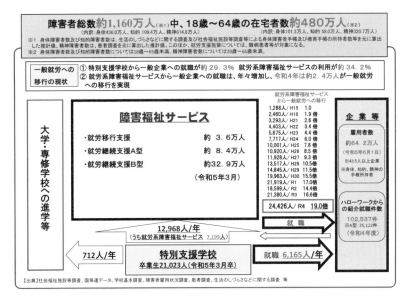

図4-8　就労支援施策の対象となる障害者数／地域の流れ
出典）厚生労働省

　まずは、「就労支援施策の対象となる障害者数／地域の流れ」（厚生労働省）（図4-8）から日本における障害者の就労状況を確認していくこととする。

　企業などで雇用されている障害者は2023（令和5）年6月1日現在、約64.2万人とされている。これは、18歳〜64歳の在宅の障害者数が約480万人であることを考えると、決して多いとはいえないであろう。

　一方で、就労系障害福祉サービスから一般就労への移行は、2003（平成15）年は1,288人であったが、2022（令和4）年は24,426人で19.0倍にもなっている。これには、種々の政策・制度の展開が少なからず影響していると考えられる。

　ここからは、障害者の就労に関する現状の制度・政策について、大きく「障害者雇用促進法」「障害者総合支援法」「障害者優先調達推進法」に分けて説明を行う。

2 ▶ 障害者の雇用の促進等に関する法律（障害者雇用促進法）

　障害者の雇用に関する主たる法律は、この障害者雇用促進法である。この法律の目的は、障害者の職業生活において、自立することを促進するための措置を総合的に講じ、もって障害者の職業の安定を図ることである。

1) 障害者雇用率制度

❶ 対象となる企業と法定雇用率

　障害者について、一般労働者と同じ水準で常用労働者となり得る機会を確保するために、常用労働者の数に対する割合（障害者雇用率）を設定し、事業主に障害者雇用率達成義務を課している。これを障害者雇用率制度という。このように障害者の雇用については、事業主に義務を課すことで、その機会を保障しようとしている。

　障害者雇用率制度について理解するとき、①本制度の対象となる企業の規模、②企業に求められる雇用率の2点を押えておく必要がある。これらはこれまで徐々にその範囲を拡大してきており、今後の展開も注視する必要がある。

　①の対象となる企業規模については、従業員を40人以上雇用している事業主に雇用義務が生じる。②の企業に求められる雇用率を**法定雇用率**というが、この法定雇用率はこれまで引き上げをくり返してきている。さらにこの法定雇用率は、「民間企業」「国、地方公共団体」「都道府県等教育委員会」で率が異なる。

　2024（令和6）年4月からの法定雇用率は、施策を推進する立場である「国・地方公共団体」に最も高い2.8％を課し、次いで「都道府県等の教育委員会」（2.7％）、「民間企業」（2.5％）の順となっている。

❷ 対象となる障害者

　障害者雇用促進法では、「障害者」を「身体障害、知的障害、精神障害（発達障害を含む）その他の心身の機能の障害（以下「障害」と総称する）があるため、長期にわたり、職業生活に相当の制限を受け、又は職業生活を営むことが著しく困難な者をいう」としており、障害者手帳の所持者に限定していない。この定義は、障害者基本法の定義に非常に近いものとなっているため、その違いを確認してほしい。

　一方で、障害者雇用率制度の上では、原則として**身体障害者手帳、療育手帳、精神障害者保健福祉手帳**の所有者を実雇用率の算定対象としている点は注意をしておきたい。そのため、障害者雇用率の対象となるためには、障害者が障害を開示すること、障害者手帳を取得していることが求められる。

　これまで障害者手帳を所持していない人が、本制度の障害者雇用で求職活動をする際は、障害者手帳の取得を検討しなければならない。たとえば、これまで就職には結びつくもののなかなか仕事を継続することに難しさを感じている人がいたとしよう。その背景には、発達特性などがあることが疑われ、医師からも発達障害の診断を受けていた

▶**法定雇用率**
本文では、民間企業について法定雇用率を2.5％と記しているが、これは段階的な引き上げ措置が行われているものである。
実際には、2023年度から従来の2.3％から2.7％に引き上げられている。しかし、計画的な雇い入れが可能となるように、2023年度は2.3％に据え置き、2024年度から2.5％、2026年度より2.7％と段階的に引き上げることとしている。国・地方公共団体等、教育委員会も同様に段階的な引き上げ措置となっている。

▶**障害者手帳**
障害者手帳とは、大きく身体障害者福祉法に基づく身体障害者手帳、精神保健福祉法に基づく精神障害者保健福祉手帳、知的障害者を対象とした療育手帳については法による規定ではなく、通知に基づいて各自治体が運用するものである。障害者手帳を所持することで、本講にある障害者雇用率の算定対象となるほか、医療費等の助成や公共料金等の割引、税制上の優遇が受けられることがある。

とする。しかし、現状では、医師の診断のみをもって法定雇用率の対象となる障害者となるわけではない。

　障害者手帳を取得するということは、その人にとって大きな意味をもつことになる。安易に就職のために障害者手帳の取得を勧めることは、ソーシャルワーカーとして望ましい対応とはいえないであろう。そのような場合は、働くことも含めた生活、もう少し大げさな言い方をすれば、これからの人生をどう生きていくのかについて、本人と共に考えていく必要がある。

　次に週の所定労働時間ごとのカウントについてみていくこととする（表4-11）。

表4-11　障害者雇用率制度について

○事業主に対して、従業員の一定割合（法定雇用率）以上の障害者の雇用を義務付け
〈令和6年4月から令和8年6月まで〉
民間企業：2.5%　国、地方自治体：2.8%　都道府県等の教育委員会：2.7%
〈令和8年7月以降〉
民間企業：2.7%　国、地方自治体：3.0%　都道府県等の教育委員会：2.9%

週所定労働時間		30H以上	20H以上30H未満	10H以上20H未満
身体障害者		1	0.5	—
	重度	2	1	0.5
知的障害者		1	0.5	—
	重度	2	1	0.5
精神障害者		1	1（※）	0.5

※当分の間の措置として、精神障害者である短時間労働者は、雇入れの日からの期間等にかかわらず、1人をもって1人とみなすこととしている。
出典）厚生労働省

　本来であれば、1人の障害者雇用をもって、障害者雇用者数1となるが、法定雇用率上はこれに例外を設けている。法定雇用率では、まず基準となる週の所定労働時間を30時間としている。この場合は、原則通り1名雇用すれば障害者雇用者数1としてカウントされる。ただし、重度の身体障害者、重度の知的障害者については、1人雇用すると2人雇用したものとしてカウントされる（精神障害者には重度という枠組みはないことに注意が必要である）。

　その理由として、そもそも日本の雇用率制度は、「雇用されにくい障害者を対象にした積極的優遇施策」（杉原 2009：218）であることを理解しておきたい。つまり、施策のない状態では一般企業に雇用されにくい障害者に対して、国が雇用されやすい状態を構築しているといえる。さらに重度の障害者は雇用されることが困難である場合があ

ることを踏まえ、1人をもって2人雇用したとみなすことで、その調整を行っていると考えることができるであろう。

次に短時間労働者（30時間未満）についてはどうであろうか。

20時間以上30時間未満の者を短時間労働者と位置づけている。表4-11を確認してほしいが、すべて1／2となると理解してよい。ただし、**精神障害者については、当分の間20時間以上30時間未満であっても0.5ではなく1とカウントすることとなっている点に注意が必要**である。なお、2024（令和6）年度より10時間以上20時間未満の者を「特定短時間労働者」と位置づけ、精神障害者および重度の身体障害者、重度の知的障害者について0.5とカウントできることとなった。

このように日本の障害者雇用に関する政策は、対象となる企業を拡大、対象となる障害者を拡大し、より広がりをみせようとしていることがうかがえる。

❸ 特例子会社

障害者雇用率制度は本来、障害者の雇用機会の確保について、個々の事業主（企業）ごとに義務づけられている。しかし、障害者雇用促進法では一定の要件を満たす場合、障害者の雇用に特別の配慮をした子会社を設立し、子会社で雇用している労働者を親会社に雇用しているものとみなして実雇用率に算定できる制度がある。それが特例子会社である（図4-9）。

たとえば、**特例子会社**を設立し、親会社の清掃業務や郵便物の仕分け・配送、ダイレクトメールの発送などを一手に請け負っている特例子会社などがある。このような業務を障害の特性に配慮し確保するこ

▶精神障害者の短時間労働者の対応
2018年に障害者の雇用義務の対象に精神障害者が加わることとなったが、その際、精神障害者の職場定着を促進するために算定方法の見直しが行われた。
精神障害者である短時間労働者は、一定の要件を満たした場合、対象者1人につき0.5ではなく1とすることとなった。これは2022年度末までの特例措置であったが、「障害者雇用分科会」の意見を踏まえ、2023年度より当分の間、特例措置を延長することとなった。

▶特例子会社
2023年6月1日現在、特例子会社は全国に598社あり、グループ適用は362グループに及び、障害者雇用を推進する大きな役割を担っている。これは過去20年をさかのぼってみても、毎年増加を続けている。
特例子会社における障害種別による雇用をみると、知的障害者約24万人、身体障害者約12万人、精神障害者約10万人となっている。

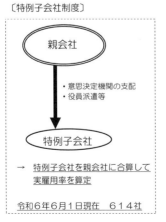
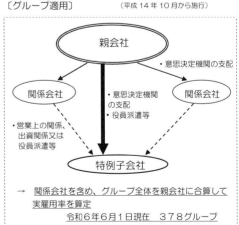

図4-9 「特例子会社」制度の概要
出典）厚生労働省

とで、職場環境の整備が容易となり、結果として障害者の能力を十分に引き出すことが可能となる。このように環境が整備されることで、職場定着率が高まり、生産性の向上も期待できるなどのメリットがある。

また、障害者の受け入れにあたり、環境整備が必要である場合など、設備投資を集中できるといったメリットも事業主にはある。もちろん、事業主だけではなく、障害者にとっても業務の確保、職場環境が整備されていれば働きやすく、定着率の向上につながるであろう。

他方で、永野ら（2018：270）は、過去の報告書における言及を踏まえ「特例子会社は、障害のある者とない者が同じ職場で共に働くことが重要だとするインクルーシブの理念に反するという意見もある」と指摘する。前述の尾高の言及のように、働くことは、生計の維持のみならず、個性の発揮や連帯の実現をもたらすものであるべきだろう。このような指摘も踏まえて今後、特例子会社のよりよいあり方について議論が進められていくものと思われる。

2) 障害者雇用納付金制度

障害者を雇用しようとする事業主は、作業施設や設備の改善、職場環境の整備など、その障害特性に合わせた雇用管理などが必要となる場合がある。これらの対応には経済的な負担が伴うことから、雇用義務をきちんと履行している事業主と、履行していない事業主では経済的な負担に差が生じることもあり得る。そこで、障害者雇用は事業主が協働して果たしていくべき責任であるという社会連帯責任の理念に立ち、事業主間の障害者雇用に伴う経済的負担の調整を図るものである（図4-10）。

ここでいう経済的負担の調整についてもう少し詳しくみていこう。

後述のとおり、障害者雇用納付金は、法定雇用率を達成していない事業主が納付をしなければならないものである。ここで徴収された納付金を財源として、法定雇用率を超えて障害者を雇用した事業に主に障害者雇用調整金、報奨金、**在宅就業障害者特例調整金**などの支給に使われている。ここでいう調整とはこのような意味である。

❶ 障害者雇用納付金

前述のとおり、障害者雇用納付金は法定雇用率が未達成の事業主から徴収する納付金である。その要件は、①常用雇用労働者の総数が100人を超える（101人以上）事業主で、②法定雇用障害者数を下回っていることであり、その場合、不足している障害者1人につき月額

▶**在宅就業障害者特例調整金**
在宅就業障害者特例調整金とは、在宅就業障害者に仕事を発注する企業に対して、障害者雇用納付金制度の枠組みから、特例調整金・特例報奨金を支給する制度である。
在宅就業障害者とは、自宅等において就業する障害者を指す。

50,000円の納付金を支払わなければならない。

①に関しては、雇用義務は40人以上の事業主に生じているが、障害者雇用納付金の対象となる事業主は101人以上であるという点に注意が必要である。②は法定雇用障害者を下回っている人数1人ごとに納付金義務が生じている。

❷ 障害者雇用調整金・報奨金

障害者雇用調整金は、常用雇用労働者の総数が100人を超えている（101人以上）事業主に対して、法定雇用障害者数を超えている場合

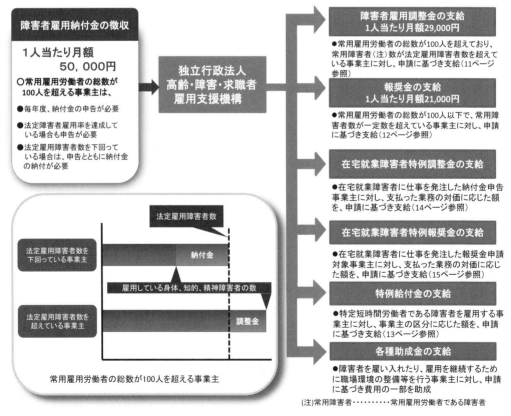

図4-10　障害者雇用納付金制度とは
出典）独立行政法人高齢・障害・求職者雇用支援機構

に支給される。支給される額は、1人当たり月額29,000円である。

一方、報奨金は、常用労働者の総数が100人以下の事業主で、常用障害者数が一定数を超えている事業主に対して支給される。報奨金は「一定数を超えている」ことで算定方法が定められているが、ここでは1人当たり月額21,000円であることを理解しておけばよいであろう。

3) 障害者雇用の実際

では、実際に雇用されている障害者の数はどのようになっているだろうか。

厚生労働省は障害者雇用促進法に基づき、毎年6月1日現在の障害者雇用状況について、雇用義務のある事業主などに報告を求め、それを集計している。

2023（令和5）年の民間企業の実雇用率は2.33％であり、以下、国（2.85％）、都道府県（2.86％）、市町村（2.57％）、教育委員会（2.27％）であった。

最新の統計については、「**障害者雇用状況の集計結果**」と検索し、厚生労働省の集計結果を各自確認してほしい。

▶障害者雇用状況の集計結果

4) 雇用分野における障害者に対する差別の禁止など

❶ 雇用分野での障害者差別の禁止

障害者雇用促進法では、募集・採用、賃金、配置、昇進、教育訓練などの雇用に関するあらゆる局面で、①障害者であることを理由に障害者を排除すること、②障害者に対してのみ不利な条件を設けること、③障害のない人を優先することを「障害であることを理由とする差別」に該当するとして禁止している。たとえば、「あなたは障害者だから採用しない」などは、まさに障害を理由とした差別に該当する。

一方で、後述の合理的配慮を提供し、労働能力などを適正に評価した結果として、障害のない労働者と差が生じることは、障害を理由とする差別には該当しない。また、研修などを実施する際に、本人の申し出により合理的配慮を提供した結果、他の従業員と異なる研修メニューを提供することも障害を理由とする差別とはならない。

さらに、障害者雇用の積極的雇用のために、障害者のみを対象とする、いわゆる「障害者専用求人」を設け、障害者を有利に扱うことは、障害のない労働者と異なる取扱いになるが、これも障害者雇用促進法の禁止する「障害者差別の禁止」には該当しない。

▶合理的配慮の具体例

▶障害者職業センター
障害者職業センターは、職業リハビリテーションの専門的実施機関である。
本講で紹介した地域障害者職業センターのほか、中核的な機関として、高度かつ先駆的な職業リハビリテーション、研究・開発、職員との養成・研修を行う「障害者職業総合センター」、広域障害者職業センターは、職業リハビリテーションサービスの先駆的実施機関として職業評価、職業訓練、職業指導等、個々の特性に応じた総合的な職業リハビリテーションを提供している。

▶配置型ジョブコーチ
ジョブコーチ（職場適応援助者）とは、障害者の職場適応に対する課題を解決するため、障害者が働く場に出向いて、障害特性を踏まえた専門的な支援を行うことを役割としている。
ジョブコーチには、地域障害者職業センターに配置される「配置型ジョブコーチ」、障害者の就労支援を行う社会福祉法人などに雇用される「訪問型ジョブコーチ」、障害者を雇用する企業に雇用される「企業在籍型ジョブコーチ」の3類型がある。

❷ 雇用分野での合理的配慮の提供義務

雇用分野における合理的配慮とは、募集および採用時では、障害者と障害のない者との均等な機会を確保するための措置であり、採用後では、障害者と障害のない人の均等な待遇の確保、または障害者の能力の有効な発揮の支障となっている事情を改善するための措置をいう。障害者雇用促進法では、事業主に合理的配慮の提供を義務づけている。

合理的配慮の提供は、障害者からの申し出が必要である。申し出に従い、その障害者と事業主の間で対応を協議することとなる。

合理的配慮の具体例についてみてみよう。

募集・採用時の合理的配慮であれば、視覚障害がある人に対して拡大版の試験用紙を用意する、聴覚障害がある人との面接に筆談ボードを使用するなどがあげられる。

採用後であれば、知的障害のある人に対してマニュアルにルビを振る、図などのわかりやすいマニュアルを作成する、肢体不自由のある人の机の高さを調節するなどが例としてあげられている。

これまでの障害者雇用は、「雇用の機会を確保する」ことが主たるテーマになっていたが、現在はそれだけではなく「雇用の質の向上」に取り組むことが求められており、国レベルでも議論が進められている。

5) 障害者職業センター

障害者雇用促進法では、第19条で厚生労働大臣は**障害者職業センター**の設置および運営業を行うものとしている。障害者職業センターには、①障害者職業総合センター、②広域障害者職業センター、③地域障害者職業センターがあるが、ここでは地域障害者職業センターについてのみ説明することとする。

地域障害者職業センターは、各都道府県に設置される職業リハビリテーションの第一線機関である。業務として、①障害者に対する職業評価、職業指導、職業準備訓練および職業講習を系統的に行うこと、②雇用されている知的障害者などに対する職場への適応に関する事項についての助言・指導、③事業主に対する障害者の雇用管理に関する事項について助言・援助などがある。

地域障害者職業センターの重要な役割として「**配置型ジョブコーチ**」に関する業務がある。

6) 障害者就業・生活支援センター

障害者就業・生活支援センターは、障害者雇用促進法第27条に規定

がある。

　障害者の身近な地域において、就業面と生活面の一体的な相談・支援を行う機関である。障害者就業・生活支援センターの職員は、就業に関する相談や障害特性を踏まえた雇用管理に関する助言などの「就業支援」を担当する就業支援担当者2〜7名、日常生活・地域生活に関する助言などの「生活支援」を担当する生活支援担当者1名であり、これらの相談・支援を一体的に行うことで、自立・安定した職業生活の実現を目指す。

3 ▶ 障害者総合支援法における就労支援施策

　次に、障害者総合支援法における就労系サービスを見ていくこととする。

　障害者総合支援法では、訓練等給付のなかに「就労移行支援」「就労定着支援」「就労継続支援（A型、B型）」と3つのサービスを規定している。ここでは、「就労」と書かれているものの、その意味するところがサービスによって異なっている点に注意をしなければならない。

　一つずつ見ていこう。「就労移行支援」では、一般企業への就労に移行することを目的としてサービスが提供される。また、「就労定着支援」は、実際に一般企業への就労を実現した障害者が、その就労を安心して定着できるような支援が提供されるものである。「就労移行支援」「就労定着支援」における「就労」とは一般企業での就労を指している。

　一方で、「就労継続支援」が意味する「就労」は一般企業における就労を指していない。対象者が「通常の事業所に雇用されることが困難である者」であることからもわかるとおり、ここでいう「就労」とはいわゆる福祉的就労を指している。

　これから個々に見ていくが、まずはこれらの違いを理解し、整理することが求められる。

1）就労移行支援

　前述のとおり、就労移行支援とは一般企業への就労を目指すための支援である。そのため、対象者は①一般企業への就労を希望し、かつ、②知識・能力の向上、実習、職場探しなどを通じて、適性に合った職場への就労などが見込まれる障害者となる。なお、従前は65歳未満

という制限があったが、2018（平成30）年より一定の要件を満たした場合は、65歳以上の障害者も利用が可能となった。

就労移行支援でのサービス内容は、事業所内での作業などの訓練等を行い、適性に合った職場探しを通じて、一般就労への移行を目指す。さらには就労を実現した後も原則として6か月間までは、就労移行支援事業者が継続的な支援（フォローアップ）を行うこととしている。

就労移行支援でもうひとつ重要な点として、標準利用期間が定められていることがあげられる。その期間は24か月（2年）であり、必要性が認められた場合のみ、最大1年間の更新が可能である。

2）就労定着支援

就労移行支援は、一般企業への就労を実現するための支援であり、就労定着支援は、一般企業への就労を実現した障害者の、就労を定着できるよう支援するものである。対象者は、就労移行支援、就労継続支援、生活介護、自立訓練の利用を経て一般就労へ移行した障害者で、就労に伴う環境変化により、日常生活または社会生活上の課題が生じている者であって、一般企業への就労後6か月を経過した者となっている。

一つひとつ見ていこう。

冒頭の就労移行支援、就労継続支援、生活介護、自立訓練は、すべて障害者総合支援法のサービスである。そのなかでも、これらは原則として障害者が通所する場所であると理解しておくとよいであろう。そのため、特別支援学校から就職をした障害者などは、支援の対象とならない点に注意が必要である。

次に「一般企業へ就労後6か月を経過した者」という点は、就労移行支援で見たとおり、一般就労へ送り出した就労移行支援事業所は、6か月のアフターフォローを行うことになっている。この6か月を経過したところから就労定着支援事業にバトンタッチして、支援を行うとイメージをしておくとよい。

また、就労後の支援については、その他に障害者雇用促進法にある障害者就業・生活支援センターや職場適応援助者（ジョブコーチ）による支援がある。

3）就労継続支援

就労継続支援は、これまで見てきた就労移行支援、就労定着支援と異なり、福祉的就労の継続を目的としたサービスである。そのため、

就労移行支援や就労定着支援のような利用に関する標準期間は定められていない。就労継続支援にはA型とB型があり、その違いは雇用契約を結ぶか否かにある。

就労継続支援A型事業所は、通常の事業所に雇用されることが困難な障害者であるが、雇用契約に基づく就労が可能な者に対して、就労の機会の提供や生産活動の機会の提供などを行う。事業主と利用者は雇用契約を締結するため、労働基準法上の労働者となる。そのため事業主は利用者に原則として、最低賃金以上の賃金を支払わなければならない。

一方、就労継続支援B型事業所は、通常の事業所に雇用されることが困難な障害者という点は同じであるが、B型事業所では雇用契約を締結しない。そのため、利用者に支払われるものを工賃と呼ぶ。2023（令和4）年度の平均工賃を見ると月額17,031円、時間額に換算すると243円である。

この金額をどのように感じるだろうか。工賃向上の意義やその手法については、令和元年度厚生労働省委託事業「**就労継続支援事業所における工賃向上ガイドブック――良い支援、高い工賃の追求**」に詳しい。厚生労働省のサイトから全文ダウンロードが可能なので、一読してほしい。

▶「就労継続支援事業所における工賃向上ガイドブック――良い支援、高い工賃の追求」

4 ▶ 国等による障害者就労施設等からの物品等の調達の推進等に関する法律（障害者優先調達法）

1）障害者優先調達法の概要

障害のある人が自立した生活を送るためには、就労によって経済的な基盤を確立することが重要である。そのためには、単に雇用する企業や福祉サービス事業所のみが努力するだけでは不十分である。

障害者が就労する施設等の仕事を確保し、その経営基盤を強化することが求められる。この法律では、国や地方公共団体などが率先して、障害者就労施設等からの物品などの調達を推進するよう、必要な措置を講じることを定めている。

具体的には、国は障害者就労施設等からの物品などの調達基本方針を定める。各省庁や独立行政法人は、基本方針に従い、障害者就労施設などからの物品などの調達方針を作成し、年度終了後に実績の公表を行う。地方公共団体も同様に毎年度、調達方針を作成し、年度終了後に実績を公表する。

2) 対象となる障害者就労施設等

障害者優先調達法の対象となる「障害者就労施設等」とは、どのような施設を指すのだろうか。大きく、①障害福祉サービス事業所等、②障害者を多数雇用している企業、③在宅就業障害者等の3つに分けられる。

①は、就労継続支援事業所（A型・B型）だけでなく、就労移行支援事業所や地域活動支援センターなども含まれる。施設において、生産活動を行っているところは対象になると考えてよい。

②は、特例子会社や重度障害者多数雇用事業所が該当する。③は自宅等において物品の製造や役務の提供などを自ら行う障害者（在宅就業障害者）などである。

厚生労働省は、発注例として「サービス」（クリーニング、清掃、印刷、データ入力など）や「物品」（弁当、制服など注文製造、部品）をあげている。このように、障害者を雇用する企業や障害福祉サービス事業所などは、社会情勢に即した需要に応じた質の高い業務の提供に取り組み、国・地方公共団体などは、このような物品等の調達に努めるという、それぞれの取り組みが両輪となって展開していくものである。

（金子毅司）

キーワード

障害者雇用促進法　法定雇用率　障害者雇用納付金　合理的配慮

自己学習の課題

1. これまでの法定雇用率の変遷を調べ、企業と福祉の連携のあるべき姿をまとめてみよう。
2. ジョブコーチには、「配置型ジョブコーチ」「企業在籍型ジョブコーチ」「訪問型ジョブコーチ」の3類型がある。それぞれの役割と特徴を整理してみよう。
3. 「就労継続支援事業所における工賃向上ガイドブック－良い支援、高い工賃の追求」を確認し、現状の就労継続支援事業所の抱える課題と改善策を考えてみよう。

参考・引用文献

- 杉原努（2009）「障害者雇用率における『ダブルカウント方式』の考察」『Core Ethics：コア・エシックス』5、217-228
- 永野仁美、長谷川珠子、富永晃一編（2018）『詳説 障害者雇用促進法―新たな平等社会の実現に向けて（増補補正版）』弘文堂
- 尾高邦雄（1941）『職業社會學』岩波書店
- 山田雅彦（2013）「今後の障害者雇用施策の動向～障害者雇用促進法改正法について」『ビジネス・レーバー・トレンド研究会報告』

第5章
障害者と家族等の支援における関係機関と専門職の役割

　障害者を支える法制度を効果的に活用し、障害者の多様なニーズに応えるとともに、ライフステージに応じた継続性のある支援を行うには、福祉をはじめ保健・医療、教育などの関係機関や専門職の連携による取り組みが必要となる。

　このため、ソーシャルワーク専門職は、関係する機関や他の専門職が、どのような機能をもち役割を果たしているのかを把握するとともに、家族はもとより地域住民やボランティアなど、さまざまな人が関わることを考え、連携を進めることが重要である。

　本章第1節では、第12回として、障害者と家族等の支援における関係機関の役割について学ぶ。まずは、障害者総合支援法における国や都道府県、市町村の役割を確認するとともに、障害者に対する法制度に基づく施設や事業所、その他、特別支援学校やハローワークなど幅広い分野の関係機関にも触れる。

　次の第2節では、第13回として、関連する専門職等の役割についても学ぶ。医師や看護師、保健師、そしてリハビリテーションに関わる専門職の業務についても概観する。また、障害福祉サービスの活用に関連する相談支援専門員やサービス管理責任者・児童発達支援管理責任者、居宅介護従事者等の役割を考えるとともに、ピアサポーターやスクールソーシャルワーカー、住民・ボランティアなど、障害者の地域生活を支える人々についても紹介する。

障害者と家族支援における関係機関の役割

▶学びの誘い

本章の第1節では、障害者と家族等の支援について、「障害者の日常生活及び社会生活を総合的に支援するための法律」（以下、障害者総合支援法）における国（厚生労働省）、都道府県、市町村の役割を学ぶ。また、本章は「障害者と家族等の支援における関係機関と専門職の役割」をテーマとしているため、「法制度に基づく施設および事業所」「特別支援学校」「ハローワーク」についての理解も必要である。

第1節 障害者と家族等の支援における関係機関の役割

1 ▶ 国、都道府県、市町村

本節では、障害者と家族等の支援について、「障害者総合支援法」における国、都道府県、市町村の役割を述べる。

1）国の役割

国の「障害者総合支援法」における役割は、自立支援給付（介護給付費、訓練等給付費、地域相談支援給付費、計画相談支援給付費、自立支援医療費および補装具費など）の支給について、全国共通の基準で行われるよう、支給決定などサービス内容についての基準を定めている。

自立支援給付費については、国は市町村が支弁した費用について障害支援区分ごとの人数などを勘案し、算定した額の2分の1を、都道府県が支弁した自立支援医療費の2分の1を義務的経費として負担する。

また、厚生労働大臣は、障害福祉サービス、相談支援、地域生活支援事業の提供体制を整備し、自立支援給付および地域生活支援事業の円滑な実施を確保するための「基本指針」を定め、3年ごとに見直し、遅延なく公表することとされている。

基本指針において定められる主な事項は、次の4点に示すとおりである。
①障害福祉サービスおよび相談支援の提供体制の確保に関する基本的事項
②障害福祉サービス、相談支援ならびに市町村および都道府県の地域生活支援事業の提供体制の確保にかかる目標に関する事項

③市町村障害福祉計画および都道府県障害福祉計画の作成に関する事項
④その他、自立支援給付および地域生活支援事業の円滑な実施を確保するために必要な事項

2) 都道府県の役割

都道府県には、社会福祉法人の認可や監督、社会福祉施設の設置認可や監督、関係行政機関および市町村への指導などを実施する役割がある。本項は、「障害者総合支援法」における都道府県の主な役割について、次の6点に示している。
①自立支援医療のうち精神通院医療についての支給認定、変更、取消などを行う。
②市町村審査会を共同設置しようとする市町村の求めに応じ、市町村相互間の調整を行うなど、市町村への支援を行う。
③都道府県地域生活支援事業を実施する。
④障害福祉サービス事業者、障害者支援施設および自立支援医療機関などの指定を行う。
⑤都道府県障害福祉計画を策定する。
⑥審査請求の審査および障害者介護給付費等不服審査会を設置する。

また、都道府県は、身体障害者更生相談所および知的障害者更生相談所を設置しなければならない。

更生相談所には、「措置に関する市町村の相互間の連絡調整」「専門的知識および技術を必要とする相談および指導」「医学的、心理学的および職能的判定」などの役割がある。

さらに、精神保健の向上および精神障害者の福祉増進を図るため、精神保健福祉センターを設置する。

3) 市町村の役割

市町村は、障害者支援の第一線の相談窓口としての役割があげられる。障害者やその家族からの相談対応は、1990年代以降に福祉事務所から市町村に移行してきた。また、障害者総合支援法の施行によって、市町村と都道府県に分かれていた障害福祉サービスの実施主体が、市町村に一元化された（ただし、自立支援医療の内、精神通院医療は都道府県が実施主体）。

本項は、こうした「障害者総合支援法」における市町村の主な役割について、次の6点に示している。

▶更生相談所
設置主体は都道府県、政令指定都市であり、身体障害者や知的障害者とその家族に対して、専門的知識と技術を必要とする相談・指導や医学的、心理学的、職能的な判定業務、補装具の処方および適合判定、市町村に対する専門的な技術的援助指導、必要に応じて行う巡回相談、地域におけるリハビリテーションの推進に関する業務等を行う。なお、身体障害者更生相談所と知的障害者更生相談所の2種類がある。

①介護給付費、訓練等給付費、地域相談支援給付費、自立支援医療費（精神通院医療に関するものは都道府県に申請するため除く）および補装具費などの支給決定などを行う。
②支給決定などに伴う障害支援区分の認定を行う。障害支援区分の認定は、市町村審査会の審査および判定に基づいて行う。
③市町村地域生活支援事業を実施する。
④市町村障害福祉計画を策定する。市町村障害児福祉計画については、従来は努力義務であったが、児童福祉法の改正によって、2018（平成30）年度から義務づけられた。
⑤支給決定障害者等および指定事業者に対する調査などを行う。
⑥指定特定相談支援事業者の指定などを行う。

　なお、障害児福祉施策にかかる市町村の役割として、「障害児通所給付費等の給付決定等の実施」や、「指定障害児相談支援事業者の指定等の実施」は、児童福祉法にその規定がおかれている。

　また、その他の法律における市町村の役割として、「障害福祉サービス、障害者支援施設等への入所等への措置」「身体障害者相談員、知的障害者相談員への委託による相談対応、援助」「成年後見開始の審査請求」「障害者虐待の防止」などがある。

　以上、「障害者総合支援法」における役割を通じて、行政組織である国、都道府県、市町村は、障害者本人と家族等が地域社会で安心して生活できる環境を整える重要な役割を担っている。

2 ▶ 障害者に対する法制度に基づく施設、事業所

　わが国の障害者に対する制度や施策は、「身体障害者福祉法」「知的障害者福祉法」「精神保健福祉法」、障害のある児童については「児童福祉法」によって規定されてきた。しかし、2005（平成17）年、「障害者自立支援法」の成立により、それまで対象別の制度に規定されていた入所施設や通所施設のほとんどが再編されることとなった。

　後に「障害者自立支援法」は「障害者総合支援法」（2013［平成25］年に改称・改正）として施行された。したがって、本項では「障害者総合支援法」および同法以外の「身体障害者福祉法」「障害者雇用促進法」に規定される主要な施設や事業所を示している。

1) 障害者総合支援法に規定されている施設、事業所

　「障害者総合支援法」に規定されているサービスを実施する施設、

事業所は、都道府県や市町村から指定を受けなければならない。したがって、指定する行政機関別に、それぞれサービス事業者を示している。

❶ 都道府県（指定都市、中核都市）による指定

都道府県（指定都市、中核都市）による指定は、「介護給付、訓練等給付、地域相談支援給付」があり、詳細は次のとおりである。

介護給付は、「居宅介護、重度訪問介護、同行援護、行動援護、療養介護、生活介護、短期入所、重度障害者等包括支援、施設入所支援」である。

訓練等給付は、「自立訓練（機能訓練）、自立訓練（生活訓練）、就労移行支援、就労継続支援（A型）、就労継続支援（B型）、就労定着支援、自立生活援助、共同生活援助」である。

地域相談支援給付は、「地域移行支援、地域定着支援」である。

❷ 市町村による指定

市町村による指定は、「計画相談支援、障害児相談支援」となっている。

2）障害者総合支援法以外の制度に規定されている施設、事業所

次に、「障害者総合支援法」以外の制度に規定されている施設、事業所として、「身体障害者福祉法」に基づく身体障害者社会参加支援施設と、「障害者雇用促進法」に基づく障害者就業・生活支援センターについて示している。

❶ 身体障害者福祉法に基づく身体障害者社会参加支援施設

身体障害者福祉法（第5条）には、身体障害者社会参加支援施設の規定があり4種類の施設がある。その種別は、「①身体障害者福祉センター、②補装具製作施設、③盲導犬訓練施設、④視聴覚障害者情報提供施設」である。具体的な概要は、次に示すとおりである。

① 身体障害者福祉センター

身体障害者に対して無料または低額な料金で、各種の相談に応じ、機能訓練、教養の向上、社会との交流の促進およびレクリエーションのために必要な支援を総合的に実施している施設である。

② 補装具製作施設

無料または低額な料金で、義手や義足などの補装具の製作または修理を行う施設である。

③ 盲導犬訓練施設

無料または低額な料金で、盲導犬の訓練を行うとともに、視覚障害の

ある身体障害者に対し、盲導犬の利用に必要な訓練を行う施設である。
④ 視聴覚障害者情報提供施設

　無料または低額な料金で、点字刊行物および視覚障害者用の録音物、聴覚障害者用の録画物の製作や貸出、また視聴覚障害者に対して点訳や手話通訳などを行う者の養成および派遣を実施している。

❷ 障害者雇用促進法に基づく障害者就業・生活支援センター

　障害者就業・生活支援センターは、2002（平成14）年に、障害者の職業生活における自立を図るため、雇用、保健、福祉、教育などの地域の関係機関との連携のもと、障害者の身近な地域において就業面および生活面における一体的な支援を行うことを目的に創設された施設である。

　以上、障害者に対する法制度に基づく施設や事業所は、「障害者総合支援法」および同法以外の「身体障害者福祉法」や「障害者雇用促進法」の理念に共通して、障害者がより自立した生活を送れるよう、また社会とのつながりが持続できるように設計されている。したがって、法制度に基づく施設や事業所にて、多様な支援が提供され、個々の障害やニーズに応じた支援が行われている。

3 ▶ 特別支援学校

　特別支援学校とは、主に心身に障害のある児童が通う教育機関である。児童の自立や社会参加に向けて、自分自身で考えて行動を選択できるようになることや、生活や学習で困る場面を解決できるよう、指導や支援を行う。

　さまざまな障害（視覚障害、聴覚障害、知的障害、肢体不自由、病弱［身体虚弱を含む］）のある児童が、それぞれの障害に応じた特別な支援を受けながら学習しやすい環境を提供している。また、「幼稚園」「小学校」「中学校」「高等学校」の学習過程に合わせて、特別支援学校では「幼稚部」「小学部」「中学部」「高等部」が設けられている。

1) 特別支援学校の背景

　わが国では、1947（昭和22）年の「教育基本法」と同時に公布された「学校教育法」により、それまでの聾唖学校が聾学校となり、義務教育を行う学校となった。この時に、知的障害、肢体不自由、病弱（身体虚弱を含む）のための「養護学校」の制度がつくられ、「盲学校」「聾学校」「養護学校」が特殊教育を行う学校として法制化された。

1979（昭和54）年には、養護学校が義務教育機関となった。それ以前の「養護学校」は、義務教育ではないため軽度障害者のみを対象としており、重度障害者や重複障害者は、「就学猶予」や「就学免除」として自宅や入所施設に待機していた。
　2007（平成19）年に、学校教育法の一部改正により、これまで「盲学校」「聾学校」「養護学校」と区分されていた学校が、「特別支援学校」の名称に統一された。ただし、名称は統一されたが、通学する児童の対象となる障害は、「視覚障害」「聴覚障害」「知的障害」「肢体不自由」「病弱（身体虚弱を含む）」の5区分に分けられている。なお、制度上は「特別支援学校」であり、複数の障害種別を教育の対象としているが、法改正前の名残から旧名称のままの学校もある。

2）特別支援学級との違い

　特別支援学級は、障害のある児童（生徒）を対象とする少人数制の学級のことである。通常の小中学校に設置されている点が、特別支援学校とは異なる。特別支援学校と同様に、障害種別ごとにクラス編成され、生活や学習での困難さの改善のため、一人ひとりのニーズに合わせた教育的支援が受けられる。
　特別支援学級の区分は、「弱視」「難聴」「知的障害」「肢体不自由」「病弱・身体虚弱」「言語障害」「自閉症・情緒障害」となり、特別支援学校より詳細に分けられている。特別支援学級は通常の学級とは異なり、児童の実態に応じて時間割や授業内容を組み立てることができる。また、同じクラスに違う学年の児童生徒が在籍することがある。

3）特別支援学校の授業や環境

　特別支援学校では、児童の学習環境を考え少人数制の学級編制となっている。特別支援学校のカリキュラムは、小学部から高等部において、普通学校の小学校から高等学校と同じ内容の教育がなされたりするが、各児童の障害やニーズに合わせて調整されるため、より柔軟で個別的な教育が行われる。
　つまり、各児童の能力やニーズに合わせた教育プログラムが作成され、個別の学習指導や生活支援が行われる。基本的には、卒業後の視点を重要視した自立と社会参加に向けた内容となっている。
　特別支援学校の教員は、原則、特別支援学校教員の免許状と、各部に相応する免許状（幼稚園教諭、小学校教諭、中学校教諭、高等学校教諭のいずれかの教員免許状）の両方を有しなければならない（「教

育職員免許法」）とされている。また、一部の特別支援学校には、自立活動教諭の免許を持った教員が配置されているが、その中には理学療法士（PT）や作業療法士（OT）などの資格を持った教員もおり、、教育とリハビリテーションの連携が図られている。

特別支援学校の高等部の段階では、就労や進学支援を通じて、生徒が社会に適応し、自立できるよう自立と社会参加に向けた教育が重視されている。そのため、職業訓練や実習が多く実施されることがある。

特別支援学校の目的は、障害のある児童・生徒たちが自分の能力を最大限に発揮し、自立した生活を送れるように支援することである。また、児童らが社会に貢献できる力を育てることを目指しており、コミュニケーション能力や社会性の向上にも力を入れている。

さらに、障害のある児童・生徒に対して教育を行う以外にも、幼稚園、小学校、中学校、高等学校などの要請に応じて、児童・生徒の教育に関し必要な助言、援助を行うよう努めるとされており、地域の障害児教育における「センター的機能」を果たすことが役割として期待されている。

4 ▶ ハローワーク

障害者の自立と社会参加を実現する上で「就労」は、障害者本人が社会に所属し、貢献して認められ、感謝され、また自分らしい生き方をするという意味でも非常に重要である。そうした障害者の能力を最大限に発揮できる就労のサポート機関として、**ハローワーク**（公共職業安定所）は、全国に544か所設置（2024［令和6］年現在）されており、厚生労働省設置の労働行政機関として重要な役割を果たしている。

ハローワークの障害者に対する支援は、大きく分けて「障害者や福祉関係機関に対する支援」と、「企業への支援・指導」の2つである。具体的な支援は、次に示すとおりである。

1) 障害者専門窓口

ハローワークの多くは、障害者専門窓口（障害者専用の相談窓口）が設けられており、専門の職員（職業指導官や職業相談員など）が対応している。就労を希望する障害者が「求職登録」を行い、専門の職員が、障害の態様や適性、希望職種に応じて、きめ細やかな職業相談、職業紹介、職業適応指導を行う。これにより、障害者は自分の状況に合わせたサポートを受けることができる。

▶ハローワーク
ハローワーク（公共職業安定所）は、職業安定法第8条に規定されており、「公共職業安定所は、職業紹介、職業指導、雇用保険その他この法律の目的を達成するために必要な業務を行い、無料で公共に奉仕する機関」とされており、厚生労働省設置の労働行政機関である。

2）個別就職相談と支援

　障害の種類や程度、個々のニーズに応じた個別の就職相談を行う。例えば、面接時のアドバイスや履歴書の書き方指導など、具体的な就職活動の支援を受けることができる。また、企業がハローワークに登録している「障害者雇用枠」の求人を紹介したり、障害者の雇用を促進するために、企業と連携しながら求人情報を提供したりしている。

3）就労支援機関との連携

　障害者の就職を支援する他機関やサービス（就労移行支援事業所、就労定着支援等）と連携し、より包括的な支援を行う。これにより、障害者本人が職場で安定して働けるようサポートが受けられる。また、ハローワークが中心となり、地域の関係機関と連携して、障害者一人ひとりに応じたきめ細やかな個別支援を行うための「障害者就労支援チーム」を、2006（平成18）年度から全国のハローワークで実践している。これらは、地域障害者就労支援事業として、就労の準備段階から職場定着までの一貫した支援を展開している。

4）職業訓練や職場の定着支援

　障害者が就職に必要なスキルを身につけられるよう、職業訓練やスキルアップのための講座を提供している。これにより、就職先の幅が広がり、適した職場環境を見つけることが可能となる。

　さらに就職後も職場に適応し、安定して働き続けられるよう、定着支援を行っている。障害者本人が職場での悩みや問題が生じた場合にも、ハローワークが企業や支援機関と連携して対応している。実際に、障害者を雇用している企業に対し、障害者雇用に関する相談対応や、就職後の追跡指導、職業指導に関する本人、企業へのアフターケア、また企業が適用可能な雇用関連制度の運用についての情報提供、助言などを実施している。

5）障害者雇用促進法に基づく支援

　1960（昭和35）年施行の「障害者雇用促進法」では、障害者の雇用促進のためにすべての事業主に対し、既定の**法定雇用率**を超えて障害者を雇用するように義務づけている。ハローワークでは、そうした制度を活用し、障害者が就労しやすい環境を整えるためのサポートを行っている。

▶**法定雇用率**
➡144頁参照

　以上、ハローワークは障害者が自分に合った仕事を見つけ、職場で

継続的に働けるようサポートしている。また、近年のハローワークにおける障害者の職業紹介状況は、2022（令和4）年現在の就職件数は「10万2,537件」、新規求職申込件数は「23万3,429件」である。

その内訳は、身体障害者の就職件数「2万1,914件」（21.4％）および新規求職申込件数「5万8,095件」（24.9％）、知的障害者の就職件数「2万0,573件」（20.1％）および新規求職申込件数「3万5,609件」（15.3％）となっている。

精神障害者の就職件数「5万4074件」（52.7％）および新規求職申込件数「12万3,591件」（52.9％）、その他の障害がある人（発達障害、難病、高次脳機能障害など）の就職件数「5,976件」（5.8％）および新規求職申込件数「16,134件」（6.9％）となっている。双方ともに精神障害者の申込件数が最も多い。したがって、近年の傾向は、精神障害者に対する支援が半分以上を占めている。

（井川淳史）

キーワード

障害者総合支援法　特別支援学校　ハローワーク

自己学習の課題

1. 障害者とその家族等の支援について、「障害者総合支援法」における国（厚生労働省）、都道府県、市町村それぞれの役割について、整理してみよう。
2. 「特別支援学校」について、その背景から特別支援学校の授業や環境、「特別支援学級」との違いについて、具体的に調べてみよう。
3. ハローワーク（公共職業安定所）とは、どのような場であり、障害のある当事者にとってどのような役割がある機関なのか、まとめてみよう。

引用・参考文献

・春名由一郎（2018）「共生社会に向けた障害者就労支援―分野横断的課題―」、『社会保障研究』vol.2、no.4、469-483頁
・安藤隆男監修（2024）『特別支援教育要論』北大路書房
・二本柳覚（2022）『図解でわかる障害福祉サービス』中央法規
・一般社団法人日本ソーシャルワーク教育学校連盟編（2021）『障害者福祉』中央法規
・社会福祉士養成講座編集委員会編（2019）『障害者に対する支援と障害者自立支援制度　第6版』中央法規
・上野谷加代子、松端克文、永田祐編著（2019）『新版　よくわかる地域福祉論』ミネルヴァ書房
・内閣府HP（2024）『障害者白書（令和6年版）』「第3章 社会参加へ向けた自立の基盤づくり、第2節 雇用・就労の促進施策」P.84（2024年10月14日アクセス）
https://www8.cao.go.jp/shougai/whitepaper/r06hakusho/zenbun/index-pdf.html

関連する専門職等の役割

→ 学びの誘い

　障害児者への支援の実践では、多様な専門職が連携して本人を中心とした支援を展開するため、主要な障害福祉に従事する専門職の理解が必要である。さらに、本人にとってもっとも身近な存在である家族の役割や住民、ボランティア等のインフォーマルな役割も重要である。
　この節では、医療、福祉の主要な専門職の専門性と役割、インフォーマルな家族や住民、ボランティア等のもつ役割について、それぞれの専門職が本人を中心として連携する重要性を意識して学習をしてほしい。

第2節　関連する専門職等の役割

1 ▶ 医師

　医師が配属される機関としては、病院、診療所があるが、障害福祉の分野においては、療育センター、リハビリテーション病院、精神科病院等の医療機関の他に、介護保険における施設、障害者総合支援法における障害者支援施設などの福祉施設にも常勤医または嘱託医としての医師の配置義務がある。
　また、児童福祉分野においては、幼稚園に配置される園医、学校・特別支援学校に嘱託医として配置される学校医がある。
　さらに、従業員が50名以上いる事業所には、産業医の設置が労働安全衛生法で定められている。他に保健所や行政機関に勤務して公衆衛生を医師は担っている。
　いずれの立場においても、医師は治療だけではなく、障害者の生活や訓練、相談に関わる医療・福祉専門職との連携が必要となる。
　他に、医師が障害福祉分野で果たす重要な役割として、障害支援区分の認定や、障害基礎年金の申請手続き、労働災害認定や、成年後見人の申立など、さまざまな医療福祉に関する手続きで、医療的根拠に必要な専門的知見に基づいた意見書の作成も重要な役割である。

2 ▶ 看護師、保健師

1) 看護師
　看護師は、診療所や病院に配置されることが一般的だが、高齢者施

設や障害者施設、また、訪問看護事業所などの在宅サービスにも配置されている。

看護師の役割としては、医師の指示に基づき、患者の療養上の世話や診療の補助のほか、医師の診療の補助、病気や障害がある人の日常生活における援助、疾病の予防や健康の維持増進を目的とした教育を行う。また、家族への助言・指導や本人と家族への心理的な支援も役割の一つである。

2) 保健師

保健師は、乳幼児から障害者、高齢者などを含む、あらゆる人を対象として、①地域保健師、②学校保健師、③産業保健師などに分類され、主に保健センター、保健所、企業、病院、健診センター、診療所、地域包括支援センター、高齢や障害の福祉施設、学校などに配置されている。

3 ▶ リハビリテーションに関わる専門職

リハビリテーション（リハビリ）を行う主な専門職には、理学療法士（Physical Therapist）、作業療法士（Occupational Therapist）、言語聴覚士（Speech-language pathologist）がある。

1) 理学療法士

理学療法士は、運動機能のリハビリを行うほか運動療法や物理療法を用いた機能回復や維持を図る。例えば、座る・立つ・歩くなどの基本的動作の訓練を行い、家庭復帰や社会復帰を目指す。

2) 作業療法士

作業療法士は、日常生活動作（食事、排泄、入浴等）を基本として、応用動作（家事、買い物、車の運転等）の能力獲得のために、対象者に応じた作業活動を行い、家庭内外の作業活動が再びできるように指導・援助する。

3) 言語聴覚士

言語聴覚士は、失語症や構音障害など、「ことば」や「聞こえ」に関わる障害のほか、嚥下障害のように、食べることに関わる障害などに対して検査や訓練を行う。高次脳機能障害や発達障害も対象となっ

ている。

4) リハビリテーション専門職の配属先

　リハビリテーションのイメージとして、病院や施設での訓練が浮かぶのではないだろうか。リハビリテーション（rehabilitation）の語源は、re（再び）、habilitation（適した）という語を合わせたもので、「その人らしく生きる権利の回復」という意味を表している。したがって、その内容は多岐にわたっている。これらのリハビリテーションの専門職は、一般の診療所や病院、リハビリテーション病院などの医療機関のほかに、介護保険施設や障害者支援施設などの入所系の施設と訪問リハビリテーション事業所、訪問看護事業所など、在宅でのリハビリテーションを行う事業に配置されている。

　いずれの専門職も国家資格であるが、リハビリを実施する際には、医師の指示に基づいて行われている。

4 ▶ 相談支援専門員

1) 相談支援専門員の法的な位置づけ

　わが国における障害者総合支援法に基づく障害福祉サービスの利用者数は障害児も含めて2023（令和4）年度で約147万人おり（**障害福祉サービスの動向**）、毎年度増加傾向にある。障害福祉サービスを利用するためには、「サービス等利用計画」「障害児支援利用計画」を作成する必要がある。

　相談支援専門員は都道府県の指定による、一般相談支援事業を行う「一般相談支援事業所」と、市町村の指定による特定相談支援事業を行う「特定相談支援事業所」と障害児相談支援事業を行う「指定障害児相談支援事業所」に配置される。また、地域の中核的な機関として、総合的・専門的な相談支援を行い、地域の相談支援体制強化の取り組みなどを行う「基幹相談支援センター」に配置されている（**相談支援について**）。

2) 相談支援専門員の役割

　相談支援専門員は、地域や施設で生活する障害者の多様な生活ニーズを把握して、その実現を支援するために、専門的な役割を果たしている。

▶障害福祉サービスの動向
2023年の「最近の動向」は以下のQRコードから閲覧可能である。

▶相談支援について
2021年「障害者の相談支援等について」は以下のQRコードから閲覧可能である。

❶ アセスメント、ケアマネジメントでの意思決定支援

　利用者の多様な生活ニーズを把握するためにアセスメントを実施し、生活課題を解決するために必要な障害福祉サービスやボランティア、地域住民の協力などのインフォーマルな社会資源の活用を含めた計画を作成し、支援の実施の状況をモニタリングするケアマネジメントを行い、支援のプロセスを管理する。

　これらの役割は、障害者総合支援法に基づくサービス等利用計画および児童福祉法に基づく障害児支援利用計画として定められている。

　各計画を作成するうえでは、利用者が生活課題を解決し、生活ニーズを実現するために自己決定ができるように配慮することが求められる。そのためには、表出された意思表明だけにとらわれずに、言語化できない気持ちや、不安、希望にも配慮する必要があるため、基本的な面接技術のほかに、意思決定支援ガイドライン等を踏まえた、意思決定を支援するための取り組みを行う必要がある。

❷ 精神障害者の地域移行支援の役割と虐待防止

　さらに、わが国では精神科病院の入院患者や施設入所の利用者の退院・退所促進が課題となっており、一般相談支援事業所では、地域移行支援・地域定着支援として実施されている。特に精神科病院に長期入院をしている人の場合、身寄りがいなかったり、地域での差別や偏見を受けやすいことから、障害福祉サービス以外に、地域住民への精神障害への理解、利用者本人の理解などのために、支援関係者との協働をしながら交渉を行うことが考えられる。

　また、障害福祉サービスの利用者数増加とともに、障害者虐待も増加傾向にあることから、虐待防止のために利用者の生活状況や心身の変化などに配慮しながら、利用者の気持ちを汲み取り、虐待の早期発見や虐待防止など虐待対応に取り組むことが求められる。

❸ ソーシャルワーク実践の担い手として

　障害は誰もがなりえる状態であり、障害があっても、誰もが住み慣れた地域で、安心して生活できるまちづくりを相談支援体制の構築は目指しており、そのために、相談支援専門員は、個別の支援を実践しながら、地域の課題にも目を向けて、自立支援協議会や地域生活支援拠点などで地域課題を共有し、地域における障害者の問題解決や、社会資源の開発など実践の担い手として期待されている。

5 ▶ サービス管理責任者・児童発達支援管理責任者

1）サービス管理責任者・児童発達支援管理責任者の要件

　人間にはさまざまな生活ニーズがある。個人の幸福を追求する営みはその人の価値を表す。障害福祉においても、ノーマライゼーションの理念、日本国憲法の人権思想をもとに、障害者が個々の生活ニーズを実現するために、障害福祉サービスは障害者総合支援法などにより体系化されている。

　サービス管理責任者は原則として障害児者の保健・医療・福祉・就労・教育の分野における直接支援・相談支援などの業務における実務経験（5〜8年）を経て「相談支援従事者初任者研修（講義部分）」を修了し、「サービス管理責任者研修」「児童発達支援管理責任者研修」（**サービス管理責任者・児童発達支援管理責任者について**）を修了する必要がある。質の高いサービス提供ができるように、これらの研修修了後も、5年おきに更新研修を受けることが定められている。

▶サービス管理責任者・児童発達支援管理責任者について
2023年「サービス管理責任者等研修制度について」は以下のQRコードから閲覧可能である。

2）サービス管理責任者・児童発達支援管理責任者の配属先

　サービス管理責任者は障害者総合支援法に基づく療養介護、生活介護、自立訓練、就労移行支援、就労継続支援、共同生活援助などの種類に応じたサービスを提供する事業所と、児童福祉法に基づく、児童発達支援、医療型児童発達支援、放課後等デイサービス、居宅訪問型児童発達支援、保育所等訪問支援のサービスを提供する事業に児童発達支援管理者として配置される。

　このように、サービス管理責任者・児童発達管理責任者が配置される事業所の種類は多岐にわたっており、サービスの内容は異なるが、共通する役割として4つの役割が運営基準として定められている。

3）サービス管理責任者・児童発達支援管理責任者の役割

❶ 個別支援計画の作成

　相談支援専門員が作成した、サービス等利用計画、障害児支援利用計画に基づき作成される。個別支援計画には事業種別により、療養介護計画、生活介護計画、自立訓練計画、就労移行支援計画、就労継続支援計画、就労定着支援計画、自立生活援助計画、共同生活援助計画がある。

　また障害児の場合には、児童発達支援計画、医療型児童発達支援計画、放課後等デイサービス計画、居宅訪問型児童発達支援計画、保育

所等訪問支援計画がある。

相談支援専門員が作成する計画には、利用者の生活全般にわたるニーズについて複数のサービスが組み込まれているが、個別支援計画は、そのうちの個別のサービス内容についての具体的な計画が組み込まれている。

個別支援計画の作成にあたっては、利用者のアセスメント、計画の作成、サービスの実施、モニタリングというケアマネジメントサイクルの実践により、提供されるサービスを適切に管理する役割が重要である。

❷ 関係する事業所や専門職との連携

利用者の生活ニーズの実現には、複数のサービスが関わり、それぞれのサービス提供を通して、共通する目標の達成へ向けて協働する必要があり、詳細な役割分担や利用者の状況などの情報共有を継続して行う必要がある。

❸ 相談援助

日々のサービス提供や家族との関わりを通じて、利用者の心身状態の変化を把握し、本人の意向を尊重した柔軟なサービス提供を検討する。

❹ 事業所スタッフに対する技術指導

事業所スタッフに対して、**スーパービジョン**や**OJT**を通じて、専門職としての必要な倫理観や技術などの指導を行う。

障害福祉サービスでは、それぞれの事業所にサービス管理責任者の配置が必須となっている。配置人数は、事業所の規模や事業内容によって定められている。

以上の役割のほかに、虐待防止のためサービス提供状況を把握し、適切な助言・指導を行うことが求められる。

6 ▶ 居宅介護従事者等

障害者総合支援法には多様な利用者のニーズに対応できるように障害福祉サービスとして、さまざまな種類のサービスが体系化されている。

障害福祉サービスの事業所には、提供されるサービスに応じて、居宅介護従事者、重度訪問介護従事者、同行援護従事者、行動援護従事者、移動支援従業者が配置されており、それぞれのサービス種別に定められている養成研修を受講することが要件となっている。本節で

▶スーパービジョン
一般的に職場や教育の現場で、経験や専門知識をもつ人が、他の人の業務や学習をサポートすることを指す。ソーシャルワークにおけるスーパービジョンは、社会福祉施設や機関において、スーパーバイザー(サポートを行う人)によるスーパーバイジー(サポートを受ける人)に対する管理的・教育的・支持的機能を遂行していくプロセスのことである。

▶OJT
OJT (On-the-job Training) とは、職場での実際の業務を通じて行われる研修や教育を意味する。職員が現場でスキルや知識を学ぶことを目的としている。

は、これらの従事者を総称して「居宅介護従事者等」とする。

1) 居宅介護従事者等に必要な資格

居宅介護従事者等の主な資格として、介護職員初任者研修（旧ホームヘルパー2級）、介護職員初任者研修の上級資格としての、実務者研修があり、国家資格として介護福祉士がある（**居宅介護従事者等に必要な資格**）。

2) 居宅介護従事者等が活躍する職種と役割

身体介護や家事支援を中心としたサービスは、介護給付として提供され、訪問系のサービスとしては、居宅介護、重度訪問介護、同行援護、行動援護、重度障害者等包括支援があり、日中活動系のサービスとして、短期入所、療養介護、生活介護があり、施設系サービスとしては、施設入所支援がある。

また、訓練を通じた自立を目指すサービスは訓練等給付として提供され、居住支援系のサービスとして、自立生活援助、共同生活援助があり、訓練系・就労系のサービスとして、自立訓練（機能訓練）、自立訓練（生活訓練）、就労移行支援、就労継続支援（A型）、就労継続支援（B型）、就労定着支援がある。

さらに、市町村地域生活支援事業によって提供される移動支援事業があり、外出が困難な障害者の外出支援を行うことで、障害者の社会参加の機会を確保する役割がある。この事業は市町村の地域特性などによって、支援内容が異なっている。

3) 居宅介護従事者等の役割

居宅介護従事者等には、直接利用者とコミュニケーションを図りながら、日常生活のサポートをすることで、障害者の日常生活の維持を図るだけではなく、余暇活動や社会体験を通じての人格的成長の支援や、就労支援を通じた社会参加の機会を拡げるなど、障害者のQOLの向上を目指す役割を果たしている。

このような役割を果たすうえで、居宅介護従事者等には、身体介護を利用者に安心で安全に行う技術や、コミュニケーション技術、心身の変化を把握するための観察力のほかに、ストレングスの視点やエンパワメントの視点から本人の意思や希望を尊重し、可能な限り自分で選択し、決定することを支える、自己決定を尊重して関わる姿勢が求められる。

▶居宅介護従事者等に必要な資格
居宅会議従事者等の資格取得に関しては、以下のQRコードから閲覧可能である。

▶サービス提供責任者とサービス管理責任者の違いについて
サービス提供責任者とサービス管理責任者は混同しやすいが、サービス管理責任者は通所系、入所系の事業所に配置され、個別支援計画の作成とサービス全体の管理を行うのに対して、サービス提供責任者は、訪問系の事業所に配置され、居宅介護計画を作成し、従業者の訪問の調整や技術指導などの管理を行っている。サービス提供責任者の概要については、以下のQRコードから閲覧可能である。

4) サービス提供責任者

これらの事業所の中でも、訪問系サービスを提供する事業所には、サービス等利用計画に基づき、居宅介護従事者等が訪問サービスを具体的に実施するための居宅介護計画の作成や、サービス利用の申し込みの対応や調整を行い、居宅介護従事者等に対する技術指導等のサービス内容の管理を行うため、サービス提供責任者が障害者総合支援により配置が義務づけされている。サービス提供責任者とサービス管理責任の違いについては、171頁の欄外参照。

7 ▶ ピアサポーター

1) ピアサポーターとは

ピアサポーターとは、同じ立場にある、同じ課題に直面している仲間（ピア：peer）として支え合うピアサポート活動を行う者をいう。ピアサポート活動は、精神障害、身体障害、知的障害、難病、高次脳機能障害、薬物依存など多様な分野で行われている。

2) わが国のピアサポーターの系譜

わが国におけるピアサポートは、身体障害領域において1950年代に障害当事者の活動が始まったアメリカの自立支援生活（Independent Living）が、1980年代以降に日本でも広まり、知的障害領域では、1973（昭和48）年にアメリカで設立されたピープルファーストが2004（平成16）年に日本でも設立され活動を続けている。また、高次脳機能障害の分野では、2000（平成12）年に日本脳外傷友の会が設立されている。

3) ピアサポーターの役割

障害福祉におけるピアサポーターの役割として、障害のある人同士が、同じ立場で、悩みや課題に直面した経験を共有しながら、仲間として支えることである。

その特徴として、専門職と利用者という関係ではなく、ピアサポーターが本人にとって身近なロールモデル（手本）として、自分の気持ちを素直に言える安心感と、日常生活を過ごすうえでのアドバイスがもらえることで、改善に向けての自分なりの工夫をするなど、障害者のストレングスへの気づきやエンパワメントにつながることが期待できる。

▶障害者ピアサポーター
障害者ピアサポートについては、以下のQRコードから閲覧可能である。

また、障害当事者がピアサポーターとして、サービス事業所に職員として雇用されるようになってきており、利用者にとっての不安を解消させたり、当事者ならではのアドバイスをすることに効果があると考えられている。

　さらに、事業所の職員にとっても障害者と一緒に働くことで、障害者理解が深まることや、利用者本位の支援計画の作成や実践につなげられると考えられている。

8 ▶ 養護教諭、スクールソーシャルワーカー

1) 養護教諭

　養護教諭は学校の保健室の先生という印象があるが、法的には学校教育法に定められた教員であり、保健体育審議会答申（1972［昭和47］年）により、「専門的立場からすべての児童・生徒の保健及び環境衛生の実態を的確に把握し、疾病や情緒障害、体力、栄養に関する問題等、心身の健康に問題を持つ児童生徒の指導に当たり、また、健康な児童生徒についても健康の増進に関する指導のみならず、一般教員の行う日常の教育活動にも積極的に協力する役割を持つものである」と職務内容を定めている。

　養護教諭は、小学校、中学校、高等学校、特別支援学校の配置が決められている（学校教育法第37条）また、法律の規定はないが、必要に応じて幼稚園にも配置されることがある。

　養護教諭の役割としては、学校保健情報の把握に関すること、保健指導・保健学習に関すること、救急処置および救急体制に関すること、健康相談活動に関すること、健康診断・健康相談に関すること、学校環境衛生に関すること、学校保健に関する各種計画・活動およびそれらの運営への参画等に関すること、伝染病の予防に関すること、保健室の運営に関すること、が職務内容として定められている。

　養護教諭の障害福祉に関する役割については、学校教育法に基づく児童・生徒への健康管理のほか、学校保健安全法に基づく児童・生徒への応急処置、保健指導を基本とし、特別支援教育において、特別支援教育ガイドラインによる、児童・生徒への心理的サポート、保護者との連携、他の専門職との連携があげられる。

　また、学校内の教員や**スクールカウンセラー**、スクールソーシャルワーカーほか、地域の関係機関（教育関係機関、保健福祉機関、医療機関等）との連携に必要な体制整備と、連携のための窓口としての

▶**スクールカウンセラー**
学校に勤務し、児童・生徒の心理的な問題やメンタルヘルスの課題に対応するための専門家であり、臨床心理士や公認心理士の資格をもち、心理学やカウンセリングの専門知識を活かして、児童・生徒の健全な成長をはかる支援を行う。

コーディネーター的な役割を果たしていくことが求められる。

2) スクールソーシャルワーカー

スクールソーシャルワーカーとは、学校教育法施行規則第65条の4で、「スクールソーシャルワーカーは、小学校における児童の福祉に関する支援に従事する」と定義されており、小学校、中学校、義務教育学校、高等学校、中等教育学校、特別支援学校にもこの定義は準用されている。また、スクールソーシャルワーカーの勤務形態として、学校配置型と派遣型がある。

スクールソーシャルワーカーの役割として、学校における児童の不登校やいじめ、暴力問題行動、子どもの貧困、児童虐待などの課題を抱える児童への修学支援や、児童の自己実現、健全育成を図るための実践などである。これらの活動をスクールソーシャルワークという。

また、スクールソーシャルワーカーは児童への個別支援だけではなく、スクールカウンセラーとの連携などを通じて、児童のニーズを把握し、支援の展開を通じて、保護者への支援や学校への働きかけ、自治体への体制整備などマクロレベルのソーシャルワークも行うことが期待されている。

一方、特別支援学校での関わりがあげられる。障害がある子どもは、教育を受ける権利が保障されないことや、虐待を受けるリスクが高い傾向がある。

また、障害児は自分から意思を伝えることが難しい場合が多くあり、障害児・生徒の学校生活について、必要な社会資源として福祉サービスの利用の提案や、福祉サービスなどの申請手続きの支援などを行うほか、本人の意思表明の権利を尊重しながら、本人主体の支援を保護者や関係機関との協働を通して行うことが求められる。

9 ▶ 家族、住民、ボランティア等

1) 家族

家族は社会の基本単位であり、経済的生産、出産、育児、教育、社会化といった機能を果たしている。また、家族構成員の人格の発達、向社会的行動の学習、対人関係のスキルの洗練、コミュニケーションパターンの構築のために不可欠な存在となる。

また、ソーシャルワーク実践においても、家族システムの相互作用関係は障害者本人の意思決定支援をはじめ、本人の成長と変化に重要

な役割を果たしている。

わが国の障害者の総数は「令和4年生活のしづらさに関する調査」によると、1,164.6万人おり、身体障害、知的障害、精神障害を含めて在宅で生活をする障害者は1,116万人いる。一人暮らしを除くと相当数の障害者が家族と同居しており、何らかのサポートを受けて生活をしていることになる。また障害者は成人してからも、日常的な介護や経済的な支援、医療的なケア、精神的な支援などが必要となることが多い。

❶ 障害者の家族が果たしてきた役割

障害者の家族、とりわけ親は障害のあるわが子の幸せを願い、また偏見や差別から守り、闘ってきた歴史がある。例えば、2013（平成25）年に施行された障害者総合支援法は、2006（平成18）年に施行された障害者自立支援法による利用者自己負担額の増大に対しての全国での反対運動により改正された。

また、地域で家族会を結成してサービス事業を運営したり、地方自治体の**障害福祉計画**の策定などに参画するなど、自分の子どもだけではなく、障害者全体の利益のために活動をしている。

❷ 社会資源としての家族

障害者の家族は障害者の自立生活に欠かせないインフォーマル資源であり、相談支援専門員やサービス管理責任者、居宅介護従事者等と連携することで、本人中心の自立支援を実践するうえで、重要な役割を果たしている。

また障害福祉における政策的課題についても、家族会などを通じた活動によって、改善を図ったり、社会資源の開発につながるソーシャルアクションの主体にもなっている。

障害者も高齢化が進んでおり、サポートをしている保護者の高齢化から、親が亡くなった後の本人の家族が担っていた支援を、どのように継続していくのかという「親亡き後」が課題となっている。

▶障害福祉計画
障害者が地域社会で自立した生活を営むために必要な支援やサービスを整備・推進するために市町村や都道府県が策定する計画で、障害者総合支援法に基づき策定する義務がある。

2）住民

❶ 地域共生社会の担い手としての住民

2017（平成29）年に社会福祉法が改正され、地域における住民の支え合いによる福祉の推進の基本的な考えが示され、「地域住民が相互に人格と個性を尊重し合いながら、参加し、共生する地域社会の実現を目指して行われなければならない」（第4条）と明記された。

また、同法では、地域住民の相互の支え合いを促進するために、国

及び地方公共団体に地域福祉の推進の責務を明記し（第6条第2項）、市町村の**地域福祉計画**の策定を義務づけており（第107条）、地域共生社会の実現に関する住民参加の基本的なあり方を示している。

❷ 障害福祉における住民（国民）の役割

障害福祉においても、障害者支援に関する住民の役割が示されている。障害者基本法では第1条で「全ての国民が、障害の有無によって分け隔てられることなく、相互に人格と個性を尊重し合いながら共生する社会を実現する」という基本原則を示し、第8条で「国民の責務」として、「基本原則にのっとり、第1条に規定する社会の実現に寄与するよう努めなければならない」ことを規定している。

さらに、障害者総合支援法第3条では「その障害の有無にかかわらず、障害者等が自立した日常生活又は社会生活を営めるような地域社会の実現に協力する」ことを国民への努力義務として規定している。そのうえで、同法第77条では市町村が行う地域生活支援事業として、「障害者等、障害者等の家族、地域住民等により自発的に行われる障害者等が自立した日常生活及び社会生活を営むことができるようにするための活動に対する支援を行う事業」を定めており、住民を含む地域社会全体で、障害者を支える仕組みづくりに住民が関わることが期待されている。

3）ボランティア

❶ 地域共生社会の担い手としてのボランティア

地域共生社会を実現するためには、地域住民による相互のさまざまな関わりである互助が不可欠であるが、その具体的な表れがボランティアといえる。ボランティア活動は昨今では、東日本大震災など大きな災害時に被災地支援のために専門職だけではなく、全国から市民がボランティアとして参加している。また地域においては、通学時の児童の見守り活動などがあげられる。

❷ 障害福祉におけるボランティアの役割

障害福祉においても、2023（令和5）年の「**障害者に関する世論調査**」から、「障害者への手助けの経験」がある人が61.9％おり、その理由として、「困っているときはお互い様という気持ちから」が65.8％、「障害のある人の手助けをするのは当たり前のことだと思うから」が54.4％という結果から、地域で障害者を支えることへの関心が高いことがわかる。

地域共生社会は医療・福祉の専門職だけが取り組んでも実現できる

▶地域福祉計画
地域における福祉の充実と向上を目指し、地域住民全体の福祉向上を目指すことを目的として、すべての人が住み慣れた地域で安心して生活できるように支援する仕組みや体制整備をするための指針。社会福祉法に基づき地方自治体が策定し、市町村地域福祉計画と都道府県地域福祉計画からなる。策定は努力義務である。

▶障害者に関する世論調査
2023年「障害者に関する世論調査」は内閣府の以下のサイト（または以下のQRコード）より閲覧可能である。

ものではない。障害者の生きづらさに共感し、障害者とともに支え合う、インクルーシブな地域づくりを進める必要があり、さまざまな専門職の役割は分野ごとに分かれているが、地域住民と協働して総合的な相談支援体制をつくることが重要である。

4) NPO

❶ NPOとは

NPOとはNon-Profit Organizationの略で、営利を目的とせず、社会的な利益や公益を追求する団体である。1995（平成7）年阪神淡路大震災での支援活動を契機に全国的に広まり、福祉や介護、教育、医療、環境保護、文化振興など、さまざまな分野で自発的な取り組みが進められている。その中には**NPO法人**として法人格をもち、法律上の権利や義務をもって活動する団体もある。

❷ 多様な役割を担うNPO

NPOの取り組みとしては、多岐にわたっており、災害支援や人権問題、国際的な人道支援を行う団体もあり、また、介護保険や障害者総合支援法に基づいた、公的な福祉サービスを提供する事業所として活動している団体もある。

❸ 障害福祉におけるNPOの役割

障害福祉においては、地域共生社会の実現のために地域住民の参加を促進する必要があり、共生社会の理念の普及を図ることと、障害および障害者に対する国民の関心と理解を深める活動として、障害者基本法に基づき実施される「障害者週間」があり、この活動においてさまざまなイベントを行い、NPOやボランティア団体が地方公共団体と連携して実施している。

また、障害福祉に関するボランティアの組織化などを担っており、住民による障害福祉に対する社会貢献活動のコーディネイトとしての役割を果たしている。

▶NPO法人
NPO法人（特定非営利活動法人）は、1998年に制定された「特定非営利活動促進法（NPO法）」に基づいて設立されたNPO団体をいう。また、NPO法人の中でも、高い透明性と厳しい認定基準を満たしたNPO法人は、「認定NPO法人」として、寄付者に対する税制優遇が適用されるメリットを得ることや、社会的信頼性が向上することで活動の幅を広げている。

10 ▶ 事例『一人暮らしとなった知的障害者正雄さんの生活支援』

正雄さん（25歳）は中程度の知的障害があり、就労継続支援B型の事業所で食品加工の仕事をしている。正雄さんはこれまで母親と二人暮らしで、母親が主に正雄さんの生活をサポートしてきた。

正雄さんは親切で思いやりのある性格で、周囲の人々を助けることに喜びを感じている。特に近所の高齢者に対しては、自分から進んで

声をかけ、手助けを行うことがあり、地域のなかでもそのやさしい性格が評価されている。

● 正雄さんの情報を関係者で共有する

最近、母親が脳梗塞で入院し、その後も自宅に戻ることが難しい状況となり、介護保険の施設に入所することになった。突然の生活環境の変化により、正雄さんはこれまでの生活を自分一人で続けることが難しくなってしまった。

正雄さんは母親が大好きで、母親の不在に大きなショックを受けており、母親の入院を受け入れられず、落ち込むことが多くなり、いつも楽しみに通っている就労継続支援B型の事業所も休みがちになってしまった。

正雄さんには、同じ市内に住む姉の悦子さん（30歳）がいる。悦子さんは結婚して家庭をもち、仕事もしているため、頻繁に正雄さんをサポートすることが難しい状況にある。しかし、悦子さんは正雄さんを非常に心配しており、どのように支援すればよいのかを悩んでいる。

正雄さんを担当する相談支援専門員の田中（社会福祉士）は、正雄さんが今後の生活を安定して送るためには、どのような支援が必要か生活課題を検討するため、正雄さん、悦子さん、そして正雄さんが通所している就労継続支援B型の事業所のサービス管理責任者清水、さらに自治会の会長川上とも協力して、地域のネットワークを活用しながら、支援計画を立てることになった。

● 正雄さんのストレングスに着目したはたらきかけ

正雄さんは親切な性格で、近所の高齢者を手助けすることにやりがいを感じている。このため、地域活動の一環として、高齢者の簡単な買い物や荷物の持ち運びなどを定期的にサポートする役割を提案すると、正雄さんは、「やってみる」と意欲をのぞかせ、取り組んでみることになった。

また、正雄さんには、自分の生活における課題について、考える力を伸ばすための意思決定を支援する必要もあると考えられ、相談支援専門員の田中は、正雄さんが自分の意思で問題に取り組み、解決策を見つけるプロセスを支援し、必要な選択肢をわかりやすく説明することで、正雄さんが自分で決定する力を養う取り組みを支援チームで実施した。

例えば、家事サポートをどのように受けるか、どの地域活動に参加

するかについても、正雄さん自身が選び、行動できるように促した。

● **本人を中心とした専門職と家族による協働**

まず、正雄さんの日常生活の基盤を支えるために、訪問介護サービスの導入を検討した。家事全般をサポートするために、週数回のヘルパー派遣を行うことにし、食事の準備や掃除、洗濯などをサポートすることで、正雄さんが自宅で安心して暮らせるとともに、自分でも、できることから家事をヘルパーと行う取り組みを始めた。

また、正雄さんが今後も母親の不在に耐えながら、自立した生活を送れるように、精神的なサポートも重要と考えられ、姉の悦子さんから、「訪問することはなかなかできないけど、電話やLINEで連絡することはできる」と申し出があり、正雄さんは家族とのコミュニケーションをもつことで、悩みや不安を話せるようになった。

そして月に1回程度、移動支援を使って、母親が入所する介護施設へ面会に行く計画を立て、母親との交流をもてるように支援をすることとなった。

● **地域のインフォーマル資源の活用**

さらに、一人暮らしとなった正雄さんが社会的なつながりをもち、孤立しないように、自治会の会長川上も協力して、地域の行事や活動に正雄さんが参加しやすくなるよう、地域住民に理解を求める取り組みをしてくれることになった。これにより、正雄さんは地域のなかでの居場所を感じながら、少しずつ母親の不在を乗り越えていくことを目指している。

正雄さんにとっては、母親の突然の入院は非常につらい出来事だったが、周囲の支援により、試行錯誤を繰り返しながらも、正雄さん本人の意思を尊重し、自立した生活を送るため支援チーム全体で、正雄さんが安心して生活できるよう、引き続き多方面からのサポートを継続することとなった。

今回の正雄さんへの支援を通じて、相談支援専門員の田中は自立支援協議会で、知的障害者の一人暮らしの課題を報告し、一人暮らしサポートのネットワークづくりを検討する部会の立ち上げを提案した。

> **本事例のポイント**

地域で障害者が生活するうえで、家族による支援は重要な役割を果たしている。しかし、正雄さん家族のように、家族の高齢化や病気な

どで、家族による支援が困難になると、地域での生活に大きな支障が生じることになる。

❶ 関係する支援者による情報共有

本事例では、正雄さんが、母親の施設入所という突然の出来事で、一人暮らしを余儀なくされた状況に対して、相談支援専門員の田中は、関係する就労継続支援事業所のサービス管理責任者や、同居はしていないが、正雄さんを心配している姉、正雄さんを見守ってきた自治会長らを交えて、正雄さんの思いを尊重して、今後どのような支援ができるのかを検討した。

障害者の地域生活を支える場合、本人と家族や地域との関係性を把握することで、現在本人ができていること、支援が必要な課題、今後できそうな支援を検討することができる。専門的なサービスの利用を検討する前に、正雄さんとの親しい関係にある人に支援チームに入ってもらうことで、初めての一人暮らしをする正雄さんの心の安心を優先的に配慮した。

❷ 正雄さんのストレングスに着目した支援

正雄さんは、近所の高齢者との関係性を大事にしており、地域の方たちからも存在を認められている。一人暮らしとなっても、地域住民との関わりを維持することで、孤立を予防できるだけではなく、正雄さんが、地域住民の一人として貢献できる機会をもつこと、増やすことを検討することができる。

このように、正雄さんができることに着目することで、自ら課題解決へ取り組む意欲を高めることにつながる。

❸ 本人を中心とした専門職と家族、地域住民との連携

フォーマルなサービスを受け持つ専門職と、インフォーマルなサービスを受け持つ地域住民が共通の目的で連携することにより、支援の幅が広がる。

❹ 支援を通じての地域課題への気づき

地域では、高齢化が進むことで、正雄さんのように一人暮らしをする障害者の事例は、今後も出てくると考えられる。本事例における、地域住民との協働を取り入れた支援は、障害者の生活を地域で支えるモデルケースにもなることから、自立支援協議会で一人暮らしのサポートネットワークの構築へと発展することが期待できる。

（田村正人）

> **キーワード**

`個別支援` `相談支援` `コミュニケーション`

> **自己学習の課題**

1. 住んでいる自治体の障害福祉計画を閲覧して、地域における障害福祉の課題を調べ、専門職が果たす役割について整理してみよう。
2. 「障害者の相談支援等について（厚生労働省）」を読んで、さまざまな障害者に対する相談支援体制等について調べてみよう。（右のQRコードから閲覧可能）
3. あなたが考える「障害福祉の専門職」の役割とは何か、専門職にとって必要な資質について自分の意見をまとめてみよう。

参考文献

- 朝比奈ミカ・北野誠一・玉木幸則編著（2013）『障害者本人中心の相談支援とサービス等利用計画ハンドブック』ミネルヴァ書房
- 岩間伸之・野村恭代・山田英孝・切通堅太郎著（2019）『地域を基盤としたソーシャルワーク 住民主体の総合相談の展開』中央法規
- NPO法人日本医療ソーシャルワーク研究会編（2024）『医療福祉相談ガイドブック ソーシャルワーカー・ケアマネジャー必携』明石書店
- 日本保健福祉学会編（2015）『保健福祉学 当事者主体のシステム科学の構築と実践』北大路書房
- ブレンダ・デュボワ/カーラ・K・マイリー著/北島英治監訳・上田洋介訳（2017）『ソーシャルワーク 人々をエンパワメントする専門職』明石書店
- ルイーズC.ジョンソン/ステファンJ.ヤンカ著/山辺朗子・岩間伸之訳（2004）『ジェネラリスト・ソーシャルワーク』ミネルヴァ書房
- 山野則子・野田正人・半羽利美佳編著（2012）『よくわかるスクールソーシャルワーク』ミネルヴァ書房
- みずほ情報総研株式会社（2016）「障害福祉サービス事業所等におけるピアサポート活動状況調査」
https://www.mhlw.go.jp/file/06-Seisakujouhou-12200000-Shakaiengokyokushougaihokenfukushibu/0000130380.pdf
- 文部科学省（2015）「チームとしての学校の在り方と今後の改善方策について」
https://www.mext.go.jp/b_menu/shingi/chukyo/chukyo0/toushin/__icsFiles/afieldfile/2016/02/05/1365657_00.pdf
- 教育相談等に関する調査研究協力者会議（2017）「児童生徒の教育相談の充実について（報告）〜学校の教育力を高める組織的な教育相談体制づくり〜」
https://www.mext.go.jp/component/b_menu/shingi/toushin/__icsFiles/afieldfile/2017/07/27/1381051_2.pdf
- 公益社団法人日本社会福祉士会 子ども家庭支援委員会（2020）「スクールソーシャルワーカー実践ガイドライン」
https://jacsw.or.jp/csw/dataroom/kodomokatei/documents/ssw_guideline.pdf
- 厚生労働省（2020）「障害福祉サービス等の利用状況」
https://www.mhlw.go.jp/content/12401000/000693788.pdf
- 厚生労働省（2021）「障害者の相談支援等について」
https://www.mhlw.go.jp/content/12601000/000806678.pdf
- 厚生労働省（2022）令和3年度厚生労働省障害者総合福祉推進事業『基礎研修テキスト』

https://www.mhlw.go.jp/content/12200000/001282771.pdf
- 厚生労働省（2022）「令和4（2022）年医師・歯科医師・薬剤師統計の概況」
https://www.mhlw.go.jp/toukei/saikin/hw/ishi/22/index.html
- 厚生労働省（2022）「地域共生社会の実現に向けた施策の最新動向」
https://kouseikyoku.mhlw.go.jp/kyushu/000261818.pdf
- 内閣府（2022）「2022年度（令和4年度）市民の社会貢献に関する実態調査」
https://www.npo-homepage.go.jp/uploads/R4_shimin_report.pdf
- 厚生労働省（2023）「サービス管理責任者等研修制度について 」
https://www.mhlw.go.jp/content/12201000/001226975.pdf
- 厚生労働省（2024）「障害者福祉施設等における障害者虐待の防止と対応の手引き」
https://www.mhlw.go.jp/content/001282170.pdf
- 厚生労働省 社会・援護局 障害保健福祉部（2023）「障害福祉分野の最近の動向」
https://www.mhlw.go.jp/content/12401000/001098279.pdf
- 内閣府政府広報室（2023）「障害者に関する世論調査」の概要
https://survey.gov-online.go.jp/r04/r04-shougai/gairyaku.pdf
- 厚生労働省HP「障害福祉のお仕事図鑑」（2024年10月20日アクセス）
https://www.mhlw.go.jp/shogaifukushi/dictionary/
- 厚生労働省 社会・援護局障害保健福祉部（2024）「令和4年生活のしづらさなどに関する調査（全国在宅障害児・者等実態調査）」
https://www.mhlw.go.jp/toukei/list/dl/seikatsu_chousa_c_r04.pdf
- 厚生労働省（2024）「令和6年版　厚生労働白書」
https://www.mhlw.go.jp/wp/hakusyo/kousei/23/dl/zentai.pdf
- 厚生労働省（2024）「令和6年度障害福祉サービス等報酬改定における主な改定内容」
https://www.mhlw.go.jp/content/001216034.pdf
- 内閣府（2024）「令和6年版　障害者白書」
https://www8.cao.go.jp/shougai/whitepaper/r06hakusho/zenbun/index-pdf.html
- 文部科学省HP「養護教諭の職務内容等について」（2024年10月20日アクセス）
https://www.mext.go.jp/b_menu/shingi/chousa/shotou/029/shiryo/05070501/s007.htm

第6章
障害者と家族等に対する 支援の実際
―障害領域における社会福祉士および精神保健福祉士の役割―

　障害者を支える機関の役割や、専門職の思いや行動を理解するためには、具体的な事例に触れて、考えることが効果的な学習となる。

　本章では、第14回として障害領域における社会福祉士および精神保健福祉士の役割を学ぶとともに、障害者と家族等に対する支援の実際について、「精神障害者の地域移行支援と意思決定支援」「親亡き後の知的障害者の一人暮らし──地域生活支援拠点など」「外国人母と医療的ケア児の地域における生活支援」の3事例を紹介している。

　それぞれの事例の文末には、本事例のポイントとして、重要な視点や活用できる制度等を解説している。それらを参考に学びを深めていただきたい。

第14回 障害領域における社会福祉士および精神保健福祉士の役割

> **学びの誘い**
>
> この章では、共生社会の実現に向けて、ソーシャルワーカーである社会福祉士および精神保健福祉士がどのような役割を担い、実践に取り組むのかについて学ぶ。障害者とその家族に対する支援の実際においては、それぞれの思いや願いの実現に向けて、多職種が連携し、障害者や家族等と協働して取り組む。ソーシャルワーカーとして、ミクロレベルの個別支援の実践から、課題を社会問題として俯瞰し、メゾレベル、マクロレベルに広げ、展開していくことを意識して学習する。

1 ▶ 障害者と家族等に対する支援の実際（多職種連携を含む）

1）障害領域における課題と社会福祉士および精神保健福祉士の役割

わが国では、少子高齢化が急速に進行し、社会経済の状況が大きく変化している。このような背景のなか、生活ニーズは多様化し、複雑化している。そのため、従来の制度では対応が難しい課題が顕在化している。

この課題への対応には、子ども、高齢者、障害者など、地域に住むすべての人々が互いに支え合い、充実した生活を送ることができる「地域共生社会」の実現が求められている。この実現には、専門的な知識をもつ社会福祉士や精神保健福祉士が、医療、福祉、教育などの分野で役割を果たすことが不可欠である。

障害領域では、障害者権利条約批准以降、障害者の権利擁護や虐待防止の取り組みが進められている。しかし、**内閣府の調査**（2023）では、「『共生社会』という考え方を知っている」と回答した人が48.5%にとどまり、約半数の人は「言葉だけは聞いたことがある」か「知らない」である。また、「障害を理由とする差別や偏見があると思う」と回答した人は88.5%であり、2007（平成19）年の調査より上昇している。

この調査からは、社会のなかで障害者に対する差別や偏見はほとんど変化がないばかりか、依然として存在し続けているといえる。こうした社会の状況から、社会福祉士・精神保健福祉士が、地域で起こっている障害領域の課題を踏まえ、差別解消に向けての取り組みを進めていくことは近々の課題であるといえる。

また、一人ひとりの障害者の思いや願いの実現に向けた**意思決定支援**の取り組みは、その実現が現状の社会資源では難しい問題に直面す

▶ **内閣府の調査**
内閣府（2023）「障害者に関する世論調査」の概要

▶ **意思決定支援ガイドライン**
厚生労働省（2017）「障害福祉サービスの利用等にあたっての意思決定支援ガイドライン」における意思決定支援の定義は、「意思決定支援とは、自ら意思を決定することに困難を抱える障害者が、日常生活や社会生活に関して自らの意思が反映された生活を送ることができるように、可能な限り本人が自ら意思決定できるよう支援し、本人の意思の確認や意思及び選好を推定し、支援を尽くしても本人の意思及び選好の推定が困難な場合には、最後の手段として本人の最善の利益を検討するために事業者の職員が行う支援の行為及び仕組みをいう」である。

る場合もある。その際、社会資源の限界としてあきらめるのではなく、障害者や家族、地域関係者らと、社会資源開発に取り組むことが求められる。個別支援で抽出された課題を地域課題として**協議会**などと連動し、検討を重ねることは、社会福祉士・精神保健福祉士に求められるミクロ、メゾ、マクロへと拡大するソーシャルワーク活動である。この障害福祉分野から発信するソーシャルワーク活動は、他の分野とも共有し、協働することによって、地域づくりに貢献していくものである。

▶協議会
市町村の協議会は、市町村という生活圏域での具体的な課題をもとに地域の支援体制の協議を行う。都道府県の協議会は、課題や取り組みなどを把握して他の市町村につなげたり、大きな課題やニーズとして、県単位での取り組みを検討する。

2) 社会福祉士および精神保健福祉士の活躍分野

社会福祉士は、社会福祉士および介護福祉士法第2条に基づき、専門的な知識と技術を駆使して、利用者の福祉に関する相談に応じ、助言や指導を行い、福祉サービスを提供する専門職である。また、他の関係者との連絡や調整、さらにはその他の支援を行う役割も担っている。

一方、精神保健福祉士は、精神保健福祉士法第2条に基づき、精神保健福祉士の名称を用いて、専門的な知識と技術をもち、精神科病院やその他の医療機関で精神障害の治療を受ける者や、精神障害者の社会復帰を支援する施設を利用する者に対して、地域相談支援に関する相談や社会復帰に関する助言、指導、日常生活への適応訓練などの支援を行う専門職である。

社会福祉士・精神保健福祉士に関するデータによれば、社会福祉士が従事しているのは「高齢者福祉関係」が最も高い割合を占めており、39.3％に達している。次いで「障害者福祉関係」が17.6％、「医療関係」が15.1％、「地域福祉関係」が8.4％となり、その後に「児童・母子福祉関係」や「行政機関」などが続く。また、各施設や事業所における職種や職位の構成は、相談員が13.3％、介護支援専門員が11.4％、医療ソーシャルワーカーが10.0％と、相談支援業務に従事する社会福祉士が高齢、障害、医療に関連する分野で多く活躍している。

一方、精神保健福祉士が従事しているのは、「障害者福祉関係」が最も多く、全体の24.4％を占めている。次いで「医療機関」が23.3％、「高齢者福祉関係」が15.2％、「行政機関」が10.8％、さらに「児童・母子福祉関係」が5.3％、「地域福祉関係」が5.2％となっている。職種や職位の構成を施設や事業所ごとに見ると、「相談員」の割合が11.6％で最も高く、「精神科医療機関の精神保健福祉士」の割合は10.2％である。社会福祉士・精神保健福祉士は、いずれも福祉、医療、教育な

▶社会福祉士・精神保健福祉士に関するデータ
公益財団法人 社会福祉振興・試験センター（2021）「令和2年度社会福祉士・介護福祉士・精神保健福祉士就労状況調査結果」

どの分野で活躍している。

このように、さまざまな分野で活躍する社会福祉士・精神保健福祉士は、ソーシャルワークの機能を発揮し、制度を超えた課題に対応し、必要な社会資源を開発する実践能力が求められている。

次からは、個別支援から制度横断的な課題への対応や社会資源の開発を目指したソーシャルワークをどのように行うのか。個別のケース支援の実際をみていこう。

2 ▶ 障害者と家族などに対する支援の実際

1）精神障害者の地域移行支援と意思決定支援

● 退院と意思決定を支える

桜花病院の精神科に入院中の光さんは、医師から病状的に退院可能と言われている。桜花病院の相談室に勤務する精神保健福祉士の武内さんは光さんの退院支援について考えていた。

現在35歳の光さんは、中学時代から母子家庭で、高齢で独居の祖父宅の近くにアパートを借り、母と共に暮らしていた。専門学校に在学していた20歳の時に幻聴・妄想が出現し、精神科病院に入院した。母は復学を期待していたが、その後も入退院を繰り返し、専門学校を退学した。

退院後の24歳頃から物流のアルバイトを始めたところ、半年ほどで、物腰が柔らかく真面目な性格が見込まれ、正社員になった。その後、一人暮らしを始めたが、同時期に光さんのことを心配していた母は病死した。

その後、32歳頃から病気は治ったと判断し、薬を徐々に飲まなくなり、病状が悪化し、会社にも出勤が難しくなった。不安なことがあるとそのことばかり考えてしまい、日常生活が思うようにできなくなった。また、「テレビから電波が出ているようで、自分の悪口を言っている」などの妄想が出現した。今回の入院は、隣家から「大声をあげている」との通報の経過から医療保護入院となっている。

現在は服薬により病状は落ち着き、日中は院内の作業療法に参加しているが、一人でぼんやり過ごすことが多い。光さんは「退院しても、これからどうしたらよいか。仕事も一人暮らしも自信がない」と口にした。

● 退院に向けて

　精神保健福祉士の武内さんは、**退院後生活環境相談員**として、退院に向けて、退院支援委員会を開催し、基幹相談支援センターの相談支援専門員杉本さんに出席を依頼した。

　光さん、医師、看護師、相談支援専門員杉本さん、武内さんで、光さんの退院について話し合いを行った。地域生活への不安感が強い光さんに対し、グループホームを考えてはどうかとの提案があった。光さんは「うーん、わからないです」と話した。

　退院支援委員会では、光さんが地域生活に不安があるように感じられた。杉本さんは、退院を前向きにイメージするため、入院経験のある地域の**ピアサポーター**から情報を提供してもらってはどうかと考えた。そこで、院内の入院患者や職員が参加できる退院後の地域生活に関するミニ勉強会の企画を武内さんに持ちかけた。

　武内さんは、杉本さんの企画・提案をうけ、1か月後、病院と基幹相談支援センターの共催で、地域のピアサポーターによるミニ勉強会を開催した。ミニ勉強会の参加者のなかには、光さんの姿もあった。

● グループホームの体験入居

　光さんは、このミニ勉強会に参加した後、武内さんに「グループホームに興味がわいたんです。今度グループホームのオンライン見学があるようなので参加してみます」と、基幹相談支援センターで企画しているオンライングループホーム見学会に参加することを希望した。見学会に参加した後、光さんは杉本さんに相談をし、**地域移行支援計画**を作成し、グループホームの体験入居をしてみることになった。

　3週間後、光さんは、グループホームの1日体験入居を行った。しかし、ほかの利用者と食事をとるときに話さなくてはならないプレッシャーを感じることや、夜間に支援者が不在であったため、不安になったときに話を聞いてもらえなかったことでグループホームは自分に合わないのではないかと感じた。

● 「おじいちゃん家はだめかな…」

　体験入居の帰り道、光さんは自宅付近を通りかかり、ふと、おじいちゃん家に行きたいと漏らした。通りからほど近い祖父の家は比較的大きな家で、声をかけると、祖父は光さんが来ていることを知り、家に招き入れてくれた。

▶ 退院後生活環境相談員
医療保護入院者の退院に向けた相談支援や地域援助事業者などの紹介、円滑な地域生活への移行のための退院後の居住の場の確保などの調整の業務を行う精神保健福祉士など。

▶ ピアサポーター
障害当事者が、障害のある人生に直面し、経験してきたことを活かして、同じ立場である障害のある人に対し、仲間として支えるために実践的な活動をしている人。

▶ 地域移行支援計画
精神科病院・入所施設から地域に移行する際に、利用者の具体的な意向を聞き取り、関係者と個別支援会議の開催などを踏まえて作成する計画。

光さんは祖父と会い、言葉は少ないがにこやかに二人でテレビを見ながら、好きな野球チームの選手の話をしていた。光さんは祖父宅のソファでくつろぎ、普段とは違う穏やかな表情をしていた。

　近くの商店街に行くと、光さんを知る総菜屋の店主から「光君じゃないの？　元気そうだね。これ食べていきな」と焼き鳥を一本もらった。光さんが「おじいちゃん家はだめかな…」とポツリと言った。

● ケアマネジャーや地域包括支援センターと連携

　相談支援専門員杉本さんは、ケアマネジャー藤井さんに相談をすることにした。

　祖父は、藤井さんから聞いた孫の同居の提案を喜んだ。祖父は要介護1で少し物忘れがあるが、週1回程度、ヘルパーによる、生活援助を利用していた。杉本さんは、同居によって、問題となることがないか、祖父、光さんそれぞれが確認するため、体験的に祖父宅へ宿泊することを提案した。光さんは、その後数回宿泊を体験した結果、家が広いため、適度にお互いの距離を保ち、自分に合ったリズムで生活できることがわかった。

　そのため、杉本さん、藤井さん、**地域包括支援センター**の相談員が連携し、祖父はヘルパーを引き続き利用し、光さんは生活に支障のない範囲で祖父を時折見守ることにした。また定期的に支援機関が合同で会議を開き、光さんと祖父の生活状況を確認することにした。

● サービス等利用計画の作成

　杉本さんは、光さんの夜間の不安感をサポートするために、地域で地域定着支援を行う事業所を探したが、実施事業所が見つからなかった。そのため当面、祖父宅から距離がある遠方の地域定着支援を活用することにした。そして、定期的な通院や服薬のための訪問看護、ヘルパー利用などを含めたサービス等利用計画を作成した。サービスを調整した後、光さんの地域生活がスタートした。今後は光さんの状況を見て、地域の就労継続支援B型事業所の利用を検討することにしている。

● 地域移行支援事業所が地域にない課題

　杉本さんは、今回の光さんの地域移行支援を行うにあたり、地域定着支援や地域移行支援を行っている事業所が地域にほとんどないことに気がついた。光さんの入院していた桜花病院をはじめ、地域には、

▶地域包括支援センター
地域住民に必要な援助を行うことにより、地域住民の保健医療の向上および福祉の増進を包括的に支援することを目的として、包括的支援事業などを地域において一体的に実施する役割を担う中核的機関。

多くの入院患者がおり、今後、地域移行を推進するためには実施事業所が増えるような働きかけが必要と考えた。そのため、協議会で地域移行支援の課題検討の提案を試みることにした。

本事例のポイント

❶ 地域移行支援におけるポイント（図6-1）

医療保護入院者には、病院内で、退院後生活環境相談員が選任され、退院支援委員会が開催される。今回はこの委員会に、地域援助事業者である基幹相談支援センターの相談支援専門員に参加を呼びかけ、光さんの退院時の地域移行支援について連携して進めている事例である。

地域移行支援にあたっては、入院患者が退院したいという前向きな希望をもつことが必要である。そのため、退院して実際に地域生活をしているピアサポーターから体験を聞くことは、退院後の生活を具体的にイメージでき、退院の意欲を高めるため重要である。

この事例では、病院と基幹相談支援センターの連携により、ピアサポーターから、入院患者や職員に向けて話をしてもらうことや、希望者を募り地域の社会資源を見学する機会をつくっている。こうした取り組みは、光さんだけでなく病院内での入院患者や職員の地域移行の意識を高める意味でも重要といえる。また事例では、グループホームではなく、馴染みのある地域での祖父との同居を希望した光さんの気持ちと、高齢者支援を受けている祖父の状況を丁寧にアセスメントし、支援機関が連携して退院後の地域生活の安定を目指している。こ

▶地域移行支援
障害者支援施設や病院などに入所または入院している障害者を対象に、住居の確保その他の地域生活へ移行するための支援を行う。【支給決定期間：6か月間】

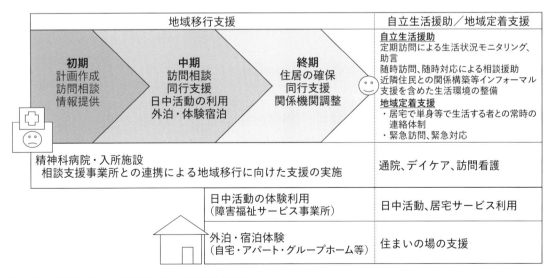

図6-1　地域生活への移行に向けた支援の流れ
出典）厚生労働省（2020）「障害福祉サービス等報酬改定検討チーム第14回資料3」を筆者改定

のように体験後の本人の気持ちに丁寧に寄り添い、暮らしの場の基盤を築いていくことが重要である。

関係機関の連携では、精神障害者が同居する家庭では、**地域包括ケアシステム**を活用して、医療、介護、福祉サービスを統合的に提供される。障害、高齢の支援者の双方が連携し、それぞれのニーズに応じた支援が受けられるように調整することができる。

❷ 個別事例から地域の課題への気づき

今回杉本さんは、**地域定着支援**の利用を検討している。地域定着支援は、現行制度上、同居する家族がいても、家族による支援が見込まれない場合には利用可能である。しかし、本事例のように、支給されても地域に実施する事業所がなければ利用することができない。

こうした個別ケースを通じて明らかになった課題は、協議会で議論し、地域課題の解決につなげていく。これは、基幹相談支援センターや、地域の相談支援専門員によるソーシャルワーク実践において重要な役割である。

2）親亡き後の知的障害者の一人暮らし──地域生活支援拠点等

● 母との二人暮らし、母の入院でどうする？

京子さんは50歳で重度の知的障害がある。京子さんは、幼少期において、知的発達の遅れが見られ、地域の市立小学校の特別支援学級に入学した。とてもおっとりとした性格で、両親と3歳年上の兄に見守られながらあたたかい家庭環境で育った。京子さんは、近隣の特別支援学校の高等部を卒業し、現在まで同じ生活介護事業所に通所している。

兄は京子さんの自宅の敷地内に家を建てて住んでいる。数年前京子さんの父は、3年間の闘病の末亡くなり、京子さんは、母と二人暮らしになっていた。そして、最近母にガンが見つかった。母は不安に感じ「いまはまだ元気だけど、いつどうなるかわからない」と京子さんの兄に相談した。兄は子どもが三人おり、京子さんの生活を支えるのは難しい、と答えた。そのため、母は相談支援専門員に相談することにした。

● グループホームの短期入所……「もう行きたくない」

相談支援専門員西村さんは、京子さんが今後、母が緊急入院するときに備えて、短期入所を利用してみてはどうかと提案した。京子さん

▶地域包括ケアシステム
重度な要介護状態となっても、住み慣れた地域で、自分らしい暮らしを人生の最後まで続けることができるよう、住まい・医療・介護・予防・生活支援が一体的に提供される地域包括な支援・サービス体制のこと。精神障害にも対応する場合、「精神障害にも対応した地域包括ケアシステム」といわれる。

▶地域定着支援
居宅において単身で生活している障害者などを対象に、常時の連絡体制を確保し、緊急時には必要な支援を行う。【支給決定期間：1年間】

と母、生活介護事業所のサービス管理責任者、西村さんでサービス担当者会議を行った。京子さんに、日中活動先の事業所が運営するグループホームでの短期入所を利用することを提案したところ、京子さんは「うん、やってみる」と答えた。

　1か月後、京子さんは2泊3日のグループホームの短期入所を経験した。京子さんは、短期入所を利用中、ニコニコと楽しそうにしており、特に問題もなく帰宅した。母は、これで何かあったときも安心して京子さんが行ける場所があると考えていた。その後ほどなく、母の体調が悪化し急遽1週間の入院をすることになり、京子さんは短期入所を利用することになった。

　西村さんは、「この前にいったグループホームで、お母さんの入院中は過ごそうと思うんだけどいいかな」と京子さんに伝えたところ、いつもは笑顔の京子さんの表情は硬かった。母は、「でもね、京子ちゃんに行ってもらわないとお母さんも入院できないから、我慢してね」と京子さんを説得し、京子さんは短期入所を利用した。

　短期入所利用中の京子さんは、数日は元気だったが、夜眠れない様子があり、帰宅する頃には疲れた様子を見せていた。帰宅後西村さんが話を聞いたところ、京子さんは「もう行きたくない」と話した。母は体調が回復し、退院することができた。

●緊急時の対応も含めて支援者と会議……各機関が連携

　相談支援専門員西村さんは、母の急な入院時に、京子さんが短期入所に行きたくないという様子をみて、京子さんと母と一緒にもう一度考える必要があると感じた。西村さんは、京子さんと母に相談し、緊急時も含めた今後の対応について、再度会議を開くことを提案した。

　3週間後、京子さん、母、兄、生活介護事業所職員、短期入所職員、障害福祉ケースワーカー、基幹相談支援センター**主任相談支援専門員**、西村さんで、京子さんの自宅で会議を行った。

　会議では、母の病状を踏まえ、今後の京子さんの住まいについて検討した。グループホームの提案には、いつもは穏やかな京子さんの表情がこわばり、母に「ここ（家）がいい」とポツリと言った。それを聞いた兄は驚き、「そうか。こんなふうに京子が自分の気持ちを言うなんて思わなかった。私も隣にいるから何かあれば対応できる。母が入院したときにも何とか京子がこの家で支援を受けて暮らすことは難しいですかね」と話した。

　西村さんは、母の状態に関わらず、自宅で京子さんが一定程度自立

▶**主任相談支援専門員**
相談支援専門員の資格を有し、かつ必要な実務経験と研修を修了した、地域づくり、人材育成、複合・多問題のケースなどに対応し、基幹相談支援センターなどに配置される地域の中核的な役割を担う専門職。

した生活が可能となるように、居宅介護のヘルパーを利用することを提案した。母の緊急時には、部分的に短期入所を利用する可能性もあるが、基本的には自宅から生活介護に通所を継続できるように、各機関が連携して対応することとした。

基幹相談支援センター主任相談支援専門員は「いまは重度の知的障害のある方で、一人暮らしをしている方は多くはないですが、京子さんの支援を進める上で、地域で支援体制を検討していきたいです」と述べた。

●重度の知的障害者の一人暮らしの支援検討会

3か月後、母が亡くなった。その後の京子さんは、現状の週2回の居宅介護や週5日の生活介護の障害福祉サービスに加え、**自立生活援助**のサービスを利用し、週に2回相談員の来訪により、その都度困り事を相談している。3か月に1回西村さんはサービス担当者会議を行い、兄も含めて状況の確認をしている。

その後、地域の協議会の相談支援部会において、基幹相談支援センターの主任相談支援専門員からの提案により、京子さんの事例をもとに重度の知的障害者の一人暮らしの支援検討会が開催された。

▶自立生活援助
障害者で一人暮らしなどにより、支援の必要な方が、定期的な巡回訪問によるサポートを受けることができる障害福祉サービス。

本事例のポイント

❶ 親亡き後問題

2022（令和4）年の厚生労働省「生活のしづらさなどに関する調査」では、在宅の知的障害者の数は114万人で、同居している人がいると回答した76.9％のうち、19歳から64歳で親と同居している人は、91.2％に上る。このことから、高齢の親が知的障害者の介護を続けているケースが多いことがわかる。この問題への対処には、「親亡き後」の問題ではなく、「親が存命の時からの問題」として捉えることが重要である。

2006（平成18）年に障害者権利条約が批准され、障害者の自己決定を尊重した意思決定支援が進められている。障害者総合支援法の基本理念には、「どこで誰と生活するかについての選択の機会が確保」されると明記されている。障害の状況に関わらず、重度の障害のある人でも、親元や入所施設だけではなく、グループホームや居宅介護の支援を受けて一人暮らしをするといった地域での自立した生活は、今後も推進される必要がある。しかし、親と別に暮らす19歳から64歳のうち一人暮らしをしている知的障害者は16.8％となっており、2016

(平成28)年度の調査に比べて増加したものの、依然として少ないのが現状である。

本事例では、母が病気になったことにより、急遽京子さんの親亡き後の生活を検討しなければならなくなった。そのため、京子さんが住む場所を決めていく意思決定支援の場面である。

京子さんは、短期入所の利用を通じ、グループホームよりも「同じ家に住み続けたい」という意思を表出した。それを受けて、ヘルパー利用、兄の見守り、各機関の連携により、自宅での一人暮らしを想定した支援を開始した。母の死去後は、自立生活援助のサービスを利用し徐々に地域の体制を強化しながら、京子さんが自然な形で自宅での生活を続けられるように支援している。

❷ 知的障害者の意思決定支援

知的障害者の意思決定支援においては、家族や支援者の関係性の影響を考慮する必要がある。特に、一定程度意思の表出が可能な知的障害者(以下、本人)の意思は、家族や支援者など周囲との関係性や相互作用のなかで確立される。そのため、親の意向や支援者の価値観によって本人が相手に従うような誘導がなされることがないよう、周囲の影響に留意し、本人が自由に意思を表出し実現したいと望める環境を整える必要がある。また、実現に向かう過程では、本人が自分の人生を自分で決めたという納得感を得られるよう支援することが重要である。

❸ 地域生活支援拠点等

地域生活支援拠点等とは、障害者の重度化や高齢化、「親亡き後」を見据えた居住支援のための機能をもつ場所や体制のことである。

居住支援のための主な機能は、相談、緊急時の受け入れ・対応、体験の機会・場、専門的人材の確保・養成、地域の体制づくりの5つを柱(図6-2)としている。

本事例では、母の状態の悪化が想定されるなかで、京子さんの地域生活の支援体制を整えることが求められた。地域生活支援拠点等の活用により相談対応、緊急時の受け入れの準備、体験の機会や場の提供などが相談支援専門員を中心に検討され、母の状態悪化時の緊急対応を行った。そして、その結果、母が亡くなった後も京子さんの地域生活を維持することができた。

知的障害者の一人暮らしが進まない背景には、地域の社会資源が充足していない課題がある。地域で障害者が多様な暮らしを選択できるよう、地域全体で支援する仕組みを構築することが求められる。その

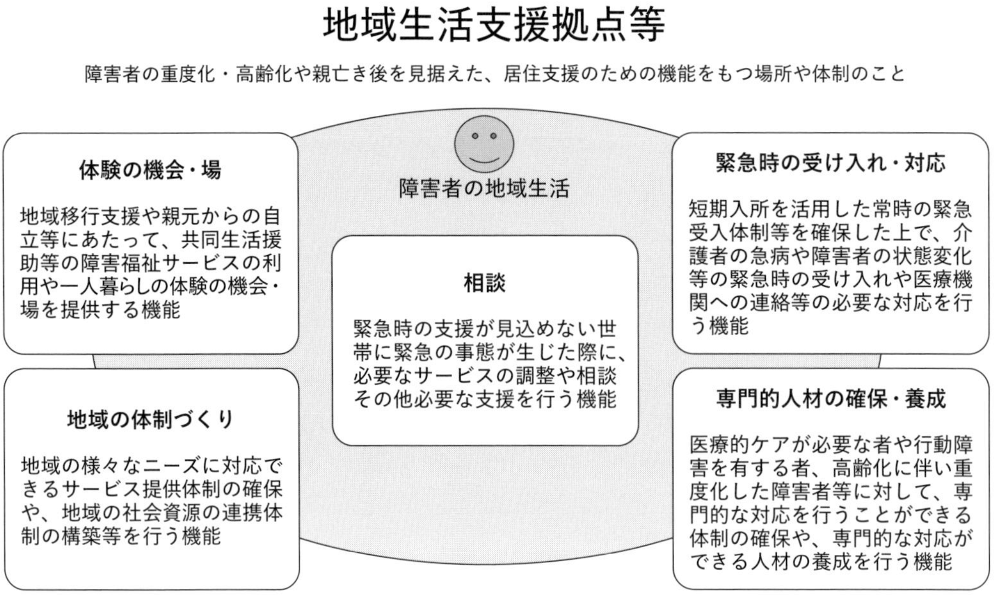

地域生活支援拠点等

障害者の重度化・高齢化や親亡き後を見据えた、居住支援のための機能をもつ場所や体制のこと

体験の機会・場
地域移行支援や親元からの自立等にあたって、共同生活援助等の障害福祉サービスの利用や一人暮らしの体験の機会・場を提供する機能

障害者の地域生活

相談
緊急時の支援が見込めない世帯に緊急の事態が生じた際に、必要なサービスの調整や相談その他必要な支援を行う機能

緊急時の受け入れ・対応
短期入所を活用した常時の緊急受入体制等を確保した上で、介護者の急病や障害者の状態変化等の緊急時の受け入れや医療機関への連絡等の必要な対応を行う機能

地域の体制づくり
地域の様々なニーズに対応できるサービス提供体制の確保や、地域の社会資源の連携体制の構築等を行う機能

専門的人材の確保・養成
医療的ケアが必要な者や行動障害を有する者、高齢化に伴い重度化した障害者等に対して、専門的な対応を行うことができる体制の確保や、専門的な対応ができる人材の養成を行う機能

図6-2　地域生活支援拠点等
出典）厚生労働省ホームページより

ため、事例のように協議会で検討することは、地域全体で課題を共有し、支援体制を整備する上で重要である。

3）外国人母と医療的ケア児の地域における生活支援

●母一人での介護に限界──医療的ケア児支援センターに連絡

▶在留外国人
日本に入国して在留を許可された外国人。

　愛美さんは4歳の女の子で、父母と共に生活している。母親は**在留外国人**で、日本で語学留学中に父親と出会い、結婚に至り、3年後に愛美さんが誕生した。母親は、日本語の日常的な会話にはある程度対応できるものの、理解には限界があり、父親に頼ることが多い。愛美さんは染色体異常症があり、常に人工呼吸器を使用し、胃ろうから栄養を摂取している。主に母親がその介護の対応をしており、時折離れる時間をもちたいと考えているものの、実際にはそれが難しい状況である。母親は運転免許証を持っていないため、父親がいないと移動が難しい。これまで父親は、可能な限り有給休暇を取得し、育児に積極的に関与してきたが、母親の疲労感はますます増している。

　父は以前市に相談し、母が連れて行くことが可能な最寄りの保育園に愛美さんが通えるかを尋ねていたが、看護師の配置が難しいために断られていた。数か月前に父は異動し、部署が変わったため仕事が忙しくなり、海外出張で数週間不在になることが予想されていた。その

間、母と愛美さんだけで過ごさなければならない可能性があった。

父は母の様子を心配し、今後の生活についてどこに相談すればよいのかわからず、医療的ケア児支援センターに連絡した。すると、地域の相談機関にいる**医療的ケア児等コーディネーター**が相談に応じてくれるとの情報を得て、地域の相談機関に足を運んだ。

● 愛美さんと家族に対する支援方針

医療的ケア児等コーディネーターの清水さんは、父親から現在の状況について相談を受けた。父親は、母親が言語の壁に直面し、関係機関との連携がうまくいくかどうか不安を抱いていると語った。これを受け、清水さんは、愛美さんとその家族に対する支援方針を策定することとした。

具体的には、愛美さんが日中過ごす通所先の選定、家族全体の安定した生活の確保、在宅医療体制の支援方針案を立て、担当者会議を開催した。会議は、通院先のソーシャルワーカーに依頼し、病院の会議室を利用した。また、母親が会議の内容を理解できるよう、市の通訳ボランティアの派遣を依頼した。

会議には、医師、訪問看護ステーション看護師、医療型短期入所施設職員、児童発達支援センター職員、ヘルパー事業所ヘルパー、保健師、市の担当者、通訳ボランティア、清水さんが参加した。そこで、父親から愛美さんと母親の現状が報告された。

清水さんは、愛美さんとその家族が安定した生活を送るための支援方針について確認し、情報共有した。母親は通訳を介して会議の内容を理解し、これまでの困難や今後の不安を語った。そして、多くの支援者が、今後愛美さんに関わることがわかり、「どうしたらいいかと思ってた。ほんとに安心したよ」と語った。会議終了後、母親は清水さんに対し、「会議に通訳ボランティアを手配してくれてありがとう」と伝えた。

その後愛美さんは、送迎バスを利用して**児童発達支援センター**に週に2回通い、自宅では週2回の入浴ヘルパーを利用している。また、訪問看護を週3回利用している。母親は、愛美さんが児童発達支援センターに通っている間に、オンラインの日本語レッスンを受講し、日本語の理解を深めたいと意欲を示している。

● 医療的ケア児に関する支援会議の設置へ

医療的ケア児等コーディネーターの清水さんは、愛美さんの支援を

▶医療的ケア児等コーディネーター
医療的ケア児などに対する専門的な知識と経験に基づいて、支援に関わる関係機関との連携(多職種連携)を図り、本人の健康を維持しつつ、生活の場に多職種が包括的に関わり続けることのできる生活支援システム構築のためのキーパーソンとしての役割を担う専門職。

▶児童発達支援センター
障害児本人への発達支援、家族支援、移行支援、地域支援・地域連携に加え、地域の関係機関との連携と地域の支援体制の構築を図る地域の中核的な支援機関。

通じ、地域の保育園の看護師配置の不十分さや、外国人障害児の親が必要な情報を得にくいという課題を認識した。このため、協議会での検討が必要であると考えた。

市の担当者にこの問題を共有した結果、医療的ケア児に関する検討会が設置され、清水さんは今後の市の体制を検討する委員として参加を要請された。清水さんは、愛美さんの事例を通じて浮かび上がった課題を、地域で検討することにした。

本事例のポイント

❶ 保育・療育を受けられない医療的ケア児とその家族

医療的ケア児とは、人工呼吸器や胃ろう等を使用し、たんの吸引や経管栄養などの日常的な医療的ケアが必要な子どものことである。

医療的ケア児の法律的な定義では、医療的ケアは医師や看護師による医療行為とは異なり、家庭内で家族が日常的に行う医療的な生活支援を指す。このケアは、個々の疾病や病状に応じて異なり、生活を維持するために不可欠なものである。

医療的ケアを必要とする子どもが自宅で生活する場合、家族がその看護を担い、子どもの健康管理を一手に引き受けることになる。2021（令和3）年には医療的ケア児支援法が施行され、国や地方自治体には、医療的ケア児が通う保育所や学校への支援、日常生活における支援、相談体制の整備や人材の確保が求められている。また、保育所や学校には、看護師や医療的ケアが可能な保育士を配置することが求められている。

しかし、実際には人材の配置がすぐには進まず、医療的ケアを行う看護師が不足しているため、親が24時間子どもに付き添う状況が頻繁に見られる。このような親は就労が困難であり、経済的困窮を招き、身体的・精神的な負担が増大する。そのため、家族が疲弊し、家庭環境が悪化することも少なくない。こうした家族の状況を十分に理解し、共感しながら支援を進める必要がある。

医療的ケア児支援法においては、都道府県に「医療的ケア児支援センター」を設置し、各機関との情報共有や相談支援を行うことが義務づけられている。このセンターの主な役割は、医療的ケア児およびその家族への支援に加え、地域の関連機関への支援も含まれる。こうした現状を踏まえ、医療的ケア児とその家族を地域でどのように支え続けられるか、今後も検討を続ける必要がある。

❷ 外国人の親に対する理解

　近年、在留外国人の数が増加し、総人口に占める在留外国人の割合が上昇している。外国人の親は異文化への適応に加え、日本におけるネットワークの限界から、社会的孤立や孤独に陥りやすい状況にある。

　本事例の母親は、日本語の理解が不十分で、頼りにしていた夫が頻繁に不在であったことから、孤立が深まった。外国人の母親を支援する際には、おかれた状況を理解し、苦労に耳を傾ける共感的なアプローチが求められる。

　また、今後の生活に対して前向きな展望がもてるよう支援することが必要である。愛美さんの母親への支援においては、通訳ボランティア制度を活用し、会話の内容が十分に理解できるようにし、地域で安心して生活できるように支援を行った。日本において、外国籍の家族が子どもを育てるケースが増加しており、子どもの発達に関する不安を軽減するための情報へのアクセスを確保することが重要である。

　今回のような通訳以外に、関係者がより効果的にコミュニケーションを図るためには、外国人保護者を対象としたパンフレットやAI音声翻訳ソフトの利用が考えられる。今後は、時代に即した多様な状況に合わせて、きめ細やかな支援を行う必要がある。

（小林麻衣子）

キーワード

地域移行支援　意思決定支援　地域生活支援拠点等　ソーシャルワーカーの役割

自己学習の課題

1. 精神障害者や知的障害者が地域移行する際のソーシャルワーカーの役割について整理してみよう。
2. 障害福祉サービス事業者がサービスを提供する際に行う障害者の意思決定支援の枠組みを示す「障害福祉サービスの利用等にあたっての意思決定支援ガイドラインについて」を調べてみよう。(右のQRコードから閲覧可能)
3. 障害のある人が地域で暮らす上での課題や課題解決のための検討をしてみよう。

引用・参考文献

- 公益社団法人日本社会福祉士会『ソーシャルワーク実践における意思決定支援』中央法規、2023
- 公益社団法人日本精神保健福祉士協会「精神保健福祉士のための退院後生活環境相談員ガイドライン」2016
- 厚生労働省「医療的ケアが必要な子どもと家族が、安心して心地よく暮らすために―医療的ケア児と家族を支えるサービスの取組紹介―」2018

- 厚生労働省「障害福祉サービス等報酬改定検討チーム第14回資料3」2020
- 厚生労働省障害者総合福祉推進事業「市町村や都道府県における地域生活支援拠点等の整備や機能の充実に係る調査研究（令和5年度）地域生活支援拠点等の好事例集」2023
- 出入国在留管理庁「令和5年度在留外国人に対する基礎調査結果概要資料」2023
- 田村綾子ら「厚生労働科学研究費補助金障害者政策総合研究事業　障害者の地域移行及び地域生活支援のサービスの実態調査及び活用推進のためのガイドライン開発に資する研究　令和元年度総括報告書」2020

COLUMN

重症心身障害児者の課題

　重症心身障害とは重度の肢体不自由と重度の知的障害が重複した状態のことをいう。児童福祉法ではそのような児童に関し規定しているものの、細かい判断基準は明示されていない。現在では、「大島の分類」で判定するのが一般的である。

　重症心身障害児や成人となった重症心身障害者（以下、「重症心身障害児者」）は、その障害の重さと同時に、てんかんや呼吸障害、摂食嚥下障害、排泄障害、胃食道逆流症などの合併症を併発する場合もある。そのため、日常的に吸引や経管栄養など医療的ケアを要する者も約60％いる（千葉県成人では約半数、児童）。

　重症心身障害児者は4万3,000人と推計され、家庭で生活している者は、そのうち3分の2とされている（宮崎 2016）。そのため、重症心身障害者の介護には時間や労力を要する場合が多く、同居する家族の介護負担は重いものとなっている。

　滋賀県の調査（2024）では困りごとや不安として、「介護者の身体的負担」が55.2％いたほか、「介護者の心理的負担」も41.5％あった。また、障害福祉サービスでは、「一時的に預かってくれるサービスの不足」が53.7％あった。また、千葉県の調査でも利用希望はあるが利用できないサービスとして、「短期入所」が42％、「放課後等デイサービス」が19％、「学校卒業後の通所施設」19％などがあげられていた。

　重症心身障害児者はさまざまな福祉サービスを必要としている。障害者総合支援法でもいろいろなサービスメニューが掲げられている。しかし、通所施設や短期入所では医療的ケアに対応できない施設や重症心身障害児者の受け入れがかなわない施設も存在する。また、グループホームでは、医師や看護師の不在により、そもそも家族が将来の選択肢にすらならない状況も存在する。

　障害者総合支援法の理念では「全ての国民が、障害の有無にかかわらず、等しく基本的人権を享有するかけがえのない個人として尊重される」とされている。障害が重いがゆえにそれらサービスを活用できない現状をどのように改革するか、国はもちろん、自治体にも課せられた課題だといえるよう。

（山本雅章）

文献
- 大島一良（1971）「重症心身障害の基本的問題」『公衆衛生』35（11）医学書院
- 東京都立府中療育センター「重症心身障害児（者）とは」
https://www.fukushi.metro.tokyo.lg.jp/shisetsu/jigyosyo/fuchuryo/main/zyushintoha
- 宮崎信義（2016）「重症心身障害児者の医療的ケア」久山療育園
- 千葉県（2019）「『重症心身障害児者』および『医療的ケア児者』実態調査報告書」
https://www.pref.chiba.lg.jp/shoji/service/ryouiku/documents/h30tyousahoukoku.pdf
- 滋賀県（2024）「令和5年度滋賀県重症心身障害児者および医療的ケア児者実態調査報告書」
https://www.pref.shiga.lg.jp/file/attachment/5482049.pdf

第7章
共生社会づくりへの展望

　本書は、社会福祉士や精神保健福祉士などソーシャルワーク専門職を目指す学生のために、共生社会における障害福祉のあり方をテーマに刊行したものである。最後となる第7章は、それを踏まえて共生社会と障害者福祉の関係をソーシャルワークの視点からまとめた。

　本章は、第15回として、まずは、ソーシャルワーク専門職が目指すべき共生社会の姿について、その基盤となる3つの原理について学ぶ。また、国の地域共生社会政策がどのように展開されているのか、また、障害者福祉分野において運用が見込まれている共生型サービスの状況は、どうなっているのか、課題等も含め考える。

　そして、改めてソーシャルワーク専門職のグローバル定義について、確認するとともに、インクルーシブな地域づくりに向けて、社会変革や社会開発、社会的包摂などの取り組みを指向するマクロソーシャルワークについて触れる。特に、地方自治体の障害福祉分野におけるマクロソーシャルワークを展開する際に、重要な役割を果たすのが自立支援協議会である。その構造や機能についても理解を深めたい。

第15回 障害者とともに暮らす共生社会づくりへの展望

> **学びの誘い**
> 真の共生社会とはどのようなものか、まずは障害者福祉を基盤にした共生社会の原理について確認しておきたい。また、わが国における地域共生社会政策の本質を踏まえ、現実に展開されている取り組みから課題等を明らかにするとともに、インクルーシブな地域を創造するために、ソーシャルワーク専門職の果たすべき使命や役割について学ぶ。

1 ▶ 共生社会の源流

1) 共生とは

わが国では、共生という言葉は、さまざまな分野で基本的な理念や考え方として活発に用いられているが、その概念は広く、曖昧性も指摘される。

他方、国における共生に関する社会政策は、内閣府による男女の共生社会政策の推進や、「性的指向及びジェンダーアイデンティティの多様性に関する国民の理解の増進に関する法律」など、いわゆるジェンダーに関する取り組み、総務省の「多文化共生の推進」、厚生労働省の『地域共生社会の実現』、文部科学省の「インクルーシブ教育システムの構築」など多用に展開されている。

2) 共生の本質と共生社会の姿

共生の本質および共生社会とはどのようなものか、朴（2023）は「共生は単に人間が集団を成して生きることを意味するものではない。自分と異なる他者と共に生きることが共生の本意である」と述べているが、その考え方を基底にすると、共生の本質とは排除される人々をなくすこと、困難を抱える人を支援すること、そして、それらを取り巻く環境を改善することを射程として実践することである。

つまり、私たちが目指す共生社会の姿とは、ただ単に人々が同じところに暮らす社会と漠然と捉えるのではなく、困難を抱える人が自分らしく生きいきと暮らせる社会であり、誰もが差別や排除されない社会である。

3) 共生社会につながる福祉パラダイム

ソーシャルワーク専門職団体である日本社会福祉士会が編集した著

書の中で原田（2018）は、以下のとおり述べている。

> 「地域共生社会とは、決して新しい言葉ではない。地域のなかで共に生きる社会をつくる。このことは、以前から障害者運動や地域福祉の文脈で語られてきたことである。1981年の国際障害者年を契機にして日本国内で広がったノーマライゼーション。障害の有無にかからずノーマルな生活を営むことは権利であるという思想は、共生社会の原理である。」

また、障害者に対する差別に関して、障害者差別解消法施行後に起きた相模原障害者殺傷事件（津久井やまゆり園事件）に触れて、今日的な優生思想や差別構造を指摘し、優生思想についても

> 「何をもって優生と為すか、今日のそれは能力主義であり、新自由主義と結びつくことによって経済的生産性の有無が人間の価値に直結しやすい。すなわち稼ぐことができない人は人間としての価値も劣るという思考である。―（中略）―このような考え方では、差別はなくならない」

と主張している。真の地域共生社会を実現するには、一人ひとりの尊厳を尊重し、あらゆる差別を問題にし、それを解消するためのシステムを社会的につくりあげなければならないのである。そして、その道筋についても、

> 「制度やサービスだけではなく、私たち一人ひとりの意識や行動を変容させることが不可欠である。それは極めて厳しいが、でもそれを諦めてしまったら差別を助長し、社会的排除を認めていくことになる。その結果はやがて戦争につながっていくかもしれない」

と示している。以上のことは、障害者を支える理念であるノーマライゼーションや自立生活思想、そして、それらを基盤として策定された障害者権利条約の考え方が、地域共生社会を構築するための基底となることを表している。

さらに、障害者権利条約にある「社会モデル」に立って考えると、「共生社会」とは、障害者や困難を抱える人を含め、誰もが差別や排除さ

れずに、生きいきと暮らせることが権利として保障される社会であると理解すべきである。

このように、長年かけてつくりあげられた障害者を支える理念こそが、真の共生社会を実現するための共通基盤となるのである。

2 ▶ 障害者福祉を基盤にした共生社会の原理

1）ノーマライゼーションに含まれる2つの要素

第3章第3節で述べているノーマライゼーションの理念は、バンク-ミケルセンが提唱し、ニィリエによって理論的に精緻化されたものである。

次に、そのノーマライゼーションに関して、水平的思考から2つの要素を導き出し、共生社会との関係性を述べることとする。

1つ目の要素は「ノーマルな暮らしの実現」である。バンク-ミケルセンは、「障害がある人にとっては、その国の人々が受けている通常のサービスだけでは十分ではありません。障害がある人が、障害がない人と平等であるためには、特別な配慮が必要なのです」と示しているが、このことは、障害者に特別なケアを提供することを権利として認めていることである。

2つ目の要素は「ノーマルな社会づくり」である。鈴木（2009）は、「障害者を排除し、差別的に取り扱ってきた社会の能力主義的な人間評価原理に対する反省のうえに立って、障害者が障害を持たない市民と対等平等に存在する社会こそが『ノーマルな社会』であり、このような社会に変革することを強く志向するという視点を含んでいる」[5]と述べている。

また、バンク-ミケルセンもニィリエも第二次世界大戦中、反ナチスのレジスタンス運動に参加しており、これらの体験がノーマライゼーションの原点になったと考えられる。このため、鈴木（2009）が「ナチズムの人間観への根本的な批判を背景にして、知的障害者がおかれていた反福祉的現実に対する平和−福祉思想として登場したということができる」と示すとおり、ノーマライゼーションについては、単なる福祉の思想というよりも、平和福祉思想という人間社会の根本となる重要な思想だと理解すべきである。

以上、個人の尊厳、人権を追求する視点と、社会を変革していく視点というノーマライゼーションの2つの視点は、人権と社会正義を主な諸原理としているソーシャルワークの考え方と通底していることを

付言しておく。

2) 共生社会の基本原理

　平和・福祉思想としてのノーマライゼーションを踏まえての共生社会の原理は、以下のとおりである。鈴木（2023）は、平和学を唱えるノルウェーの社会学者であるヨハン・ガルトゥングの研究を紹介し、次のように定義している。

> 「彼は暴力を直接的暴力と構造的暴力の2つの類型でとらえ、平和学の構成要素を次のとおり示している。すなわち、『直接的暴力』（＝戦争）がない状態を『消極的平和』として、『構造的暴力』（＝貧困・抑圧・差別など）がない状態を『積極的平和』とする考え方である。平和学の提案に従えば『共生社会』とは『構造的暴力』に対して、第1に『反貧困としての福祉』、第2には、『反抑圧・差別』としての平等がうちたてられるであろうし、さらに第3として『直接的暴力』である戦争を否定する平和を加えた3つの基本原理で構成される社会といえよう」

　第1の「反貧困」としての福祉は、なんらかの理由で生活上の困難を負ったとしても、他の人と同等の生活を営めること、さらに、潜在能力などを活かして、全面的な発達が実現できるように所得保障や社会サービス保障が整っている状態をいう。

　第2の「反抑圧・差別」としての平等については、ノーマライゼーションを基盤にして成立した障害者権利条約に組み込まれた平等回復が措置された状態をいう。具体的には、障害者に限らずすべての人々にとって使いやすいという考え方を法的な権利として規定する①普遍的な法的権利保障と、人種差別撤廃条約や女性差別撤廃条約のように国や法令などによって格差と差別を積極的に是正する②特別の措置、そして、この積極的是正策だけでは、障害の状況や取り巻く環境が個々に異なるため、平等回復につながらない障害者の実情を踏まえて新たに規定された③合理的配慮の3つの措置があげられる。これら3つの平等回復措置はバンク-ミケルセンがいう特別の配慮を具現化した内容と理解することができる。

　第3の「平和」について、戦争は国民に生命の危険と貧困・抑圧・差別をもたらすことは自明である。貧困がファシズムを生み、それが国民の平和的生存権を脅かした第二次世界大戦の歴史的教訓を踏ま

え、貧困を防止する社会保障制度を充実させ、平和な民主国家を築くことが共生社会の原理となるのである。

3 ▶ 地域共生社会と包括的支援

1）地域共生社会政策の展開

　わが国の社会福祉は、高齢者、障害者、子どもなどの対象者ごとに、また、生活に必要な機能ごとに典型的なニーズに対して専門的なサービスなど公的支援制度の整備・充実が図られてきた歴史がある。

　近年では、主に高齢者を対象に、日常生活圏域のなかでの自立生活の実現に向けて医療、介護、介護予防、住まい、生活支援などを包括的に確保する地域包括ケアシステム、障害者向けの基幹相談支援センターや子育て世代包括支援センターなど、一定の地域を基盤にした領域別の包括的支援体制が整備されてきた。

　しかしながら、人口減少や家族・地域社会の変容によって、いままで家族や地域社会のなかで自然に行われてきた支え合いの関係などが変化するとともに、個人や家族、地域の福祉のニーズも多様化するなか、さまざまな分野の課題が絡み合って複雑化する問題に対して、複合的な支援が求められるようになった。

　2015（平成27）年9月、厚生労働省のプロジェクトチームが「新たな時代に対応した福祉の提供ビジョン」をまとめた。それを受けて、2016（平成28）年6月に閣議決定された「ニッポン一億総活躍プラン」では**地域共生社会**という用語が盛り込まれ、方向性が示された。

　2017（平成29）年6月には1回目の改正社会福祉法が、その後の「地域共生社会推進検討会」を経て、2020（令和2）年6月に2回目の改正社会福祉法が公布された。そのなかでは、地域共生社会の実現に向けて包括的な支援体制を推進するための施策として、各自治体の実情に応じて展開できるルールづくりや補助金・交付金の見直しなどを盛り込んだ重層的支援体制整備事業が創設された（図7-1）。

　こうした地域共生社会政策のなかで、新たに創設された重層的支援体制整備事業を活用するか、しないかを含め各市町村は、自らの地域の高齢者や障害者などの相談支援機関の役割や連携、体制などを見直した上で地域住民の主体的・自発的な取り組みと、行政およびサービス事業者などとの連携・協働による包括的な支援体制の構築を進めることになったのである。

▶地域共生社会（厚生労働省「地域共生社会のポータルサイト」抜粋）
分野の縦割りや支え手・受け手という関係を超えて、地域の住民や多様な主体が参画し、人と人、人と資源が世代や分野を超えつながることで、住民一人ひとりの暮らしと生きがい、地域をともに創っていく社会を目指すもの。

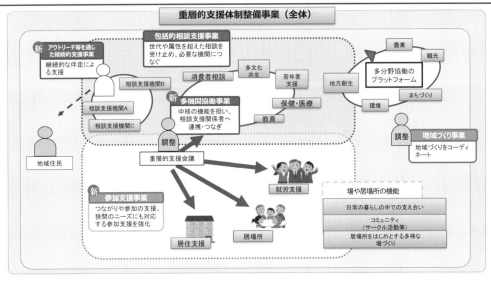

図7-1 重層的支援体制整備事業のイメージ
出典）厚生労働省社会・援護局（2020）「令和2年度地域共生社会の実現に向けた市町村における包括的な支援体制の整備に関する全国担当者会議資料3」

2）地域共生社会と障害者福祉

次に、地域共生社会政策と連動した障害福祉に関する取り組みの一つである共生型サービスについて検証する。

共生型サービスは、制度を越えて、高齢者と障害児者をともに受け入れるサービスであり、2017（平成29）年5月に成立した「地域包括ケアシステムを強化するための介護保険法等の一部を改正する法律」において、介護保険法、障害者総合支援法、児童福祉法、社会福祉法等のなかに創設する規定が設けられた。

障害者福祉に関わる法制度は、支援費制度から障害者自立支援法、そして障害者総合支援法と、ここ20年間で何度も改正されてきた。とりわけ障害者の高齢化により、ニーズも多様化・複雑化しており、早急な対応が求められる。

内閣府の「**障害者白書**」では、65歳以上の障害者は、2011（平成23）年と2017（平成29）年の推計では470.6万人となっており、この5〜6年で100万人以上増加している。このような高齢障害者の増加に加え、親と暮らしている割合が多い知的障害者や精神障害者に関しては、同

▶「障害者白書」
障害者基本法第13条に基づき、1994年から政府が毎年国会に提出する「障害者のために講じた施策の概況に関する報告書」。

居する親の高齢化に伴う問題も発生しているのである。

　障害者総合支援法第7条では、障害者が65歳に到達するなどで介護保険制度の受給権者となった場合には、介護保険制度が優先され、介護保険サービスに類似のサービスがあるなどの場合を除き、障害福祉サービスから介護保険サービスに切り替える必要があり、それまで利用していた障害福祉制度のサービス事業所を利用できなくなることなど、いわゆる「65歳問題」が課題とされてきた。こうした課題の解消策の一つとして導入されたのが**共生型サービス**である。

　しかしながら、共生型サービスの提供はほとんど進んでいない状況が続いていた。それを危惧した厚生労働省は、調査研究を実施し、活用促進に努めてきたが、必ずしも効果があがっているとは言い難い。共生型サービスの普及については、手続きの簡素化や人材育成、小規模事業所への財政支援の強化、地域格差の是正などの対策が必要となるが、その前提として、過度に効率性を重視するという考え方を改めることが不可欠である。

3) 地域共生社会政策の特徴と問題点

　共生型サービスの背景にある地域共生社会政策について、地域住民による支え合いと公的支援の連動による包括的な支援体制を強化すること、地域の実情に応じて各自治体が考えて取り組むこと、縦割りを排除して既存制度・財源を活用すること、また、住民がつながり支え合う仕組みを育むことなど、掲げる目標自体に異論はないが、それらのことを施策づくりの前提にしてしまって公的責任が後退することがあってはならないのである。

　例えば、地域の実情に応じてしまっては地域間格差が生まれるのではないか、すでに既存制度でも介護保険の日常生活支援総合事業や障害者総合支援法の地域生活支援事業などでは地域格差が生まれている。また、既存の制度や資源の活用について、活用すべき資源がない際の資源づくりの財源はどうするのか、そして、家族に依存しないで、しかも不確定な地域の力に頼らないで自己実現を図ることができるのか、そのための支援が権利として保障されるのかなどの疑念も生じる状況である。

　私たちが目指す障害者福祉を基盤にした共生社会というものは、あくまでも多様な価値観を認め合い、一人ひとりが自分らしく豊かに暮らせる社会、誰もがそうした社会に生きる権利をもっていて、それは日本全国どこにいても保障されることを目指すものである。

▶**共生型サービス**
介護保険サービス事業所が障害福祉サービスを、また障害福祉サービス事業所が介護保険サービスを提供しやすくすることを目的とし、指定手続きの特例として、2018年に設けられた制度。障害者が65歳以上になっても、同一事業所を継続利用できることや、高齢者・障害児者とも、利用できる事業所の選択肢が増えるなど、「介護」や「障害」といった枠組みにとらわれず、多様化・複雑化している福祉ニーズに臨機応変に対応することがねらいとされた。対象となるサービスは、
(1)高齢障害者の介護保険サービスの円滑な利用を促進する観点から、介護保険優先原則が適用される介護保険と障害福祉両方の制度に相互に共通するサービス、
(2)現行の基準該当障害福祉サービスとして位置づけられているサービスであり、具体的には、ホームヘルプサービス、デイサービス、ショートステイである。

国の地域共生社会政策が地域の実情に応じてと各地域・自治体に委ねている状況は、地域格差の拡大や公的責任の肩代わりをする活動を住民に求めたりすることなどが危惧される。

4▶ インクルーシブな地域づくりとその展望

インクルージョンに関して、第3章第4節で述べている障害者権利条約では、第3条の「一般原則（c）」で「Full and effective participation aud inclusion in society」（政府公定訳では「社会への完全かつ効果的な参加及び包容」）と規定されている。

また、インクルーシブな地域づくりについては、第19条で「Living independently and being included in the community」（政府公定訳では「自立した生活及び地域社会への包容」）と掲げられている。

障害者を支える理念の到達点である障害者権利条約を基底にした権利性をもつ「共生社会」を地域のなかで、どのように創っていくのか、そのためには、人権擁護と社会変革の視点をもつソーシャルワーク実践を地域のなかで展開することが重要となるのである。

1）共生社会の創造とソーシャルワーク

まずは、ソーシャルワークについて整理しておく。2014（平成26）年7月の国際ソーシャルワーカー連盟（IFSW）国際会議（メルボルン会議）において、従来（2000［平成12］年）の「ソーシャルワークの定義」が、「ソーシャルワーク専門職のグローバル定義」として改定された。

その内容について、**日本ソーシャルワーカー連盟**は、「ソーシャルワークは社会変革と社会開発、社会的結束、および人々のエンパワメントと解放を促進する、実践に基づいた専門職であり学問である。社会正義、人権、集団的責任、および多様性尊重の諸原理は、ソーシャルワークの中核をなす。ソーシャルワークの理論、社会科学、人文学、および地域・民族固有の知を基盤として、ソーシャルワークは、生活課題に取り組みウェルビーイングを高めるよう、人々やさまざまな構造に働きかける。この定義は、各国および世界の各地域で展開してもよい」と示している。

また、注釈のなかでソーシャルワーク専門職の中核任務は、「社会変革、社会開発・社会的結束の促進、および人々のエンパワメントと解放」であるとし、その上でソーシャルワークは実践に基づいた専門

▶日本ソーシャルワーカー連盟（JFSW）
（公社）日本社会福祉士会、（公社）日本精神保健福祉士協会、（公社）日本医療ソーシャルワーカー協会、NPO法人日本ソーシャルワーカー協会で構成するソーシャルワーカーの専門技能向上と倫理確立を目指す組織。

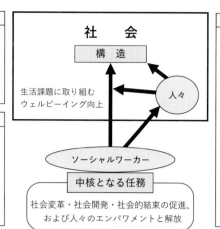

図7-2　ソーシャルワーク専門職のグローバル定義の概念
出典）筆者作成

職であり学問でもあるとしている。

　そして、人権・階級・言語・宗教・ジェンダー・障害・文化・性的指向などに基づく抑圧や特権の構造的障壁の解消に取り組むため、専門職は不利な立場にある人々と連帯しつつ、貧困を軽減し、抑圧された人々を解放し、社会的包摂と社会的結束の促進に努めなければならないと説明している（図7-2）。

　今回の主な改定ポイントについて、第一には、旧定義で規定されていた「問題解決」を図るという視点に替えて、新定義では問題解決という言葉が姿を消して、ウェルビーイングを高めることを目指し、生活課題に取り組む支援を行うとともに、人々やさまざまな構造に働きかけるという視点が導入されたことがあげられる。

　第二には、資源の配分や意思決定に影響力をもっている法律や制度、その他のルールや権力の保有状況などの構造的条件への挑戦を期待するなど、社会変革に向けてマクロレベルでのソーシャルワーク実践をより強調するものとなっている。このことはソーシャルワーク専門職に対して「主体的に社会を変る役割を担う」という自覚を強く求めている。

2) マクロソーシャルワークとは

　次に、社会変革を推進するマクロレベルでのソーシャルワークであるマクロソーシャルワークについて整理する。渡辺（2021：53）は

「マクロソーシャルワークとは不特定多数の人々への影響を想定し、社会・経済状況、法律・制度、意識・価値観、偏見・差別等の社会不正義、慣習等の変革を目指して展開する意図的なコミュニティ実践（組織化や計画化、資源・能力開発、アドボカシー）、組織運営管理、政策実践である」[8]

と定義し、その射程を明示している。ソーシャルワークというものはあくまでもミクロ・メゾ・マクロレベルを一体的な対象としていることは確認しておきたい。

次に、マクロソーシャルワーク実践を展開するために、ソーシャルワーク専門職が大切にすることについて述べることとする。

わが国におけるマクロソーシャルワークの現状は、どのようになっているのか。日本社会福祉士会が厚生労働省の社会福祉推進事業として、会員である社会福祉士に行った調査では、実践の機会が限られ、かつ、知識・技術などにおいて十分でないことが明らかになった。

これを踏まえると、まずは、マクロソーシャルワークを意識することからはじめることが重要となる。自らの日々の活動や取り組みにおいて、明確に意識することが第一歩となる。それは、情報収集からはじまり、そこから、仲間や志を同じくする人との情報共有や連帯、そして運動へと発展していくのである。

つまり、それらの実践は、多様な主体が関わりながら活動・組織・仕組みが構築され、発展していくことにつながる。

具体的には、パブリックコメントや審議会への関与など既存の制度や社会資源、ネットワークを活用しながら取り組むことや、新たな制度や仕組みづくりを目標にして、さまざまな活動のなかで機会をみつけて自治体福祉政策への関与を進めていくことが考えられる。また、そうした日々の実践を振り返り、学習し、研修などにより磨き上げていくことも重要である。

3）地域における障害福祉領域でのマクロソーシャルワークの展開

障害福祉領域でマクロソーシャルワークを具体的に展開する際に、効果的な仕組みとして考えらえるのが第4章第1節で示されている「**協議会**（以下、「自立支援協議会」）」である。

自立支援協議会は、障害者総合支援法第89条の3に規定されたもので、障害者などの地域生活を支援するために、官民協働システムを構築する中核となる存在である。特に、身近な地域でマクロソーシャル

▶**協議会**
2012年より障害者自立支援法に盛り込まれた「自立支援協議会」が、2013年4月の障害者総合支援法の施行に伴い改称している。そして、2022年12月の改正では、「地域づくり」において「個から地域へ」の取組が重要であること、また、地域の関係機関等に情報提供や意見の表明等の協力を求めることができ、関係機関等に努力義務を課したこと、個別支援に関わる支援体制の検討の明確化と協議会関係者に対して守秘義務を課すことが規定された。

ワークを展開する際に基盤となるのが市町村自立支援協議会である。

　市町村自立支援協議会の基本的役割は、相談支援の個別事例などを通じて明らかになった地域課題を共有し、その課題を踏まえて、地域における障害者等の支援体制の整備につなげることである。その構成員は、福祉、保健、医療、教育、就労などのさまざまな関係者や、本人の意思・意向を尊重するために、障害者や家族など（当事者等）も含まれる。

　そして、主な機能としては、7つの項目に整理され（図7-3）、地域の相談支援体制を基盤にして、相互に関連しながら、総合的にその機能を発揮することになる。また、運営については、地域にある事業者およびサービス事業者などの関係者が集まって協議するサービス担当者会議などがあるが、それを土台として、自立支援協議会の企画・運営の要となる事務局会議（運営会議）、そして、専門部会、定例的な会議、全体会といった重層的な組み立てで行われる（図7-4）。

　次に、地域においてマクロソーシャルワークを進める視点で協議会がもつ機能や役割などを述べることとする。

　第一には、「地域課題の共有化と集積」である。共生社会を進めるには、誰もが自己実現できるように個々のニーズにきめ細かく対応することが必要となる。既存制度・支援では対応できないニーズを明確にし、個人の問題ではなく地域の課題として共有・集積することが必須である。協議会では土台となるサービス担当者会議などを通じて解決困難なニーズを地域の課題として共有・集積し、それを事務局会議（運営会議）や専門部会が戦略的に情報を吸い上げる役割を担っている。

　第二には、「地域課題の解決に向けた検討」である。共有・集積した課題について、取り組むべき課題がある分野ごとに専門部会を設置し、地域の実態や社会資源の状況などを踏まえ、一元的かつ統一的な情報の整理やデータ収集などの調査研究に取り組むとともに、課題解決に寄与する具体的な仕組みづくり・政策提言などを検討することがあげられる。

　第三には、「新たな仕組みづくりの提案とルール化」である。専門部会などにおいて検討された内容は、全体会を通じて地域に提案していくことになる。内容によっては予算化（拡大、縮小、組み換えなど）を伴うものや新たな制度づくり、あるいは、制度や要綱の改正や廃止を必要とするものがある。障害者総合支援法では、第88条第9項および第89条第8項において、市町村及び都道府県は、障害福祉計画を定め、または変更しようとする場合においては、あらかじめ協議会の意見を

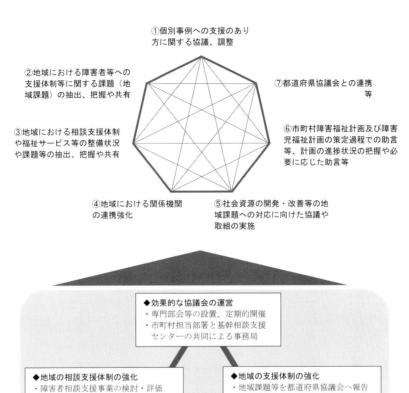

図7-3　市町村（自立支援）協議会の主な機能
出典）厚生労働省（2024）「協議会の設置・運営ガイドライン」p 24、図Ⅱ-1

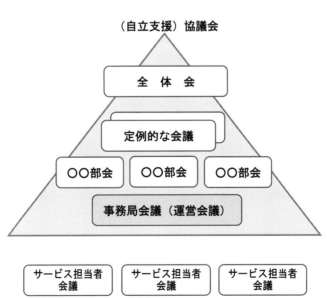

図7-4　（自立支援）協議会の基本的な構造
出典）厚生労働省（2024）「協議会の設置・運営ガイドライン」p 26、図Ⅱ-2

聴くよう努めなければならないとされている。このことは、自立支援協議会が住民自治を体現するボトムアップ型の政策形成を実現する場であり、マクロソーシャルワークを展開する場であることを示している。

なお、これら一連のプロセスを効果的に実行するには、日頃から積極的に自治体担当職員とのコミュニケーションを図り、課題を共有しておくなど、行政との協働が重要となることは付言しておきたい。

4）地域における共生社会の展望

身近な地域で共生社会を創造するには、地域全体でこの章で述べてきた共生社会の真の姿を理解し、その目標に向けてあらゆる主体が必要な取り組みや働きかけを行うことが求められる。

そもそも福祉サービスは、教育や医療など他の対人サービスと同様、サービスを提供する人間労働の質が重要な要素になる。また、その過程への利用者の主体的関わりが不可欠であり、提供者と利用者の共同作業により実現できるものである。

このため、福祉サービスを提供する事業体については、通常の消費サービスとは異なり、サービス提供者も利用者も、ともに主体的に参加できる仕組みを内在することが求められるのである。これについて、鈴木（2023：190）は、「共生社会づくりを推進する福祉事業体のあり方を示しているのが**共同作業所**運営や**社会的協同組合**だと考える」[9]と今後の展望に示唆を与えている。

また、提供者側の事業体や利用者も含め、福祉サービスを展開する場やシステムという、環境を整備する責任をもつ行政の積極的な関わり方も不可欠であり、さまざまな場面での協働、いわゆる官民協働が重要となる。マクロソーシャルワークの対象である自治体における政策形成のプロセスにおいて、特に福祉領域では問題発見から解決への専門的かつ技術的な見通しが必要となることから、権利主体である当事者や専門家を含めた関係者、地域住民などによって検討を加えられることが有効となる。

このような自治体におけるボトムアップ型の「協働による政策形成」のあり方は、ミクロレベルやメゾレベルの課題解決のために、社会構造や社会システムの改善を目指してマクロレベルまでの間で展開されるソーシャルワーク機能と方向性を同じにするものである。

誰もが差別や排除されないで、自分らしく生きいきと暮らせることを権利として保障するという、真の共生社会を実現するには、障害者

▶**共同作業所**
特別支援学校（旧養護学校）卒業後も仕事に就けず自宅にいるほかない障害者の日中活動の場として、また直面するさまざまな課題に対しても制度化につなげる運動を展開してきた。
その歴史は、1969年3月に、名古屋市に「ゆたか作業所」ができたのが始まりであり、その後、家族や学校関係者などにより全国に広がった。
その間、2006年4月の障害者自立支援法の施行までは自治体独自の補助金制度などにより、運営が支えられてきたが、現在の障害者総合支援法では、生活介護や就労継続支援（A型、B型）、地域活動支援センターなどの事業種別へ移行しているところが多い。

▶**社会的協同組合**
主に共通の経済、社会、文化的ニーズを満たすために、個人や団体が自主的に組織するもので、自主・独立、民主的運営、経済的参加、コミュニティへの関与を特徴として、地域社会にとって非常に重要な役割を果たしている。
欧州諸国の先駆けとなったイタリアでは、1991年に社会的協同組合法が成立し、福祉サービスにおける一つの協同組合の形として労働者と地域住民、利用者も加えた「マルチステークホルダー（複合的な組合員構成による）協同組合」が誕生し、共益にとどまらない「公益」をめざす共同組合が登場した。

権利条約の理念を地域の隅々まで行き届かせて、制度に沿った部分的対応ではなく、障害者のニーズを総合的に保障する支援システムの構築が必要である。

このため、各自治体では住民自治を踏まえた当事者や事業者、地域、行政など各セクターの連帯・平等による協働の取り組みが重要になる。そのなかで中核的な役割を果たすことがソーシャルワーク専門職に期待されている。

（隅河内　司）

キーワード

共生社会の基本原理　マクロソーシャルワーク　協議会（自立支援）

自己学習の課題

1. 誰もが社会から排除されず、自己実現を図ることが保障される共生社会を創るために、ソーシャルワーク専門職はどのような役割を果たすべきか考えてみよう。
2. 共生型サービスの目的や内容、対象となるサービス、指定のあり方などを整理するとともに、課題について、明らかにしてみよう。
3. 住んでいる自治体の自立支援協議会について、特徴や機能、構成員など概要を調べるとともに、活動をまとめてみよう。

引用・参考文献
- 朴光駿，村岡潔，若尾典子ほか『「共生の哲学―誰ひとり取り残さないケアコミュニティをめざして』明石書店、2023
- 公益社団法人日本社会福祉士会編集『地域共生社会に向けたソーシャルワーク―社会福祉士による実践事例から』中央法規、2018
- 総合社会福祉研究所編『現場がつくる新しい社会福祉』かもがわ出版、2009
- 公益社団法人日本社会福祉士会編集『社会を動かすマクロソーシャルワークの理論と実践―あたらしい一歩を踏み出すために』中央法規、2021
- 花村春樹訳・著『ノーマリゼーションの父N.E.バンク-ミケルセン―その生涯と思想』ミネルヴァ書房、1994
- B.ニィリエ、河東田博、橋本由紀子、杉田穏子・和泉とみ代訳編『ノーマライゼーションの原理―普遍化と社会改革を求めて』現代書館、2004
- 隅河内司『障害者相談支援における「実践課題の政策化」の理論形成―ソーシャルワークと自治体福祉政策の発展』ミネルヴァ書房、2018
- 厚生労働省（2024）「（自立支援）協議会の設置・運営ガイドライン」
  https://www.mhlw.go.jp/content/12200000/001334027.pdf
- 厚生労働省HP 地域共生社会ポータルサイト（2024年9月25日アクセス）
  https://www.mhlw.go.jp/kyouseisyakaiportal/
- 公益社団法人日本社会福祉士会HP（2024年9月25日アクセス）
  https://www.jacsw.or.jp/

索 引

0～9、A～Z

8050問題 41
ADA法 61, 78
AD/HD 31
ASD 30, 31
DSM-5 28, 30
DV防止法 131
ICF 18, 19, 20
ICIDH 17
LD 31
QOL 171
WHO（世界保健機関） 74

あ行

青い芝の会 52
アセスメント 168
按摩師や鍼師 51
医学モデル 15, 17, 20, 23
育成医療 99
医師 165
石井十次 56
石井亮一 55
石川倉次 54
意思決定支援 73, 80, 139, 140, 184, 193
意思決定支援ガイドライン 80, 168
依存症 29
一般相談支援事業所 167
移動支援従業者 170
医療型児童発達支援 169
医療型児童発達支援計画 169
医療的ケア児 127
医療的ケア児等コーディネーター 195
医療保護入院 120
医療モデル 77
インクルーシブ教育 70
インクルージョン 207
陰性症状 29
インテグレーション 69
インフォーマル 168
宇都宮病院事件 58, 117
エンパワメント 73
応急入院 120
岡山孤児院 56
親亡き後 41, 175, 192

か行

介護給付 96, 159, 171
介護職員初任者研修 171
介護福祉士 171
学習障害（LD） 31
学校教育法 160
家庭学校 56
鰥寡孤独廃疾 53
環境因子 18, 19, 20
看護師 165
完全参加と平等 61, 70
肝臓機能障害 27
基幹相談支援センター 167, 187
気分障害（躁うつ病、うつ病、躁病） 29
基本相談支援 98
虐待防止委員会 139
虐待防止措置 139
救護法 55
協議会 105, 196, 209
共生型サービス 206
共生社会の実現 62
共同作業所 212
共同生活援助 97, 169, 171
共同生活援助計画 169
居宅介護 97, 171
居宅介護従事者 170
居宅訪問型児童発達支援 125, 169
緊急措置入院 120
筋ジストロフィー 25
国等による障害者就労施設等からの物品等の調達の推進等に関する法律（障害者優先調達法） 153
グループホーム 38
呉秀三 55, 116
訓練等給付 96, 159
ケアマネジメント 168
計画相談支援 98
経済的虐待 133
検校制度 53
言語聴覚士 166
権利 120
構音障害 166
高次脳機能障害 29, 166
更生医療 99
更生相談所 157
交通バリアフリー法（高齢者、身体障害者等の公共交通機関を利用した移動の円滑化の促進に関する法律） 44
行動援護 97, 171
行動援護従事者 170
行動障害 28, 136
広汎性発達障害（自閉スペクトラム症） 30
合理的配慮 13, 59, 78, 150
高齢者虐待防止法（高齢者虐待の防止、高齢者の養護者に対する支援等に関する法律） 131
高齢者、障害者等の移動等の円滑化の促進に関する法律（バリアフリー法） 45
高齢者、身体障害者等が円滑に利用できる特定建築物の建築の促進に関する法律（ハートビル法） 44
高齢者、身体障害者等の公共交通機関を利用した移動の円滑化の促進に関する法律（交通バリアフリー法） 44
呼吸機能障害 27
国際障害者年 57
国際障害分類（ICIDH） 17
国際生活機能分類（ICF） 18
国民健康保険団体連合会 104
国民優生法 56
個人因子 19, 20
個別支援計画 104, 133, 169

さ行

サービス管理責任者　169
サービス等利用計画　101, 167, 188
サービス等利用計画案　101
在宅就業障害者特例調整金　147
在留外国人　194
相模原障害者施設殺傷事件（津久井やまゆり園事件）　52, 118, 201
作業療法士　166
産業医　165
支援費制度　14, 58, 82, 94
視覚障害　25
視聴覚障害者情報提供施設　159
自己決定　140, 168
自助グループ　29
施設入所支援　38, 97, 171
肢体不自由　25
私宅監置　55
市町村障害者虐待防止センター　138
市町村障害福祉計画　104, 157
市町村審査会　102
市町村地域生活支援事業　158
失語症　166
指定障害児相談支援事業所　167
指定難病　27
児童虐待の防止等に関する法律（児童虐待防止法）　131
児童相談所　123
児童発達支援　124, 169
児童発達支援管理者　169
児童発達支援計画　169
児童発達支援センター　124, 126, 195
児童福祉法　51, 57, 122, 158
自閉症　31
自閉スペクトラム症（ASD）　30, 31
社会的協同組合　212
社会的障壁　23, 24, 62
社会的入院　117
社会福祉基礎構造改革　81
社会福祉士　184, 185
社会福祉主事　115

社会モデル　15, 16, 17, 23, 24, 62, 77
弱視　26
重層的支援体制整備事業　204, 205
重度障害者等包括支援　97, 171
重度訪問介護　97, 171
重度訪問介護従事者　170
就労移行支援　97, 151, 169, 171
就労移行支援計画　169
就労継続支援　97, 152, 169
就労継続支援（A型）　171
就労継続支援（A型・B型）　97
就労継続支援（B型）　171
就労継続支援計画　169
就労定着支援　97, 152, 171
就労定着支援計画　169
恤救規則　53, 56
主任相談支援専門員　191
傷痍軍人　57
障害基礎年金　165
障害支援区分　101, 102, 165
障害児支援利用計画　167
障害児相談支援事業　123
障害児通所支援　124
障害児福祉計画　127
障害　23, 24
障害者介護給付等不服審査会　103
障害者虐待の防止、障害者の養護者に対する支援等に関する法律（障害者虐待防止法）　59, 131
障害者基本計画　87
障害者基本法　23, 58, 61, 84
障害者虐待　168
障害者虐待の類型　133
障害者虐待防止法　131
障害者雇用納付金　147
障害者権利条約（障害者の権利に関する条約）　60
障害者雇用促進法（障害者の雇用の促進等に関する法律）　143, 158
障害者雇用調整金・報奨金　148
障害者雇用納付金制度　147
障害者雇用率制度　144
障害者差別解消支援地域協議会　90

障害者差別解消法（障害を理由とする差別の解消の推進に関する法律）　52
障害者就業・生活支援センター　160
障害者職業センター　150
障害者自立支援法　58, 94, 158
障がい者制度改革推進会議総合福祉部会　94
障害者総合支援法（障害者の日常生活及び社会生活を総合的に支援するための法律）　94, 110, 112, 125, 151, 167, 206, 209
障害者手帳　12, 13
障害者による文化芸術活動の推進に関する法律　45
障害者の権利宣言　57, 68
障害者の権利に関する条約　57, 59, 60, 68, 76, 131, 142
障害者の雇用の促進等に関する法律（障害者雇用促進法）　143
障害者の日常生活及び社会生活を総合的に支援するための法律（障害者総合支援法）　24, 58, 84, 156
障害者の範囲　95
障害者白書　205
障害者福祉施設従事者等（支援者）による障害者虐待　132
障害者割合　12, 13, 14
障害のあるアメリカ人法（ADA法）　61, 78
障害福祉計画　38, 104, 175
障害福祉サービス　96
障害を理由とする差別の解消の推進に関する法律（障害者差別解消法）　59, 89
使用者による障害者虐待（上司、同僚）　132
小腸機能障害　27
褥瘡（床ずれ）　134
自立訓練　169
自立訓練（機能訓練）　97, 171
自立訓練計画　169
自立訓練（生活訓練）　97, 171
自立支援医療　98, 157

自立支援給付　156
自立支援協議会（協議会）　105, 168, 196, 209
自立生活援助　97, 192
自立生活援助計画　169
自立生活援助　171
自立生活思想　72
心身障害者　61
心身障害者対策基本法　61
心臓機能障害　27
腎臓機能障害　27
身体拘束　137
身体障害者　25, 108
身体障害者更生相談所　110
身体障害者手帳　25, 108
身体障害者福祉司　110
身体障害者福祉センター　159
身体障害者福祉法　25, 107, 158
身体的虐待　133
心理的虐待　133
スクールソーシャルワーカー　174
スクールソーシャルワーク　174
スペクトラム（連続体）　31
スペシャルオリンピックス　47
生活介護　97, 169, 171
生活介護計画　169
「生活のしづらさなどに関する調査」　34
聖三一孤女学院　55
整肢療護園　56
精神医療審査会　120
「精神疾患の診断・統計マニュアル第5版」（DSM-5）　28, 30
精神障害　28
精神障害者　28, 119
精神障害者社会復帰施設　117
精神障害者保健福祉手帳　119
精神遅滞　28
精神通院医療　99
精神薄弱児育成会　52
精神発達遅滞　28
精神病院法　55, 116
精神病者監護法　55
精神保健及び精神障害者福祉に関する法律（精神保健福祉法）　28, 58, 116, 142, 158
精神保健福祉士　184, 185
精神保健法　58
性的虐待　133
成年後見人　165
世界保健機関（WHO）　17, 18, 117
セルフアドボカシー　71
先天性四肢欠損　25
全盲　25
相談支援　98
ソーシャルインクルージョン　69
ソーシャル・ロール・バロリゼーション　67
ソーシャルワーク専門職のグローバル定義　8, 73, 207
措置制度　81, 94
措置等　110, 114
措置入院　120

た行

退院後生活環境相談員　187
ダイバーシティ　74
ダウン症　28
高木憲次　56
滝乃川学園　55
多職種連携　21
短期入所　97, 171
治安行政　55
地域移行　38
地域移行支援　98, 168, 189
地域移行支援計画　187
地域共生社会　204, 205
地域障害者就労支援事業　163
地域障害者職業センター　150
地域生活支援拠点　168
地域生活支援拠点等　193
地域生活支援事業　99, 157
地域相談支援　98
地域相談支援給付　159
地域定着支援　98, 168, 190
地域包括ケアシステム　190
地域包括支援センター　166, 188
知的障害　28
知的障害者更生相談所　114
知的障害者の権利宣言　68
知的障害者福祉司　114
知的障害者福祉法　28, 111, 158
知能指数（IQ）　28
注意欠陥多動性障害（AD/HD）　31
中央慈善協会　56
聴覚障害　26
通報義務　137
デフリンピック　47
東京養育院　55
同行援護　97, 171
同行援護従事者　170
統合失調症　29
当道座　53
特定相談支援事業所　167
特別支援学校　160, 161, 165
特別支援教育　40
特例子会社　146
都道府県障害者権利擁護センター　138, 139
都道府県障害福祉計画　105, 157
都道府県地域生活支援事業　157
留岡幸助　56

な行

内部障害　26
難聴　26
難病　27
難病医療費助成制度　27
難病等　95
日内変動　29
日本ソーシャルワーカー連盟　207
任意事業　100
任意入院　120
脳性麻痺　25
ノーマライゼーション　9, 64, 169, 202
ノーマライゼーション理念　43

は行

ハートビル法（高齢者、身体障害者が円滑に利用できる特定建築物に関する法律）　44
配偶者からの暴力の防止及び被害者の保護等に関する法律（DV防止法）　131

発達支援・家族支援・地域支援　125
発達障害　30, 166
発達障害者　30
発達障害者支援センター　129
発達障害者支援法　30, 58, 128
バリアフリー　16, 19, 43
バリアフリー法（高齢者、障害者等の移動等の円滑化の促進に関する法律）　45
ハローワーク　162
バンク-ミケルセン　64
ピアサポーター　172, 187
ピープルファースト　70
必須事業　100
ヒト免疫不全ウイルスによる免疫機能障害　27
フェニルケトン尿症　28
福祉のまちづくり　43
プラダー・ウィリ症候群　28
ヘレン・ケラー　57

ベンクト・ニィリエ　65
保育所等訪問支援　125, 169
保育所等訪問支援計画　169
放課後等デイサービス　125, 169
放課後等デイサービス計画　169
放棄・放置（ネグレクト）　133
膀胱・直腸機能障害　27
法定雇用率　144, 163
訪問看護　166
保健師　166
保健所　165
補装具　25, 99
補装具製作施設　159
ボランティア　168, 176
ホロコースト　76

ま行

マイケル・オリバー　15
マクロソーシャルワーク　209
無告の窮民　53
メインストリーミング　69

盲学校　160
盲導犬訓練施設　159

や行

八幡学園　55
優生思想　51, 72
ユニバーサルデザイン　43, 44
養護学校　160
養護教諭　173
養護者による障害者虐待　132
陽性症状　29

ら行

ライシャワー事件　116
理学療法士　166
律令制度　53
リハビリテーション　74, 166
療育手帳　28, 112
療養介護　97, 169, 171
療養介護計画　169
聾学校　160

◎**編著者**

山本　雅章（やまもと　まさあき）静岡福祉大学特任教授
　　　　　…はじめに、第1章第1節・第1回／第4章第1節・第7回／第4章第2節第3節・第8回）

隅河内　司（すみこうち　つかさ）田園調布学園大学教授
　　　　　…第7章・第15回

谷内　孝行（たにうち　たかゆき）桜美林大学准教授
　　　　　…第1章第3節・第2回／第4章第6節・第10回

◎**執筆者**（五十音順・編著者除く）…執筆回・章

井川　淳史　聖隷クリストファー大学准教授
　　　　　…第3章第1節第2節・第4回／第5章第1節第2節・第12回）

鶉　　領太郎　静岡福祉大学講師…第4章第4節・第8回

金子　毅司　新潟医療福祉大学助教…第4章第7節・第11回

小林麻衣子　相模原市社会福祉事業団…第6章・第14回

小林美津江　佛教大学非常勤講師…第3章第4節・第6回

上島　　遥　愛知文教女子短期大学講師…第4章第5節・第9回

木下　大生　武蔵野大学教授…第1章第2節・第1回

田村　正人　健康科学大学講師…第5章第2節・第13回

丸山　　晃　立教大学コミュニティ福祉学部…第2章・第2回

望月　隆之　聖学院大学准教授…第3章第3節・第5回

共生社会のための障害者福祉

2025年4月20日　初版発行

編著者●©山本雅章・隅河内司・谷内孝行
発行者●田島英二　info@creates-k.co.jp
発行所●株式会社 クリエイツかもがわ
　　　〒601-8382　京都市南区吉祥院石原上川原町21
　　　電話 075(661)5741　FAX 075(693)6605
　　　http://www.creates-k.co.jp
　　　郵便振替　00990-7-150584
デザイン●菅田　亮
印 刷 所●モリモト印刷株式会社
ISBN978-4-86342-386-2　C0036　printed in japan

本書の内容の一部あるいは全部を無断で複写（コピー）・複製することは、
特定の場合を除き、著作者・出版社の権利の侵害になります。

好評既刊本

現代のラディカル・ソーシャルワーク
岐路に立つソーシャルワーク

マイケル・ラバレット／編
深谷弘和・石倉康次・岡部茜・
中野加奈子・阿部敦／監訳

豊かな生活の展望と人間社会の確立を展望するには、ラディカルな政治思想と活動に根ざしたソーシャルワークが求められている。ソーシャルワーカーとは、その専門性とは何かを繰り返し問いかけ、多様な視点から徹底的に批判的検討。

2640円

ソーシャルワークの復権　新自由主義への挑戦と社会正義の確立
イアン・ファーガスン／著　石倉康次・市井吉興／監訳

イギリスの福祉の市場化の歴史、動向を丹念かつ緻密に分析、ソーシャルワークの重要な価値基盤である社会正義や平等の形骸化に警鐘！　介護保険導入以来、同じ道をたどる日本、多くの貧困者を生み出している政治・社会に、社会正義と平等のソーシャルワークの復権を提起。

2640円

障害者家族の老いを生きる支える
藤原里佐・田中智子・社会福祉法人ゆたか福祉会／編著

老いる権利、看取る権利の確立を目指して──。
高齢化が大きな課題となる中で、障害当事者と家族のおかれた現実について、ゆたか福祉会が行った実態調査から何がみえるのか、何が求められているのかを分析・考察、高齢化に直面した現場での支援に取り組む職員の実践などをまとめた。

2420円

発達障害児者の"働く"を支える　保護者・専門家によるライフ・キャリア支援
松為信雄／監修　宇野京子／編著

ウェルビーイングな「生き方」って？　生きづらさを抱える人たちが、よりよい人生を歩むための「働く」を考える。「見通し」をもって、ライフキャリアを描けるように、ジョブコーチやキャリアカウンセラー、研究者や教員、作業療法士、保護者・当事者などさまざまな立場の執筆陣が、事例や経験、生き方や想いを具体的に記す。

2420円

みんなでつなぐ読み書き支援プログラム
フローチャートで分析、子どもに応じたオーダーメイドの支援
井川典克／監修　高畑脩平、奥津光佳、萩原広道、特定非営利活動法人はびりす／編著

くり返し学習、点つなぎ、なぞり書きでいいの？　一人ひとりの支援とは？　読み書きの難しさをアセスメントし、子どもの強みを活かすオーダーメイドのプログラム。教育現場での学習支援を想定、理論を体系化、支援・指導につながる工夫が満載。

2420円

子どもと作戦会議 CO-OP アプローチ™ 入門
塩津裕康／著

子どもの「したい！」からはじめよう──CO-OP（コアップ）とは、自分で目標を選び、解決法を発見し、スキル習得を実現する、子どもを中心とした問題解決アプローチ。子どもにとって大切なことを、子どもの世界で実現できるような取り組みで、「できた」をかなえる。
カナダで開発されたアプローチを日本で初めて紹介！

2420円

運動の不器用さがある子どもへのアプローチ
作業療法士が考えるDCD（発達性協調運動症）
東恩納拓也／著

ボタンをはめるのに時間がかかる、文字をていねいに書くのが苦手、ボール遊びが苦手、体育に参加したがらない……運動の不器用さで困っている子どもたちがいませんか？　DCD（発達性協調運動症）の基本的な知識から不器用さの捉え方、アプローチの流れとポイント、個別と集団の実践事例。課題の工夫や環境調整など、周りが変わることで子どもの力は十分に発揮できる！

2200円

すべての小中学校に「学校作業療法室」
飛騨市の挑戦が未来を照らす
塩津裕康／監修　大嶋伸雄・都竹淳也・都竹信也・青木陽子・山口清明・奥津光佳／編著

日本初!!　心と身体と社会をつなぐ専門家・作業療法士が常駐─教員の負担を減らしながら発達の悩みに寄り添う学びで「子どものできる」を増やす。少子高齢化・過疎化が著しい小さな自治体の先駆的挑戦を紹介！　誰も取りこぼさない HIDA-MODEL。

2200円

https://www.creates-k.co.jp/

好評既刊本

居場所づくりから始める、ごちゃまぜで社会課題を解決するための不完全な挑戦の事例集
濱野将行／編著
高橋智美・上田 潤・萩原涼平・橋本康太／著

ようこそ。最高に厄介で、大変で楽しい世界へ。
社会の孤立・孤独に居場所づくりで挑戦する若者。何がきっかけで始めたのか、一歩目はどう踏み出したのか。どんな事業をおこない収益はどうなっているのか……。答えがまだない挑戦の「はじめの一歩」事例集。
1980円

ごちゃまぜで社会は変えられる　地域づくりとビジネスの話
一般社団法人えんがお代表 濱野将行／著

作業療法士が全世代が活躍するごちゃまぜのまちをビジネスにしていく物語。
地域サロン、コワーキングスペース、シェアハウス、地域食堂、グループホーム。 徒歩2分圏内に6軒の空き家を活用して挑んだ、全世代が活躍する街をビジネスで作る話。
1980円

当事者主動サービスで学ぶピアサポート
飯野雄治・ピアスタッフネットワーク／訳・編

アメリカ合衆国の厚生労働省・精神障害部局(SAMHA)が作成したプログラムを日本の制度や現状に沿うよう加筆・編集。6つの領域で学ぶピアサポートプログラムのバイブル。
障害福祉サービスはもちろん、当事者や家族会をはじめとした、支え会活動すべての運営に活用できる。
3300円

私が私として、私らしく生きる、暮らす
知的・精神障がい者シェアハウス「アイリブとちぎ」
河合明子・日髙愛／編著

栃木県のごくごく普通の住宅街にある空き家を活用したシェアハウス。
お金を使わず知恵を使う、誰もが使いやすい環境整備、対話のある暮らしやポジティブフィードバック……。障害をかかえた彼女・彼らが主人公で、あたり前に地域で暮らすためのヒントが満載。
2200円

障害があるからおもろかった　車いすに乗った谷口明広ものがたり
鈴木隆子／著

夢に向かって前向きに生きる姿勢と辛口のユーモア、目からウロコの話で勇気を与え、障害を味方につけて夢を実現した谷口さんのメッセージとおもろいエピソードが満載。
2420円

ヤングでは終わらないヤングケアラー　きょうだいヤングケアラーのライフステージと葛藤
仲田海人・木村諭志／編著

閉じられそうな未来を拓く――ヤングケアラー経験者で作業療法士、看護師になった立場から作業療法や環境調整、メンタルヘルスの視点、看護や精神分析、家族支援の視点を踏まえつつ、ヤングケアラーの現状とこれからについて分析・支援方策を提言。
2200円

子ども・若者ケアラーの声からはじまる　ヤングケアラー支援の課題
斎藤真緒・濱島淑恵・松本理沙・公益財団法人京都市ユースサービス協会／編

事例検討会で明らかになった当事者の声。子ども・若者ケアラーによる生きた経験の多様性、その価値と困難とは何か。必要な情報やサポートを確実に得られる社会への転換を、現状と課題、実態調査から研究者、支援者らとともに考察する。
2200円

あたし研究　自閉症スペクトラム～小道モコの場合　1980円　小道モコ／文・絵
あたし研究2　自閉症スペクトラム～小道モコの場合　2200円

自閉症スペクトラムの当事者が「ありのままにその人らしく生きられる」社会を願って語りだす―知れば知るほど私の世界はおもしろいし、理解と工夫ヒトツでのびのびと自分らしく歩いていける！

https://www.creates-k.co.jp/